Konrad Meisig

Shivas Tanz

Der Hinduismus

Kleine Bibliothek der Religionen

Herausgegeben von
Adel Theodor Khoury

Band 4

Konrad Meisig

Shivas Tanz

Der Hinduismus

Konrad Meisig

Shivas Tanz

Der Hinduismus

Herder

Freiburg · Basel · Wien

Die Deutsche Bibliothek – CIP-Einheitsaufnahme

Meisig, Konrad:
Shivas Tanz : der Hinduismus / Konrad Meisig. –
Freiburg i. Br. ; Basel ; Wien : Herder, 1996
(Kleine Bibliothek der Religionen ; Bd. 4)
ISBN 3-451-23843-8
NE: GT

Reproduktionsvorlage durch den Autor

Umschlaggestaltung: Finken und Bumiller, Walddorf
Druck und Bindung: WB-Druck, Rieden 1996
Gedruckt auf umweltfreundlichem, chlorfrei gebleichtem Papier
ISBN 3-451-23843-8

Inhalt

Einleitung

Hinduismus als Weltreligion

Im Verein der Kulturen, ihrer Religionen und Ideologien, kann uns die Weltreligion des Hinduismus als Paradigma dienen, als Musterbeispiel für die Eigenheiten und Möglichkeiten des Menschen. Denn viel aufschlußreicher als etwa die Universalreligion des Buddhismus ist die wesentlich durch traditionelle Muster geprägte Volksreligion des Hinduismus, um die charakteristischen Verhaltensweisen des Menschen, aber auch grundlegende und allgemeingültige Merkmale von Religion zu verstehen.

Die Kulturen der Erde leben seit jeher in mannigfaltigem Austausch. Auf jahrtausendealten Handelsrouten wie der Seidenstraße, auf See- und Schiffahrtswegen kam es immer wieder zu kulturellen Kontakten und Kulturdurchmischungen. Zu allen Zeiten und in allen Gegenden hat es aus unterschiedlichen Gründen multizivilisatorische Mischkulturen, Auswanderungswellen, Einwanderungen, Reichtums-Expansion und Armutsflucht gegeben. In der Gegenwart erleben wir, wie die Kulturen durch Überbevölkerung zusammenrücken und sich gegenseitig befruchten; wir erfahren aber auch die Probleme des Kulturkontakts, sind mit Ausländerfeindlichkeit, Apartheid und Rassenwahn konfrontiert, nicht nur in Europa, in den USA, in Rußland oder in Südafrika, sondern ebenso in Indien. Leider auch in diesem Punkt hat Indien und hat damit auch der Hinduismus paradigmatische Illustrationskraft.

Die weltweiten Kulturkontakte werden bisweilen an überraschenden Details deutlich. Im Historischen Museum in Stockholm steht eine kleine bronzene Buddha-Figur, die im sechsten Jahrhundert n. Chr. von Indien über russische Handelswege nach Schweden gelangt ist (und in Helgö, Uppland, gefunden wurde); sie beleuchtet schlaglichtartig, daß auch den Wikingern Indisches nicht unbekannt war.

Trotz des Zusammenrückens, oder vielmehr wohl: eben weil die Erde immer enger wird, besteht Informationsbedarf. Gerade auch der Hinduismus ist mit Klischees befrachtet und wird weithin mißverstanden. Sachliche Information tut not, um die bunten Bilder und realitätsfernen Traumgebilde über Indien zu verscheuchen, mit denen die deutsche Romantik das Indienbild der Deutschen verzerrt und entstellt hat.

Vergegenwärtigen wir uns die geographischen und ethnographischen Besonderheiten Indiens bzw. des südasiatischen Subkontinents. Indien war und ist beides: Einwanderungsland und Auswanderungsland. Ringsum abgeschlossen durch die höchsten Bergketten der Erde im Norden und den Indischen Ozean im Süden wurde es dennoch immer wieder von großen Einwanderungswellen überrollt. Die frühesten dieser Einwanderungen fanden von Ozeanien her statt, andere vielleicht vom Mittelmeerraum, auch von Südchina aus, über Burma und Assam. Dies sind jedenfalls die Herkünfte, die man für die älteste Bevölkerungsschicht vermutet, für das vorindoarische Substrat, das heute durch Bevölkerungsstämme und -minderheiten in den Gebirgstälern des Himâlaya oder in Rückzugsgebieten des Dekkhân, also des zentralen indischen Mittelgebirges, repräsentiert wird: die sogenannten Âdivâsîs, „Ureinwohner“, die in den unteren Kasten der indischen Gesellschaft aufgegangen sind. Vor allem aber gehören zu dieser autochthonen Bevölkerung die Angehörigen der dravidischen Sprachfamilie im Süden des Subkontinents, wie beispielsweise die Tamilen. Über diese ansässige Bevölkerungsschicht schob sich seit der Mitte des zweiten Jahrtausends v.Chr. die indoarische Bevölkerung im Zuge der Expansion und Invasion der Indogermanen.

Im achten Jahrhundert n. Chr. begann mit dem Einfall der Muslime der jahrhundertelange Einfluß des Islam und damit der arabisch-persischen Kultur. Im Jahre 1221 stand Tschinghis Khân am Indus; der Mongolensturm setzte ein. Und auch das Abendland strebte nach Indien: Am 17. Mai 1498 landete Vasco da Gama an der Malabarküste und leitete damit das Zeitalter des europäischen Kolonialismus in Indien ein. Portugiesen, Holländer und Engländer stritten sich um die Handelspfründe, katholische und evangelische Missionare um die Missionsreviere. Von 1858 bis 1947 setzte sich die britische Herrschaft durch. Der 15. August 1947 sah die Unabhängigkeit der Indischen Union und Pakistans von der englischen Krone.

Die jahrhundertelange Ausbeutung durch die Kolonialmächte hatte bereits gegen Ende des 19. Jahrhunderts zum wirtschaftlichen Ausbluten des Subkontinents geführt. Die einheimischen über Jahrhunderte natürlich gewachsenen Wirtschaftsstrukturen waren durch zielgerichtete, von kolonialistischen Handelsinteressen geleitete Sanktionen zusammengebrochen. Eine direkte Folge ist bis auf den heutigen Tag, daß Indien sich auch in ökonomischer Hinsicht als das Land der großen Gegensätze darstellt. Der durch die Industrialisierung des Landes erwirtschaftete Reichtum kommt nur einer hauchdünnen Schicht Privilegierter zugute; die große Masse des Volkes ist entweder arm und versucht, in die untere Mittelschicht aufzusteigen, oder sie strengt sich an, nicht aus der unteren Mittelschicht in die Armut abzusinken. Das jährliche Pro-Kopf-Einkommen in Indien für das Jahr 1993 betrug 6929 Rupien, das sind 315 DM. Nicht der unvorstellbare Reichtum einiger weniger ist es, der das Land prägt, – in viel augenfälligerem und beunruhigenderem Maße wird Indien verheert durch erschreckende Armut.

Diese Armut, die nicht nur Pest und Cholera, sondern vor allem Überbevölkerung und damit soziale Spannungen und Bügerkriege nach sich zieht, diese Verelendung ganzer Bevölkerungsschichten ist es nun, die Indien vom Einwanderungsland zum Auswanderungsland werden läßt. Zehntausende verarmter Inder verdingen sich zu sklavereiähnlichen Bedingungen als Gastarbeiter in den Golfstaaten. Aber nicht nur an benachbarten Ufern des Indischen Ozeans wie in Mauritius (wo zu 60% Hindi gesprochen wird), nicht nur in Südostasien wie etwa in Malaysia, nicht nur in Madagaskar oder Südafrika, wo Mahatma Gandhi seine Karriere als Rechtsanwalt begann, siedeln sich Inder an. Indische Siedlungen, indisch geprägte Stadtteile, indische Minderheiten finden sich auch in England, etwa in Leeds oder Manchester, ferner in der Karibik und in Südamerika, in Surinam z.B., wo sich mittlerweile eine eigene Variante des Hindi entwickelt hat. Im nordrhein-westfälischen Hamm wurde im Juni 1994 ein hinduistischer Tempel eingeweiht, eingerichtet von der tamilischen *community*, von Bürgerkriegsflüchtlingen aus Sri Lanka, das ja ebenfalls Teil des indischen Kulturkreises ist. Ein Jahr später versammelten sich dort über 4.000 tamilische Hindus aus ganz Deutschland zum Tempelfest der südindischen Göttin Kamadchi Ampal, zu dem auch die rituelle Waschung im Datteln-Hamm-Kanal gehörte. So wird der Hinduismus durch Auswanderer weltweit verbreitet. Die in Südasien wurzelnde Volksreligion des Hinduismus hat sich mit insgesamt über 800 Millionen Bekennern ausgeweitet zu der nach Christentum und Islam drittgrößten Weltreligion.

Hinduismus als Volksreligion

In den Hinduismus wird man hineingeboren, ausnahmslos. Man kann nicht zu ihm übertreten. Man kann zwar mit dem Hinduismus sympathisieren, seine Philosophien intellektuell nachvollziehen, an Tatvergeltung und Wiedergeburt glauben, kann sich sogar als Hindu fühlen, was kein Hindu einem übelnehmen wird, im Gegenteil. Man kann aber kein Mitglied der hinduistischen Gesellschaft werden. Dazu nämlich müßte man in eine Kaste eintreten. Mitglied einer Kaste jedoch ist man durch Geburt. „Geburt" ist auch die Grundbedeutung des Sanskritwortes für Kaste, *jâti*.

Man bezeichnet deshalb den Hinduismus als *Volksreligion*, eben weil er nicht für jedermann offen, sondern an die Volkszugehörigkeit gekoppelt ist. *Universalreligionen* hingegen, wie – auf indischer Seite – der Buddhismus oder – wie die Religionen semitischer Herkunft – Judentum, Christentum und Islam, sind dadurch gekennzeichnet, daß jeder in sie eintreten kann.

Der Hinduismus bildet ein überaus differenziertes Konglomerat von Glaubensvorstellungen und Kulten höchst unterschiedlicher Herkunft, er ist ein Sammelbekken religiöser Anschauungen und Kulte. Sein religiöses Spektrum reicht von der Magie zur Mystik, von der Vielgötterei zum Ein-Gott-Glauben, vom Mutterkult bis zur atheistischen Erlösungsphilosophie. Dabei gibt es keine für jeden Hindu verbindlichen Dogmen und Glaubenssätze. Alle Versuche scheitern, den Hinduismus – beziehungsweise all die heterogenen Kulte und religiösen Vorstellungen, die unter dem Sammelbegriff Hinduismus zusammengefaßt werden – anhand von Glaubensinhalten zu definieren. Wenn es überhaupt einen Zusammenhang gibt, dann ist das die Einbindung der Gläubigen in das Sozialgefüge des Kulturraums Südasien, mit anderen Worten: die Zugehörigkeit zum Kastensystem.

Meine *Hinduismus-Definition*, die aus der religionsgeschichtlichen Beschäftigung mit dem traditionellen Hinduismus erwachsen ist, lautet daher: Hinduismus ist ein Sammelbegriff für die verschiedenartigen Kulte und religiösen Vorstellungen, die auf dem südasiatischen Subkontinent historisch gewachsen sind und deren Bekenner sich selbst als Hindu bezeichnen; ein kollektiv-hierarchisches Sozialsystem mit überweltlichem Bezugspunkt, eine im Religiösen verankerte Gesellschaftsordnung, wobei ich unter Religion das Streben nach außerweltlichem Heil verstehe. Neben 1) den heterogenen Kulten und Glaubensinhalten, 2) der volksreligiösen Bindung an Südasien und 3) der Selbstbezeichnung verstehe ich damit 4) das Kastensystem als ein konstitutives Merkmal des orthodoxen Hinduismus, vor allem auch in Abgrenzung zum universalistischen Neohinduismus und zur egalitären Universalreligion des Buddhismus.

Ich möchte also nicht so weit gehen wie manche Indologen, die dem Begriff Hinduismus überhaupt die Existenzberechtigung absprechen. Der Terminus Hinduismus hat als Sammelbegriff durchaus einen praktischen Wert, und er wird auch von den Hindus als Selbstbezeichnung verwendet. Wenn Sie etwa einen Inder nach seiner Religionszugehörigkeit fragen, so wird er Ihnen zunächst antworten, er sei Hindu (wenn er nicht gerade Muslim oder Christ oder Buddhist ist) und erst danach, wenn Sie es genauer wissen wollen, spezifizieren, daß er Vishnu oder Shiva oder wen immer verehre. In jedem Fall aber wird er Ihnen auch Auskunft über seine Kastenzugehörigkeit geben können.

Es gibt universalistische, ja internationalistische Strömungen im Neohinduismus und sogar im Hindu-Fundamentalismus, die jegliche Kastenbindung ablehnen. Sie sind jedoch von westlichen egalitären Ideologien inspiriert und für das Wesen des traditionellen Hinduismus durchaus untypisch.

Die meisten gläubigen Hindus erkennen die Autorität der Literatur des Veda an, ebenso der Bhagavadgîtâ oder anderer autoritativer Schriften des Hinduismus, des Mahâbhârata, des Râmâyana oder der Brahmasûtras. Oft wird auch der Glaube an Karma und Sansâra als unabdingbares Kriterium für den Hinduismus genannt, also der Glaube an die ethische Kausalität der Taten, der Tatvergeltung und der von den Taten, dem Karma, abhängigen Wiedergeburt im Wiedergeburtskreislauf, dem Sansâra. Dieses Kriterium ist jedoch in zweierlei Hinsicht problematisch. Denn zum einen trifft es nicht auf die den Hinduismus vorbereitende ältere Religion des Veda zu, welche die tatengesteuerte Wiedergeburt noch nicht kennt. Zum anderen findet sich dasselbe Axiom von der Wirksamkeit des Karma im Wiedergeburtskreislauf auch in anderen indischen Religionen wie etwa dem Buddhismus.

Das Wort Hindu leitet sich her von Sanskrit *sindhu*, der Bezeichnung für den Strom Indus, im übertragenen Sinne auch für die Landschaft Sindh, die am Indus liegt, und dann auch für die Menschen, die an diesem Strom wohnen. Es ist erstmals in einer Achämeniden-Inschrift im 5. Jahrhundert v.Chr. bezeugt. Seit etwa dem 15. Jahrhundert n.Chr. wird es als Selbstbezeichnung von den Hindus verwendet.

Volksreligion und Hochreligion

Die vorliegende Hinduismusdarstellung geht religionsgeschichtlich vor, von der ältesten Zeit bis in die Gegenwart, den Sommer des Jahres 1995. Sie beginnt mit den Vorläufern des Hinduismus, nämlich der Industalkultur und der Religion des Veda, und wendet sich dann den ältesten Schichten der beiden großen Sanskrit-Epen Mahâbhârata und Râmâyana zu, in denen noch in vorbuddhistischer Zeit die Fundamente des Hinduismus greifbar werden. Die Entstehung des Buddhismus in den Jahrhunderten etwa zwischen 500 und 300 v.Chr. bedeutet einen Wendepunkt: In Reaktion auf die Reformreligion des Urbuddhismus entsteht in den Jahrhunderten um die Zeitenwende der Hinduismus. Die alten vedischen Götter verblassen oder verschwinden ganz. Sie werden abgelöst durch die Systeme des Vishnuismus und des Shivaismus, des Tantrismus und Shaktismus, der Bhakti, aber auch des Yoga. Mischformen und gegenseitige Beeinflussungen dieser Hauptrichtungen des Hinduismus sind häufig.

So hat der Hinduismus seine Wurzeln einerseits in der vedischen Religion der Oberschicht und andererseits in den Kulten der ansässigen Bevölkerung, die im Laufe der Zeiten in den sozial niedrigeren Kasten aufgegangen ist.

Die Quellenlage der hinduistischen Texte täuscht ein Übergewicht der Religion der Oberschicht vor und damit der indoarischen religiösen Züge. Glaubensvorstellungen und Glaubenspraxis der unteren sozialen Schichten kommen in der von Brahmanen, also der priesterlichen Elite, verfaßten religiösen Literatur zu kurz. Tatsächlich stehen wir aber vor einer Vermischung von indogermanischer und autochthoner Religion. Überhaupt ist nicht nur der Hinduismus, sondern die indische Kultur insgesamt geprägt durch das Wechselspiel dieser beiden Kulturbereiche. Die Bedeutung dieser beiden Pole kann gar nicht überschätzt werden: Auf der einen Seite steht die patriarchalische indogermanische Oberschicht und deren Religion, insbesondere die Religion der Brahmanen, der Repräsentanten der Hochreligion; auf der anderen Seite finden wir die matristische einheimische Unterschicht mit vorwiegend frauenfreundlicher Religiosität wie etwa dem Mutterkult auf seiten der Volksreligion. Die von der Indogermanistik kommende philologische Forschung eröffnet den Zugang fast nur zur Hochreligion; für die Erforschung der Volksreligion dagegen ist man eher auf ethnologische und soziologische Forschungsmethoden angewiesen. Immer wichtiger wird aber auch für die Religionswissenschaft die Einbeziehung der belletristischen Literatur in indischen Sprachen, weil sie den Zugang von innen ermöglicht; da ist vor allem die realistische neuindische Literatur, die engagiert, sozial- und religionskritisch ein getreues Abbild der indischen Wirklichkeit liefert und damit für die Religionsgeschichte Quellenwert gewinnt. Hier greifen Religionswissenschaft und Literaturwissenschaft ineinander und können einander zuarbeiten.

Zu den Sprachen der hinduistischen Quellentexte: Wer sich mit dem Hinduismus wissenschaftlich fundiert auseinandersetzen will, ihn also von innen heraus verstehen möchte, muß Sanskrit lernen, die wichtigste altindische Sprache, die für Indien etwa die Rolle spielt wie das Latein für den abendländischen Kulturkreis oder das Klassische Chinesisch für den ostasiatischen. Will man den Hinduismus der heutigen Zeit nicht nur an der Peripherie ankratzen und mit von außen herangetragenen Kriterien mißdeuten, wird man sich mit neuindischen Sprachen vertraut machen, mit Hindi, Bengali, Gujarati, Marathi oder Uriya. Wer sich auf südindischen Hinduismus spezialisiert, kann auf die Kenntnis dravidischer Sprachen wie etwa Tamil oder Kannaresisch nicht verzichten.

Einige Zahlen mögen die Dominanz des Hinduismus im heutigen Indien verdeutlichen. Nach dem Zensus von 1991 leben rund 800 Millionen Hindus und 110 Millionen Muslime in der Indischen Union. Die Christen mit annähernd 2,5 Prozent Bevölkerungsanteil, Sikhs mit fast zwei Prozent, Buddhisten und Jainas mit jeweils weniger als einem Prozent bildem demgegenüber nur Splittergruppen in der indischen Bevölkerung.

Seit dem 19. Jahrhundert und in zunehmendem Maße auch in unserer Zeit hat sich der traditionelle oder orthodoxe Hinduismus mit politischen, mit säkularistischen ebenso wie mit fundamentalistischen Strömungen auseinanderzusetzen. Diese modernistischen Strömungen, die häufig durch Antworten des hinduistischen Traditionalismus auf westliche Ideologien und Religionen zu erklären sind, haben zum Teil Gruppierungen hervorgebracht, welche durch ihren Universalismus die volksreligiöse Verwurzelung des herkömmlichen Hinduismus sprengen. Solche Neuerungen werden am Ende unserer Darstellung zu Wort kommen.

Die Industalkultur

Erste archäologische Spuren im Industal und Beluchistan weisen bis ins siebente Jahrtausend. Die ältesten bislang gefundenen Ansiedlungen, etwa die von Kot Diji, beginnen um das Jahr 3000. Es sind dies Spuren der Besiedlung durch eine frühe Bevölkerung, deren Herkunft man zum Teil in den Mittelmeeranrainern, zum Teil im pazifischen Raum und Südostasien vermutet. Die erste Hochkultur auf indischem Boden jedoch war die Industalkultur,[1] auch Indus- oder Harappâ-Kultur, wie sie nach den Fundorten benannt wurde. Die Wurzeln des Hinduismus reichen bis in die Religion dieser versunkenen Zivilisation zurück. Als Substratreligion wirkt sie über mehr als vier Jahrtausende fort bis in den Hinduismus der Gegenwart.

Im Jahre 1856 fand man beim Bau der Eisenbahnlinie von Lahore nach Karachi im heutigen Pakistan gebrannte Lehmziegel einer antiken Stadt. Ohne sich der weltgeschichtlichen Bedeutung dieser Entdeckung bewußt zu werden, verwendeten die Bauarbeiter die Ziegel der Ruinenstätte für die Fundamente des Eisenbahndamms; welch immenser Schaden daraus für die Archäologie entstand, mag man sich ausmalen. Aber erst in den Jahren 1921-22 machte man sich an die Ausgrabung der Fundstätten von Harappâ und Mohenjo Daro. Das Ruinenfeld von Mohenjo Daro liegt etwa eine Tagesreise mit dem Zug von Karachi den Indus flußaufwärts, Harappâ etwa 640 km weiter nördlich. Man nimmt an, daß die Hauptstadt dieser Kultur Mohenjo Daro war.

Der Bericht von John Marshall in der *Illustrated London News* vom 20.9.1924 machte dann die Weltöffentlichkeit auf die wahre Bedeutung der Entdeckung aufmerksam. Unser Bild von der indischen Geschichte, wie es bis in die zwanziger Jahre dieses Jahrhunderts bestanden hatte, wurde durch die Ausgrabung dieser Hochkultur revolutioniert. Wie F.R. Allchin durch den C-14 Test der Radiokarbonmethode ermittelte, blühte die älteste indische Stadtkultur von 2150-1750 v.Chr.

Die Induskultur strahlte nach Westen bis zum Zweistromland und nach Vorderasien aus, nach Osten fanden sich ihre Überreste bis hin etwa zu der Linie Delhi – Bombay. Diese Zivilisation stand auf einem vergleichsweise hohen kulturellen Niveau, höher jedenfalls als das der rund ein halbes Jahrtausend später einwandernden indogermanischen Nomaden. Handelsverbindungen, auch Schiffahrt, verbanden die Bewohner des Industals mit ihren westlichen Nachbarn an Euphrat und Tigris; Indussiegel wurden über ganz Vorderasien verstreut gefunden. Vielleicht hatte man das Bauen mit Lehmziegeln und die Benutzung einer Schrift aus Mesopotamien übernommen. Im übrigen waren die Bewohner von Harrappâ und Mohenjo Daro jedoch kulturell unabhängig, sie haben eine eigenständige Entwicklung durchlaufen.

Noch heute kann man an der archäologischen Fundstätte von Mohenjo Daro die Avenuen dieser antiken Handelsstädte bewundern, großangelegte Straßen mit einer Kanalisation, die vermutlich – so der Humor der Pakistani – leistungsfähiger war als die in den heutigen Großstädten Pakistans. Gesäumt wurden die Straßen von mehrstöckigen Häusern mit Flachdächern. Es gab großangelegte Speicherhallen für die Getreidevorräte. Die Keramik der Induskultur (um 1750) ist an schwarzen Mustern auf rotem Grund zu erkennen, im Unterschied zu der „painted gray ware“ der nachfolgenden Indoarier, die sich auf 1100 v.Chr. datieren läßt.

Die bedeutendste kulturelle Errungenschaft jedoch war die Schrift. Sie findet sich auf 2.500 Roll- und Stempelsiegeln. Freilich konnte man sie, trotz zahlreicher gegenteiliger Behauptungen, bis heute nicht entziffern, was wohl nicht zuletzt dadurch zu erklären ist, daß es sich bei den Schriftzügen auf diesen Handelssiegeln aller Wahrscheinlichkeit nach um Eigennamen handelt, die der Natur der Sache nach rätselhaft bleiben müssen, solange es keine zweisprachigen Stücke mit einer bekannten Schrift, sogeannte Bilinguen, gibt. Die Schriftzüge umrahmen Darstellungen von Tieren, etwa dem Einhorn; man erkennt Wildtiere vor einer Futterkrippe, auch Phantasie- und Fabelwesen. Ein Siegel zeigt einen Helden mit zwei Tigern kämpfend, wodurch man sich an das Gilgameschepos erinnert fühlen kann. Die Museen in Mohenjo Daro und Karachi zeigen ferner Kupfer- und Bronzegeräte, auch die Figurenplastik jener frühen Zeit. Eindrucksvoll ist die Statuette einer Tänzerin in graziöser, sich drehender Bewegung, eine künstlerische Darstellung von vergleichsweise hohem Niveau. Man hat diesem Tanz kultische Bedeutung beimessen wollen.

Die archäologischen Funde aus der Industalkultur enthalten Hinweise auf die Religion dieser Frühzeit. Vor allem der Mutterkult,[2] der durch zahlreiche weibliche Terrakotten für die Induskultur belegt ist, hat den Hinduismus auf der volksreligiösen Ebene nachhaltig geprägt. Auch Baumkult ist auf den Siegeln dokumentiert: Gestalten knien vor einem Baum, um Kindersegen zu erbitten. Der Phalluskult, der in der Linga-Verehrung des Shivaismus fortlebt, reicht ebenfalls bis in die Industalkultur zurück. Ferner lassen sich die großen Badeteiche der Tempelanlagen von Mohenjo Daro mit den heutigen südindischen Tempelteichen vergleichen.

Aber der eindrucksvollste Beleg dafür, daß wir in der Religion der Industalkultur einen bis heute wirkenden Vorläufer des Hinduismus zu sehen haben, ist die ebenfalls auf einem Siegel erhaltene Darstellung des sogenannten gehörnten Gottes: Diese Gestalt muß nämlich als einer der Vorgänger des hinduistischen Shiva gelten. Während in der vedischen Religion der fast ein Jahrtausend später nach Indien einfallenden Indoarier Idole, Götterbilder und -figuren unbekannt waren, haben wir hier einen Beweis für bildliche Götterdarstellung in der Harappâ-Kultur. Die Parallelen zu Shiva sind gleich mehrfach zu greifen: Wir erkennen auf dem Industsiegel eine männliche Gestalt, im Lotossitz auf einer Art Schemel oder Podest sitzend, mit aufgerichtetem Phallus. Auch Shiva gilt als der göttliche Asket, der äonenlang in Meditation versunken sitzt. Der aufgerichtete Phallus gehört zu den Kennzeichen des asketischen Shiva-Aspekts. Er symbolisiert zurückgehaltenen Samen und damit sexuelle Enthaltsamkeit.

Der gehörnte Gott hat drei Gesichter, genau wie Shiva beispielsweise in dem zentralen Kultbild im Höhlentempel von Elephanta. Ferner hat sich heute allgemein die Interpretation durchgesetzt, daß die Büffelhörner am Helm des gehörnten Gottes als Mondsichel im Haarschopf Shivas fortleben. Vor dem Podest und neben ihm sehen wir Tiere: Elefant, Tiger und Nashorn, aber auch einen Stier. Shiva gilt seinerseits als der Pashupati, der „Herr der Tiere"; als Asket trägt er ein Tigerfell um die Hüften gewickelt, von dem Raubtierköpfe herabbaumeln. Der Stier erscheint auf dem Siegel doppelt, oben ein Wasserbüffel und unten vor dem Podest ein Zebustier: Später wird der weiße Buckelstier Nandî zum Symboltier Shivas.

Die Industalkultur ist gewaltsam und unvermittelt untergegangen. Über die Ursachen ist viel spekuliert worden: Man hat Klimaveränderungen dafür verantwortlich gemacht, aber auch Überschwemmungen als Folge von Veränderungen des Indus-Flußlaufes; andererseits vermutete man Erdbeben, oder auch Kriegsgewalt, denn auf den Straßen fanden die Ausgräber Skelette. Als die Indoarier den Oberlauf des Indus erreichten, gab es dort jedenfalls keine Städte mehr, nur Ruinenhügel.

Die Religion des Veda

Die Einwanderung der vedischen Indoarier

Um die Mitte des dritten Jahrtausends v.Chr. begannen die Wanderungen der indogermanischen Stämme. Aus ihrer Heimat, den Steppen Südrußlands, zogen sie nach Westen bis Mitteleuropa, nach Südwesten bis Italien und Griechenland, nach Osten bis China und nach Südosten bis nach Iran und Indien, – eine Wanderungsbewegung, die sich über ein Jahrtausend erstreckte. Etwa zur gleichen Zeit, als die matristische Bevölkerung des Mittelmeerraums von der patriarchalischen Oberschicht der Indogermanen überlagert wurde, um die Mitte des zweiten Jahrtausends v.Chr., drangen auch die Indoarier, der östliche Zweig der Indogermanen, in mehreren Schüben über die afghanischen Bergpässe in das Fünfstromland, den Panjâb am Oberlauf des Indus, ein.

Die Mitanni-Inschriften, vorderasiatische Zeugnisse aus dem 14. Jahrhundert v.Chr., erwähnen als erste außerindische Quellen die Namen vedischer Götter. Sie belegen, daß bereits in dieser Zeit die Indoarier mit ihrer Religion des Veda im Panjâb ansässig waren. Etwa zwischen 1500 und 750 v.Chr. eroberten sie den Norden des indischen Subkontinents; kriegerische Nomadentrecks mit Ochsenwagen und Viehherden überschritten die Quellflüsse im Oberlauf des Indus von Nordwesten nach Südosten und folgten sodann dem Lauf der Ströme Gangâ und Yamunâ durch das nordindische Zweistromland, den Doâb, bis hin zur indischen Ostküste.

Diese indogermanischen Stämme nannten sich selbst Ârya, soviel wie „Edler". Ihre Sprachen werden deshalb als die indoarischen bezeichnet; zu ihnen gehören u.a. das Altpersische, aber vor allem auch das Altindische oder vedische Sanskrit, eine Vorstufe des Klassischen Sanskrit. Im vedischen Sanskrit verfaßt ist die Literatur des Veda, was wörtlich „Wissen“ bedeutet. Diese Literatur ist unsere Quelle für die Religion des Veda, der Religion also der indoarischen Oberschicht.

Denn natürlich war Indien nach dem Untergang der Industalkultur nicht menschenleer. Die indoarischen Eroberer stießen auf eine ansässige Bevölkerung, welche sie Dasyu oder Dâsa nannten, ein Wort, das später Sklave bedeutet. Ganz im Gegensatz zu den einwandernden patriarchalisch organisierten, aggressiven Rindernomaden war die Familienstruktur dieser Urbevölkerung, wie wir erschließen können, matristisch. Es handelte sich um frauenfreundliche, friedliche Pflanzer, Jäger und Sammler.

Von den autochthonen Stämmen, den Nachfahren u.a. der Industalkultur, unterschieden sich die kriegerischen Einwanderer in mancherlei Hinsicht, nicht allein durch Rasse, Sprache und Religion. Die ökonomische Basis der indoarischen Nomadentrecks war die Viehwirtschaft, vornehmlich die Rinderzucht, ergänzt durch das Sammeln von Wildpflanzen. Die einheimische Bevölkerung dagegen trieb Ackerbau und ernährte sich obendrein von Jagd und Fischfang. Die allmählich vorrückenden Nomaden veranstalteten regelmäßige Sommerraubzüge, die den Ernteerträgen der einheimischen Bauern galten. Solche Überfälle und Plünderungen bereiteten die spätere Landnahme vor.

Auffällig ist die Aggressivität dieser Rindernomaden. Ohne jeden Skrupel vermehrten sie ihren Besitz durch regelmäßige Raubzüge, für die sie sich mit Hilfe der Priester den Beistand der Götter zu sichern suchten. Ihr angriffslustiger Götterherr Indra steht in denkbar größtem Gegensatz zu den schutzgewährenden Muttergöttinnen der einheimischen Bevölkerung.

Die Familienstruktur der indogermanischen Stämme war bestimmt durch die patrilineare Großfamilie, in der also die Verwandtschaft über die Linie des Vaters gezählt wurde.[3] Sinn und Zweck dieser Verwandtschaftsbestimmung ist die Vererbung von Besitz. Diese patriarchalischen Verhältnisse sind entwicklungsgeschichtlich jünger als die matrilineare Verwandtschaftszählung der einheimischen Stämme, welche die Sippenzugehörigkeit von der Sippenahnin her über die jüngste Tochter bestimmten, wie es zum Teil noch heute bei einigen Stämmen in den Provinzen Indiens der Fall ist, wie z.B. beim Volk der Khâsî.[4] Diese alte herrschaftsfreie, weil noch privateigentumslose, frauenfreundliche Gesellschaftsordnung war also bei den einwandernden Indogermanen schon abgelöst durch die „Herrschaft der Väter", in denen nicht nur die Kinder, sondern auch die Frauen zum Eigentum des Mannes wurden.

Die Frauen der vedischen Inder waren völlig rechtlos, verfügten in keiner Weise über ihren Körper oder über das Erbe. Da sie das Eigentum des Mannes waren, galt Ehebruch als Eigentumsdelikt. Die Frau hatte die Pflicht, Söhne zu gebären. Dabei herrschte die Auffassung, daß die Frau nicht an der Zeugung beteiligt sei; sie galt als bloßer Nährboden, man verglich sie gar mit einem „Schlauch", in dem man Saatgut aufbewahrt. Religiös legitimierte man die Wichtigkeit männlichen Nachwuchses damit, daß das Wohlergehen des Großvaters in der jenseitigen Väterwelt von der regelmäßigen Ahnenspeisung durch den Enkel abhänge.

Entsprechend unterrepräsentiert sind in der vedischen Religion der Oberschicht die Göttinnen. Sie erscheinen als Anhängsel der männlichen Gottheiten; so wird dem Indra eine Indrânî zugesellt, die nur an wenigen Stellen der vedischen Literatur überhaupt erwähnt ist.

Frauen und Kinder waren also der Besitz des Mannes, wenn auch nicht sein wertvollster. Der vedische Hausherr strebte vor allem nach dem Besitz von Rindern. Reichtum an Kühen: das war das vordringlichste Ziel des vedischen Opfers. Zusätzlich zu den Rindern besaß man noch anderes Vieh, wobei auch Menschen, also Hörige, zu den Haustieren gezählt wurden. Sanskrit *pashu*, „Haustier", ist im übrigen sprachverwandt mit Lateinisch *pecus* und dem deutschen „Vieh".

Was schließlich die ursprüngliche vedische Ständeordnung angeht, so hatte der Kriegeradel die weltliche Macht inne. Die Krieger, die Kshatriyas, standen unangefochten über allen anderen Ständen. Der Kriegerstand verkörperte das Prinzip der Herrschermacht *(kshatra)* und war für den Schutz der anderen Stände verantwortlich, wofür er als Gegenleistung Abgaben eintrieb. Unter dem Kriegeradel stand die Priesterschaft, die das geistliche Prinzip *(brahman)* repräsentierte. Die Priester oder Brahmanen unterstützten den Kriegeradel, vor allem durch Opfer, mit deren Hilfe sie den Beistand der Götter im Krieg zu gewinnen suchten. Unter den Kriegern und Priestern standen die Vaishyas, der dritte Stand, der die Viehzüchter, Landarbeiter und Handwerker umfaßte. Dieser Nährstand hatte den Kriegern Abgaben zu leisten. „Wenn immer der Kshatriya dazu Lust hat, dann sagt er: ‚Vaishya, bring her, was du vor mir versteckt hast.' Er plündert ihn aus. Alles, was er will, tut er."[5] Die niedrigste Schicht der vedischen Gesellschaft bildeten die unfreien Diener und Sklaven, die Shûdra. Daß ihre Lage aber nicht immer erbärmlich sein mußte, geht daraus hervor, daß sie gelegentlich Eigentum, sogar Vieh, besaßen und, wie der Nährstand, auch als Viehzüchter, Kleinbauern und Handwerker tätig sein konnten. Außerhalb der vedischen Gesellschaft stand die Urbevölkerung, der freilich der Eintritt in die Gesellschaft der vedischen Inder keineswegs unmöglich war, so daß Einwanderer und Einheimische sich allmählich vermischten. Mochte auch die Integrierung der Urbevölkerung anfangs eher eine Versklavung sein, so fanden doch Elemente der älteren, vorvedischen Kultur in die vedische Gesellschaft Eingang und schlugen sich in Sprache und Religion, in Sitten und Gebräuchen nieder. Aus der Vermischung der autochthonen, vorindoarischen Bevölkerung mit den indoarischen Invasoren entstand allmählich die indische Kultur, wie wir sie noch heute kennen.

Das polytheistische Pantheon

Unsere Quelle für das polytheistische Pantheon der vedischen Religion ist die Literatur des Veda; diese umfaßt die Sammlungen von Rig-, Sâma-, Yajur- und Atharvaveda. Diese vier Teile bestehen jeweils aus Sanhitâ oder Mantra als Kern (vor 1.000 v.Chr.), darum gruppieren sich Brâhmanas und Âranyakas (um 1.000 v.Chr.) sowie ältere Upanishaden und Sûtras (800-500). Der indischen Tradition gilt die vedische Literatur bis einschließlich der älteren Upanishaden als Shruti, wörtlich „Gehörtes", womit eine übermenschliche, anfangslose, ewige Offenbarung gemeint ist, die von den vedischen Sehern, den Rishis, in den Flammen, den Zungen des Opferfeuers geschaut bzw. gehört wird. Jünger als die Shruti ist dagegen die Smriti, wörtlich die „Erinnerung"; man versteht darunter die menschliche autoritative Überlieferung, die mit den Sûtras beginnt und vor allem auch die epische Literatur umfaßt, also die Großepen Mahâbhârata und Râmâyana sowie die sich daran anschließenden Purânas.

Die älteste Literaturschicht, also die Sanhitâ- oder Mantra-Literatur, enthält Hymnen; diese gehören einer älteren Epoche an als die Ritualliteratur des Yajurveda, der Brâhmana und Âranyaka. In den älteren Upanishaden finden sich bereits philosophische Lehren, während sich die Sûtras am besten als religiöse Leitfäden charakterisieren lassen.

Von den vier Veden sind die Hymnen des Rigveda[6] das älteste Literaturdenkmal der indischen Kultur. Auch heute noch gilt der Rigveda dem gläubigen Hindu als heiliger Text. Es handelt sich um eine „Sammlung" *(sanhitâ)* von 1028 Hymnen, die über 10.000 Strophen in zehn Liederkreisen *(mandala)* umfassen. Die Rigveda-Sanhitâ dient als Textbuch des Opferpriesters, des Hotar, was wörtlich sowohl „Gießer" als auch „Rufer" bedeutet. Der Hotar gießt nämlich die Opferspende ins Opferfeuer, um damit die Götter zum Opfer zu rufen. Es sind damit die Opferhymnen der Brahmanen, des vedischen Priesterstandes. Diese Preislieder an die Götter haben zum Inhalt die Einladung der Götter zum Opfer, den Ruhm ihrer Taten und sodann die Bitte der Menschen um die Hilfe der Himmlischen. Die Ortsangaben passen zu den lokalen Verhältnissen in der Gegend des Panjâb, d.h. also, daß die Sanhitâs noch dieser frühesten Epoche der indoarischen Invasion angehören.

Quelle der Volksreligion ist der Atharvaveda. Von überwiegend metrischer Form, enthält der Atharvaveda vor allem Zauberhymnen. Er bildet den Gegenpol zur priesterlichen Hochreligion des Rigveda. Doch bietet der Atharvaveda neben den Zaubersprüchen auch philosophische und kosmogonische Spekulation.

Ganz im Gegensatz zum späteren Hinduismus kannte der vedische Kult noch keine Tempel, also auch keinen Tempelkult. Ebenso waren den einwandernden Indoariern Götterbilder unbekannt. Während die vorvedische Induskultur Idole im Kult verwendete – wir erinnern uns an die Siegeldarstellung des gehörnten Gottes –, stammt die älteste bildliche Darstellung eines hinduistischen Gottes dann erst wieder aus dem zweiten Jahrhundert v.Chr.: Im Jahre 1970 fand der französische Archäologe Paul Bernard mit seinem Team im äußersten Norden Afghanistans in Ai Khanoum nahe der russischen Grenze sechs Münzen des indogriechischen Königs Agathokles, der um 170 v.Chr. regierte. Auf der griechisch beschrifteten Vorderseite zeigen die Münzen den Gott Sankarshana mit Keule und Pflug, auf der mit indischer Brâhmî-Schrift *(rajine Agathuklayesa)* versehenen Rückseite Vâsudeva mit Schneckengehäuse und Rad.[7] Beide Götter sollten als Balarâma und Krishna im Vishnuismus aufgehen.

Doch zurück zur Religion des Veda. In ihrem Mittelpunkt stand das Opfer *(yajña)*. Der vedische Opferkult war mobil: Der temporäre Opferplatz wurde vor jedem Opfer in einem umständlichen Ritual aufgebaut – ein kultischer Brauch, der sich aus der nomadisierenden Lebensweise der indoarischen Einwanderer erklärt. Die Götter mußten deshalb zum Opferplatz gerufen werden. Man dachte sich sie als während des Opfers anwesend. Der spätere hinduistische Tempelkult dagegen ist ortsgebunden, stationär. Dennoch lebt das vedische Opfer im hinduistischen Tempelritual fort, das noch immer als Gastritual erscheint. Daß der hinduistische Gott zum Gast im eigenen Haus wird, erklärt sich nur durch die Wurzeln des hinduistischen Tempelrituals im vedischen Opferkult.

In Auftrag gegeben wurden die vedischen Opfer von einem Opferherrn, dem Yajamâna. Er bestellte das Opfer bei den Brahmanen, den Opferpriestern und bezahlte sie dafür mit Opferlohn, der Dakshinâ. Ziel des Opfers waren weltlicher Vorteil und Besitz, besonders Reichtum an Rindern, und nach dem Tode der Aufenthalt im Väterhimmel. Diese Opfer richteten sich an eine Vielzahl von Göttern, weshalb wir uns nun dem polytheistischen Pantheon des Veda zuwenden wollen. In diesem lassen sich (nach U. Schneider) sechs Gruppen von Göttern unterscheiden, nämlich Standesgötter, ethische Sozialgottheiten, Tätigkeitsgötter, Naturgottheiten, der Totengott sowie die Gruppe der Dämonen und Geister.

Standesgötter. Hierbei sind zunächst die Standesgötter zu nennen, nämlich Agni als der Standesgott der Brahmanen; Indra, der Gott der Krieger; dessen kleinerer Genosse Vishnu, ein Emporkömmling aus dem Vaishyastand; und schließlich die Gottheiten aus der Unterschicht, vor allem Pûshan, Rudra und die Ashvins.

Agni. Der Rigveda beginnt mit einem Preislied auf den Gott Feuer, im Sanskrit Agni (verwandt mit lat. *ignis*). Agni brennt als Feuer auf dem Opferplatz, und gleichzeitig stellte man sich Agni auch als himmlischen Opferpriester vor. Indem der menschliche Opferpriester in das Opferfeuer schaut, kommuniziert er mit seinem himmlischen Partner. Über die Zungen des Feuers teilt der himmlische Agni – gleichsam optisch und akustisch – dem menschlichen Priester den Wortlaut des Veda mit. All dies erhebt Agni zum Gott der Opferpriester, der Brahmanen. Agni, der Gott Feuer, ist also ein Standesgott.

Die Hymnen, mit denen er gepriesen wird, gehören zum Opferritual. Wie erwähnt, kannte die vedische Religion weder Tempel noch Götterbilder, weshalb die Götter bei jedem Opfer zum eigens aufgebauten Opferplatz gerufen werden mußten. Agni hatte dabei die Aufgabe, die anderen Himmlischen zum Opferplatz zu fahren. Der Opferpriester spricht die folgende Hymne, den Anfang der gesamten Sammlung des Rigveda, während er Opfergaben, vorzugsweise Schmelzbutter, ins Feuer gießt und Agni, den Gott Feuer, damit erquickt (Rigveda 1.1, Übersetzung Thieme):

Feuer erquicke ich (als Gast), den vorne hingesetzten, den himmlischen Darbringer der Verehrung, den Rezitator, der die meisten Schätze schafft.
Feuer war von den früheren Sängern zu erquicken und ist es auch von den heutigen. Er ist es, der die Himmlischen hierher fahren wird.
Durch Feuer wird er (der Opferveranstalter) Reichtum erlangen, Gedeihen Tag für Tag, das Ansehen bringt, das durch Männer (Söhne) ausgezeichnet ist.

Feuer! Die Verehrung, das Opfer, das du von allen Seiten umfassest, das allein gelangt zu den Himmlischen.
Feuer, der Rezitator mit der Geisteskraft eines Dichters, der wirkliche, von strahlendstem Ruhm, soll herbeikommen, der Himmlische mit den Himmlischen.
Daß du, Feuer! dem Spendenden Glückhaftes wirklich tun wirst, das ist deine Wahrheit, o Angiras!
Dir, Feuer! nahen wir Tag für Tag, du, der du im Dunkeln aufleuchtest! mit unserem Gedanken (Gedicht), indem wir Verehrung darbringen;
der du herrschst über die Opfer, der du der leuchtende Schützer der Wahrheit bist, der du wächst in deinem Haus.
Sei uns, Feuer, gut nahbar, wie der Vater dem Sohn, bleibe bei uns zu unserem Heil!

Indra. Indra ist der himmlische Anführer der Ârya im Kampf gegen die Ureinwohner, die Dâsa, und als solcher der Gott der Krieger, der Kshatriyas. Ursprünglich war er wohl der Gewittergott, eine Funktion, die er auch als Kriegsgott noch ausübte. Indras Waffe ist der Donnerkeil, der Vajra. Begleitet wird Indra von den Sturmgöttern, den Maruts. Sein Aussehen paßt zu der Funktion als Kriegsgott: Er ist von riesengroßer Gestalt, hat kräftige Arme, große Hände und einen blond herabwallenden Bart. Der nicht alternde Indra ist ein großer Liebhaber des Rauschtranks Soma.

Mit dem Rauschtrank Soma (wörtlich „der ausgepreßte Saft") konnte der menschliche Opferer den Kriegsgott Indra in Kampfesraserei versetzen. Soma, der im vedischen wie auch im altiranischen Opferritual eine herausragende Stellung einnimmt, war ein halluzinogener Rauschtrank, der durch Pressung einer bestimmten Pflanze gewonnen wurde. Die Droge Soma betäubt nicht, macht nicht schläfrig, sondern regt an: Die Sinne der Opferpriester, die Soma genossen haben, sind „geschärft" *(soma-shita)*. Die genaue Identität dieses Gewächses ist trotz intensivster Bemühungen der Vedaforscher bis heute ungeklärt. Aufsehen erregte im Jahre 1968 der Versuch eines Außenseiters, A. Gordon Wasson (*Soma: Divine Mushroom of Immortality*, New York 1968), den Soma mit einer Art des Fliegenpilzes, *amanita muscaria*, zu identifizieren. Eine anderer Vorschlag[8] gilt der Ephedra, einer dem Schachtelhalm ähnlichen Pflanze, aus der man noch heute Ephedrin gewinnt.

Indra übt aber auch eine kosmogonische Funktion aus, nämlich die Befreiung der Wasser durch den Sieg über die Dämonen Vala und Vritra. Indras Funktion ist damit die eines Kulturheros, der für die Menschen die Wasser befreit und in geordnete Bahnen lenkt.

Vishnu[9] gilt als der „kleinere Genosse Indras". Er ist der Gott der Vaishyas, insbesondere der Gott der Landvermesser, der die Erde ausmißt, indem er sie mit seinen Schritten ausschreitet. Als Gott „Schreiter", als göttlicher Feldmesser und Landverteiler, hat er im Mythos von den drei Schritten (Trivikrama) in riesenhafter Gestalt die ganze Erde mit drei Schritten ausgemessen und beim letzten Schritt mit seinem großen Zeh ein Loch in das steinerne Firmament gebohrt. Dieses Loch ist nichts anderes als die Sonne: Von jenseits des Firmaments dringen nämlich die Strahlen des Feuerhimmels durch dieses Loch hindurch auf die Erde.

Die Funktion Vishnus als göttlicher Feldmesser, der die Erde ausschreitet, um sie den einwandernden Indoariern zuzuteilen, ist besonders in dem folgenden Hymnus des Rigveda (7.100) ausgedrückt (Übersetzung Schneider):[10]

Gewiß wird der auf Gewinn hoffende Sterbliche belohnt, der dem weitschreitenden Vishnu (Opfer) spendet, der ihn mit gesammeltem Geiste anbeten (und) einen solchen Mannhaften gewinnen möchte.
Du, Vishnu, mögest dein auf alle Menschen sich erstreckendes Wohlwollen, du gern kommender, deine unwandelbare Gesin-

nung (uns) schenken, auf daß du uns reichliches Wohlergehen spenden mögest (und) Reichtum an Rossen und vielem Golde.
Dreimal hat dieser Gott diese Erde, die hundert Sänger hat, in ganzer Größe ausgeschritten. Vishnu soll den Vorrang haben, der stärker als stark ist, denn furchtgebietend ist sein, des Standfesten, Name.
Dieser Vishnu hat hier die Erde ausgeschritten zum Landbesitz für Manu, um (ihm) gefällig zu sein. Ansässig wurden dessen besitzlose Leute. Er, der gute Geburt gibt, schuf weite Wohnstatt.
Ich mache dir, Vishnu, aus meinem Mund das Vashat, laß dir dies Opfer von mir munden, o Shipivishta. Es sollen dich meine Preislieder, meine Lobesworte erbauen. – Behütet ihr uns immerdar mit eurem Segen!

Der Trivikrama-Mythos erlaubt Rückschlüsse auf das Weltbild der vedischen Inder. Sie stellten sich die Erde vor als eine flache, runde Scheibe, umflossen von einem Ringozean, der Rasâ, vergleichbar dem griechischen Okeanos. Über diese Erdscheibe wölbt sich glockenförmig das steinerne Firmament. Dieses dreht sich. Bei Tage dringt die Hitze des jenseitigen Feuerhimmels durch das Loch in Gestalt der Sonne. Das Gegenstück bildet der dunkle Himmel mit den Gestirnen der Nacht.

In spätvedischer Zeit überflügelt und verdrängt Vishnu zusehends den Kriegsgott Indra. Schließlich steigt Vishnu auf zu einem der beiden Hochgötter des Hinduismus.

Während Vishnu als Gott des Nährstandes, der Vaishyas, anzusehen ist, sind die folgenden drei Gottheiten, nämlich Rudra, Pûshan und die Ashvins, den untersten Schichten der Bevölkerung und damit der Volksreligion zuzurechnen.

Rudra ist zusammen mit dem gehörnten Gott der Harappâkultur einer der Vorläufer Shivas, des – neben Vishnu – anderen Hochgottes des Hinduismus. Das Wort Rudra ist möglicherweise verwandt mit lat. *rŭdis*, „roh". Rudra wurde gefürchtet als der schreckenverbreitende

Gott der Wildnis, der in den Bergen haust, in ein Tierfell gekleidet, mit grünlichen Haarflechten und von blutroter Farbe. Ihn flehte man an, wenn man von Leiden verschont bleiben wollte: „Hab mit uns Erbarmen; schädige uns nicht in unseren Kindern; fern sei deine rinder- und männermordende Waffe; bringe keine Krankheit in unsere Familie; die große Ungnade des Furchtgebietenden möge uns verschonen."[11] Doch ein Gott, der über Krankheit und Leiden gebietet, kann den Menschen auch von der von ihm gesandten Plage wieder befreien. So galt Rudra denn auch, in seinem wohltätigen Aspekt, als ausgezeichneter Arzt und wurde als Nothelfer bei Krankheit angerufen.

Der Hirtengott *Pûshan* ist verwandt, auch sprachverwandt, mit dem griechischen Pan. Das Wort Pûshan/Pan „bezeichnet von Haus aus eine alte Ziegenhirtengottheit – einen Tierherrn unter den Ziegen (daher seine Bocksgestalt); und als Tierherr hat er natürlich auch die Aufgabe eines Gottes der Wege, der Licht braucht, um verirrte Tiere finden und wieder der Herde zuführen zu können."[12]

Die Zwillingsgötter *Ashvins*[13] sind das vedische Gegenstück zu den Dioskuren – Kastor und Pollux – der griechisch-römischen Welt. Sie heilen und verleihen Fruchtbarkeit mit ihrer „Honigpeitsche", einem Phallussymbol.

Ethische Sozialgottheiten bilden die zweite Gruppe des vedischen Pantheons. Hiermit sind vor allem die Götter *Varuna*, *Mitra* und *Aryaman* gemeint. Sie fungieren als Schützer des Eides, des Vertrages und der Gastfreundschaft. Es sind freundliche Götter, die über die Wahrheit und die Einhaltung von Verträgen wachen. Sie gehören zu einem Kreis von Göttern, die *Âdityas* genannt werden, benannt nach der Muttergottheit *Aditi*. Aditi selbst schützt den Heimgesuchten in ihrem Schoße und befreit ihn aus Bedrängnis.

Varunas wichtigste Aufgabe ist es, über das Rita zu wachen, die „wahre Struktur des Kosmos" (Lüders), eine unpersönliche Daseinsmacht. Wer, etwa durch eine Lüge, dieser „wahren Struktur" zuwiderhandelt, wird von Varuna mit Leiden bestraft. Varuna, als Hüter der wahren und regelmäßigen Struktur des Kosmos, ist auch für die Regulierung der Wasserläufe zuständig. An dieser Funktion Varunas konnte der Glaube ansetzen, daß die Wassersucht Varunas Strafe für die Lüge sei. Der Rigveda enthält die ergreifende Bitte eines an der Wassersucht Erkrankten, Varuna möge ihn von seinen Leiden erlösen. Denn Varuna kann Krankheiten nicht nur schicken, sondern auch wieder heilen. Er ist in dieser Ambivalenz seines Wesens dem erwähnten Rudra vergleichbar. In der folgenden Bitte des Kranken sind drei Elemente ineinander verwoben: die Schilderung der Krankheit (Aufgedunsenheit, Durst), das Schuldbekenntnis (Lüge) und die Bitte um Gnade (Rigveda 7.89, Übersetzung Thieme).

Möge ich nicht, Varuna! König! in das irdene Haus (die Urne) eingehen – Sei gnädig, du von guter Herrschaft! zeige Gnade!
(in das irdene Haus,) zu dem ich auf dem Wege bin, gleichsam platzend wie ein aufgeblasener Schlauch, du mit der Steinwaffe! – Sei gnädig, du von guter Herrschaft! zeige Gnade!
Irgendwie, durch die Unzulänglichkeit meiner Kraft (zu erkennen und zu wollen), bin ich in die falsche Richtung gegangen, du Reiner! – Sei gnädig …!
Während er in der Mitte des Wassers steht, hat den Sänger der Durst ausfindig gemacht. – Sei gnädig …!
Was immer, Varuna! an Trug gegen das Geschlecht der Himmlischen wir begehen, womit wir durch Einsichtslosigkeit die Wahrheit getrübt haben – laß uns nicht verderben um dieser Schuld willen, Himmlischer!

Tätigkeitsgötter bilden die dritte Kategorie vedischer Göttergestalten. Zu ihnen gehören Tvashtar, der göttliche

Künstler, Bildner und Gestalter; ferner Vishvakarman, der noch heute als Gott der Handwerker verehrt wird. Auch Vâc, die göttliche „Rede“, ist hier zu nennen.

Naturgottheiten sind Dyaus und Prithivî, das mythische Urpaar von Vater Himmel und Mutter Erde. Sûrya ist der Sonnengott, Ushas die Göttin der Morgenröte. Typische Naturgottheiten sind auch die Maruts, die Sturmgötter im Gefolge Indras in seiner Funktion als Gewittergott. Vâyu oder Vâta ist ebenfalls eine Windgottheit. Auch gibt es einen Gott des Regens, Parjanya geheißen.

Totengott Yama. Das Totenreich zu ebener Erde läßt sich in dem alten Mythos vom Todesgott Yama erkennen.[14] Einst, im Goldenen Zeitalter, waren die Wesen unsterblich. Sie wurden als Zwillingspaare ungleichen Geschlechts geboren. Die Liebe zwischen diesen Zwillingen galt noch nicht als Inzest, und so führten sie ein glückliches Leben in ewigen Liebesfreuden. Einer dieser Unsterblichen war Yama, seine Zwillingsschwester war Yami. Yama wird seiner Unsterblichkeit überdrüssig. Er zieht nach Süden, „den großen Wasserläufen nach“, überquert ein Meer und entdeckt als erster den Weg ins Totenreich. Er stirbt und wird so zum ersten Sterblichen. Zwillingsschwester Yami aber folgt ihrem Bruder nach ins Totenreich und überredet ihn, „damit es auf Erden weitergehe“, zum posthumen Inzest. So entsteht das Geschlecht der Sterblichen. Diese folgen alle Yama ins Totenreich nach, wo er als König über sie herrscht. Yama ist auf diese Weise zum ersten Sterblichen, zum Stammvater der Menschheit und zum König im Totenreich geworden.

Dieses Totenreich zu ebener Erde ist die ältere Vorstellung. Die überwiegende Mehrheit der vedischen Belege spricht dagegen von einer Welt der Ahnen über der Erde. Dieser Ort, an dem die Väter und der Totengott Yama wohnen, liegt in der Mitte des Himmels, am First des Firmaments. Mit diesen Beschreibungen ist offenbar die oberste Kuppe des lichten Tagfirmaments gemeint. In dieser höchsten Lichtwelt herrschen ewiges Licht und unendlicher Glanz. So steht also die Sonne in Verbindung mit den Ahnen. Doch auch die anderen Himmelslichter spielen eine Rolle im vedischen Jenseitsglauben. So gab es auch die Vorstellung, daß die Ahnen in den Mond gelangen. Die Sterne werden im Rigveda als die Lichter der Tugendhaften, die in die Himmelswelt gehen, bezeichnet. Auch heißt es, die Ahnen, besonders die sieben mythischen Rishis oder Seher, seien zu den Sternen erhöht worden. Die Ahnen haben nach rigvedischem Glauben den Himmel mit Sternen geschmückt und dafür gesorgt, daß es nachts dunkel und tags hell ist.

Wenn der Verstorbene in die Ahnenwelt gelangt ist, sieht er dort den König Yama. Yama gibt dem Toten einen Ruheplatz und bereitet ihm eine Zufluchtsstätte. Er nimmt ihn in die Gesellschaft der seligen Väter auf. Yama hat jedoch im Rigveda nie die Funktion eines Totenrichters wie im Hinduismus.

Die Väter *(pitar)* sind unsterblich und führen in ihrer Welt ein paradiesisches Leben in ewiger Seligkeit, in dem alle irdischen Wünsche erfüllt werden. Das vedische Weltbild war also noch linear, ganz im Gegensatz zum späteren zyklischen Denken. Die Wonnen der himmlischen Ahnen sind hundertmal so groß wie die höchsten auf Erden. Da die Manen unsterblich sind, versteht es sich von selbst, daß sie das Alter besiegt haben. Sie sind außerdem frei von Krankheit, Lahmheit oder Verkrüppelung. Obwohl die Ahnen als Väter bezeichnet werden, handelt es sich nicht um eine reine Männergesellschaft. Der Tote sieht nämlich in jener Welt nicht nur Vater und Söhne, sondern auch seine Mutter, ebenso Ehefrau und Kinder wieder. Die in der Schlacht gefallenen Krieger obliegen den Liebesfreuden mit himmlischen Nymphen, den Apsarasen. Für die Seligen fließen Soma, Milch und Wein, sie tun sich gütlich an geklärter Schmelzbutter und

Honig. Helle, bunte Kühe erfüllen den Seligen alle Wünsche.

Da man glaubte, daß bei Neumond die Abgeschiedenen am regsamsten seien, brachte man ihnen ein großes Neumondopfer dar. Die Väter wurden gerufen und kamen im gleichen Wagen wie Indra und die Götter zum Opferplatz gefahren. Da das Totenreich im Süden liegt, saßen sie in südlicher Richtung auf dem Opferplatz. Man dachte sich die Ahnen also beim Opfer persönlich, wenn auch unsichtbar, gegenwärtig; sie genossen die heiße Luft der Reisklöße. Deshalb hielt der Opferer nach Möglichkeit den Atem an, bis die Klöße abgekühlt waren. Außer der Speise brachte man den Vätern auch Kleidung sowie Augen- und Fußsalbe dar.

Der Gedanke von einer jenseitigen Vergeltung scheint in früherer Zeit keine große Anziehungskraft gehabt zu haben. Jedoch finden sich Ansätze für solch ethisches Denken. Denn es galt als selbstverständlich, daß Yamas Wohnung den Guten vorbehalten war. Gut war, wer entweder Askese übte oder als Held sein Leben in der Schlacht riskierte, besonders aber, wer freigebig Opfergaben spendete. Heißt es doch, daß die Ahnen in Yamas Welt mit ihren Opfern und guten Werken zusammentreffen. Die Übeltäter müssen damit rechnen, daß ihnen Yamas Welt der seligen Väter versperrt bleibt, daß sie stattdessen in die finstere Tiefe unter der Erde stürzen. Im Gegensatz zur Himmelswelt gibt es nämlich auch eine Höllenwelt, in der tiefste, schwarze, blinde Dunkelheit herrscht. Sie wird auch einfach als Grube bezeichnet, in die die Bösen verdammt werden. Die Bösen, das sind die Mörder und Räuber, aber auch die persönlichen Feinde. Der „tiefe Ort", wie es heißt, ist für die Bösen, Falschen und Verlogenen geschaffen. Das untere Haus ist der Wohnsitz von Elfinnen und Hexen. Die Dämonin, die übelwollend wie eine Eule sich selbst verbergend umgeht, soll in den endlosen Abgrund fallen.

Dämonen und Geister. Damit kommen wir schließlich zu den Dämonen und Geistern des Volksglaubens. Die gutmütigen Kobolde wurden Yaksha genannt, im Gegensatz zu den bösen Dämonen, den Raksha, und den fleisch- und leichenfressenden Ghoulen, den Pishâca. Große Furcht hatte man vor den Preta, den Hungergespenstern, abgezehrten Elendsgestalten. Nach dem Tode gelangten die Verstorbenen nämlich nicht geradewegs in die Welt der Väter, sondern sie mußten ein Jahr lang in der Nähe der Lebenden ausharren und ein Dasein als Hungergespenst fristen. Wer ohne männliche Nachkommenschaft starb, war dazu verdammt, ohne Unterlaß als Hungerspenst umzugehen; als Hungergespenst deshalb, weil einzig ein Ahnenopfer, das nur von einem männlichen Enkel dargebracht werden durfte, seine Bedürfnisse hätte stillen können. Wenn man es also versäumt, einen Sohn, der später einmal opfern kann, in die Welt zu setzen, schadet man damit nicht nur sich selbst, indem man einem sicheren Hungergespenstdasein ohne Ende ins Auge schaut; man stürzt obendrein auch seinen Vater und Großvater, die noch auf das Reiskloßopfer angewiesen sind, ins Verderben.

Dem Volksglauben entstammen auch die Gandharvas, himmlische Musiker, die aber auch eine Rolle bei der Zeugung und Empfängnis spielen. Die Nymphen, Apsarasen genannt, eine Art Huris oder Walküren im Kriegerhimmel, hatten wir bereits im Zusammenhang mit den Nachtod- und Paradiesvorstellungen des Kriegerglaubens erwähnt.

Anfänge indischer Philosophie – die Upanishaden

Das Wort Upanishad *(upa-ni-shad)* ist abgeleitet von der Sanskrit-Verbalwurzel *sad*, die „sitzen“ bedeutet und mit dem lateinischen *sed-ēre*, *sĕd-ĕo* sowie dem deutschen

„sitz-en“ sprachverwandt ist. Unter einer Upanishad versteht man denn auch einen Text, den man aufmerksam zu Füßen des Lehrers „sitzend“ hört und auswendiglernt. Die älteren Upanishaden sind ungefähr 800-600 v.Chr. anzusetzen. Auch danach sind durch die Jahrhunderte bis in die Neuzeit immer wieder Upanishaden verfaßt worden. Eine der gängigen indischen Ausgaben, in denen ältere und jüngere Upanishaden gesammelt sind, umfaßt insgesamt 188 solcher Texte.[15] In ihrer Einteilung spiegeln sie den Gang der hinduistischen Religionsgeschichte; so gibt es etwa Yoga-Upanishads, Vedânta-Upanishads, Vaishnava-, Shaiva- und auch Shâkta-Upanishads. Auch die Bhagavadgîtâ wird traditionell zu den Upanishaden gerechnet. Die älteren Upanishaden wurden in Prosa verfaßt, die jüngeren sind überwiegend metrisch.

Die älteste Upanishad ist die Brihadâranyaka-Upanishad, die sich z.T. mit der Chândogya-Upanishad überschneidet; die Brihadâranyaka-Upanishad bildet noch das letzte Kapitel des Shatapatha-Brâhmana, ein Sachverhalt, der die Nähe der älteren Upanishaden zur Brâhmana-Literatur, der Literatur des vedischen Opferrituals, verdeutlicht. Magische Opferspekulation ist u.a. tatsächlich noch Teil der Brihadâranyaka-Upanishad.

Naturphilosophie

In den älteren Upanishaden finden wir nun aber auch die Anfänge der Philosophie in Indien. Wie in Griechenland beginnt ebenso die indische Philosophie mit naturphilosophischer Spekulation; doch ist die indische Blickrichtung, der Ansatzpunkt des philosophischen Interesses, diametral verschieden von der griechischen Perspektive: Während nämlich die griechischen Vorsokratiker den *Kosmos* zu ergründen suchten, fragten die ersten indischen Philosophen nach dem *Menschen*. Den Griechen ging es um das

Objekt, den Indern um das *Subjekt*. Im Mittelpunkt der indischen Naturphilosophie stand deshalb die Frage nach dem *Träger des Lebens*.[16]

In den naturphilosophischen Kreislauf- und Austauschlehren, die uns in den älteren Upanishaden überliefert sind, finden wir auch die Anfänge des zyklischen Denkens. Ausgehend von der Frage nach dem Geheimnis des Lebens und den Vorgängen nach dem Tode, suchte man nach dem Stoff, ohne den kein Leben möglich ist. Nacheinander fand man nun diesen Träger des Lebens im Wasser, im Wind und im Feuer. Diese drei Lebensträger sind stofflicher Natur; deshalb sind die Lehren auch als Naturphilosophie einzustufen, und noch nicht als Metaphysik. Sie bereiten jedoch die spätere Metaphysik der Spekulation über Âtman und Brahman vor.

Wasserkreislauflehre. Sie geht aus von der Beobachtung, daß ohne Wasser kein Leben möglich ist. Der Kreislauf des Wassers geht über folgende Stationen: Aus den Wolken gelangt der Regen hinab auf die Erde, wo das Wasser von den Pflanzen aufgenommen wird. Der Mensch nimmt dieses Wasser mit der Nahrung auf, wenn er die Pflanzen verzehrt. Bei der Zeugung gibt der Mann die lebensspendende Feuchtigkeit als Sperma weiter. Und bei der Leichenverbrennung gelangt das Wasser mit dem Rauch des Leichenfeuers wieder zurück zu den Wolken. Letztlich stammt das Wasser aus dem Mond; von daher erklären sich auch die Mondphasen. Wir begegnen hier dem archaischen Glauben daran, daß der Mond mit der Fruchtbarkeit zusammenhänge.

Wind-Atem-Lehre. Ohne Atem kein Leben; beim Tod hört der Mensch auf zu atmen. Aus dieser Tatsache folgerte man, daß der Atem als Träger des Lebens anzusehen sei. Dem Atem im Mikrokosmos aber entspricht makrokosmisch der Wind; Wind und Atem sind identisch. Der Wind-Atem-Lehre zufolge sind dem Atem vier Lebenskräfte untergeordnet, nämlich Rede, Sehvermögen,

Gehör und Denkvermögen. Untergeordnet sind diese vier Lebenskräfte dem Atem deshalb, weil sie beim Schlaf in den Atem eingehen; so jedenfalls stellte man sich es vor. Aber nicht nur vorübergehend beim Schlaf, auch beim Tod ziehen sich die Lebenskräfte zurück in den Atem, und der kehrt zurück in den Wind.

Feuerlehre. Beim Tode verläßt der Atem den Körper eher als die Körperwärme, also erschien dem Urheber der Feuerlehre die Körperwärme als der entscheidende Träger des Lebens. Ohne Körperwärme gibt es kein Leben, denn nach dem Tod erkaltet der Körper. Ähnlich wie der Atem dem Wind, entspricht die Körperwärme mikrokosmisch der makrokosmischen Hitze im Feuerhimmel. Diese gelangt durch das Loch im Firmament, die Sonne, über die Verästelungen der Sonnenstrahlen in das Geflecht der Adern und schließlich in die Herzhöhle.

Âtman und Brahman

Die naturphilosophischen Kreislauflehren gingen von einem stofflichen Träger des Lebens aus. In der Âtman-Brahman-Spekulation wird nun der stoffliche Lebensträger ersetzt durch eine metaphysische Konzeption. Die noch stoffliche Feuerlehre, bei der sich Körperwärme und Hitze des Feuerhimmels entsprachen, findet ihre Fortsetzung in der Entsprechung, ja Identität von Âtman und Brahman, von Individualseele und Universalseele, von Ich und All. Diese Alleinheitsmystik führt die Tradition der Upanishaden auf Weisheitslehrer wie Yâjñavalkya, Shândilya oder Uddâlaka zurück.

„Dieser ist mein Âtman im Innern des Herzens – feiner als ein Reiskorn oder als ein Gerstenkorn oder als ein Senfkorn oder als ein Hirsekorn oder als ein Samenkorn eines Hirsekorns. Dieser ist mein Âtman im Innern des Herzens – größer als die Erde, größer als der Luftraum,

größer als das Himmelsgewölbe, größer als diese Welten. Allmachend, allwünschend, allriechend, allschmeckend, alles hier umgreifend, sprachlos, respektlos – dieser ist mein Âtman im Innern des Herzens, das ist Brahman, zu ihm werde ich, von hier abgeschieden, gelangen. Wer das erkannt hat, der hegt wahrlich keinen Zweifel. So spricht Shândilya, Shândilya.“ (Chândogya-Upanishad 3,14,3-4)

Das nächste Textzitat enthält die Unterweisung des Lehrers Uddâlaka an seinen Sohn Shvetaketu, der wissensstolz und voller Einbildung auf seine Schulbildung nach zwölf Jahren des Studiums nach Hause zurückgekehrt war. Diese Belehrung ist auch deswegen von besonderer Bedeutung, weil in ihr die berühmte Formel *tat tvam asi*, „das bist du“, „das Brahman ist der Âtman“, verwendet wird. Darüber hinaus enthält sie mehrere anschauliche Bilder für die Wesensidentität des Feinsten mit dem Gröbsten (Chândogya-Upanishad 6,11-13).

Mein Lieber, wenn jemand diesen großen Baum an der Wurzel verwundet, dann wird er lebend (sein Harz) vergießen; wenn man ihn in der Mitte oder im Wipfel verwundet, dann wird er lebend (sein Harz) vergießen; doch mit seinem Leben selbst (âtman) weiter fort wachsend hat er fröhlich strotzend Bestand. Wenn aber das Leben einen Zweig verläßt, dann verdorrt der; wenn es einen zweiten … und dritten verläßt, dann verdorrt der; wenn es den ganzen (Baum) verläßt, dann verdorrt der ganze Baum. Das wisse, mein Lieber. So sprach er. Was vom Leben verlassen wird, so heißt es, das stirbt – nicht aber stirbt das Leben. Dieses Feinste aber, dieses Ureigenste (âtmya), das ist das All, das ist die Wahrheit, das ist der Âtman, das bist du (tat tvam asi), Shvetaketu. – Belehrt mich weiter, Herr! – So sei es, mein Lieber. So sprach er.

In diesem ersten Bild erklärt der Âtman-Lehrer Uddâlaka das Wesen des subtilen Âtman mit der Unfaßbarkeit des Lebens eines Baumes: Der Âtman bleibt genauso ungreifbar, wie das Phänomen des Lebens des Baumes materiell nicht nachweisbar ist. Das folgende Beispiel ist dem ersten verwandt:

Hole die Frucht eines Nyagrodha-Baums. – Hier ist eine, mein Herr. – Spalte sie. – Sie ist gespalten, Herr. – Was siehst du darin? – Das sind aber winzig feine Samenkörnchen, Herr! – Spalte mal eins von denen. – Es ist gespalten, Herr. – Was siehst du darin? – Nichts, Herr. – Er sprach zu ihm: Mein Lieber, aus diesem Feinsten, das so fein ist, daß du es nicht siehst, daraus, mein Lieber, besteht dieser so große Nyagrodha-Baum. Dieses Feinste aber, dieses Ureigenste, das ist das All, das ist die Wahrheit, das ist der Âtman, das bist du, Shvetaketu.

Das Bild spricht für sich: Aus einer bis zur Unsichtbarkeit feinen Partikel entsteht der größte der Bäume, das Kleinste enthält das Größte, ist identisch mit dem Größten, ebenso wie die Individualseele mit der Universalseele, wie das Ich mit dem All. Hören wir noch das dritte Beispiel aus der Belehrung an Shvetaketu:

Schütte dieses Salz hier in Wasser und melde dich damit morgen früh bei mir. – Er tat, wie ihm geheißen. – Und er sprach zu ihm: Das Salz, das du gestern abend in das Wasser geschüttet hast, bring mir das. – Er tastete danach, aber fand es nicht. – Da es ja nun aufgelöst ist, koste mal von oben davon ... Wie ist es? – Salzig. – Koste von der Mitte ... Wie ist es? – Salzig. – Koste vom Grund ... Wie ist es? – Salzig. – Streu noch etwas dazu und melde dich dann bei mir. – Er tat, wie ihm geheißen: Es bleibt immerzu salzig! – Er sprach zu ihm: Mein Lieber, das Seiende hier, so heißt es, siehst du nicht – doch es ist hier. Dieses Feinste aber, dieses Ureigenste, das ist das All, das ist die Wahrheit, das ist der Âtman, das bist du, Shvetaketu.

Das im Wasser gelöste Salz ist nicht mit Händen zu greifen, und doch bestimmt es unsichtbar das Wesen des

Wassers, wie man beim Trinken schmeckt. Genauso verhält es sich mit Individualseele und Universalseele: Die Seele ist in allem enthalten, der Âtman ist innerster Bestandteil des Brahman. Wenn auch nicht mit Händen zu greifen, so bestimmt die Seelennatur den Charakter des Alls, und das All ist letztlich nicht verschieden von der Seele.

In der berühmten Unterweisung des Weisen Yâjñavalkya an seine Frau Maitreyî (Brihadâranyaka-Upanishad 4,5) hinterläßt der betagte Âtman-Lehrer seiner Frau sein Vermächtnis. Er steht im Begriff, das weltliche Leben zu verlassen und als heimatloser Wanderasket ganz dem Brahman zu leben. Seine Âtman-Lehre soll Maitreyî den Weg zur Unsterblichkeit weisen. Während im vorigen Textbeispiel die mystische Identifikation von Individualseele und Universalseele durch die Formel *tat tvam asi* ausgesprochen wurde, finden wir gegen Ende des folgenden Upanishad-Zitats die Formel *neti neti*, der Âtman, die Individualseele, sei „nicht so und nicht so“: Die Natur dieses Selbst kann nicht näher definiert werden.

Yâjñavalkya hatte zwei Frauen, Maitreyî und Kâtyâyanî. Von diesen beiden verstand es Maitreyî, über das Brahman zu sprechen; Kâtyâyanî hatte in dieser Hinsicht einen ganz weiblichen Verstand. Yâjñavalkya nun war im Begriff, in einen neuen Lebensabschnitt einzutreten. „He Maitreyî“, sprach Yâjñavalkya, „ich will von diesem Ort fort in die Hauslosigkeit ziehen. Und da möchte ich mit dir und der Kâtyâyanî (finanziell) zu Rande kommen.“ Da sprach Maitreyî: „Mein Herr, wenn mir die ganze Erde mit Reichtum angefüllt wäre, wäre ich dadurch unsterblich, oder nicht?“ – „Nein“, antwortete Yâjñavalkya. „Wie das Leben der Vermögenden, so wäre dann auch dein Leben. Hoffnung auf Unsterblichkeit aber gibt es nicht durch Reichtum.“ Maitreyî erwiderte: „Was soll ich mit dem, wodurch ich nicht unsterblich bin, anfangen? Herr, sagt mir, was Ihr wißt!“

Es geht also nicht um das weltlich-profane Vermächtnis, durch das Yâjñavalkya seine Besitzverhältnisse regeln würde. Daran ist Maitreyî nicht interessiert. Sie will mehr; und zwar nicht weniger als die Unsterblichkeit. Und eben den Anspruch erhebt der upanishadische Weisheitslehrer: Sein Wissen könne den Weg zur Unsterblichkeit weisen.

*Da sprach Yâjñavalkya: „Lieb, fürwahr, wart Ihr Uns ohnehin schon, meine Beste; nun ist die Liebe noch gewachsen. Wohlan, ich will es verkünden. Und mögest du sorgfältig über das, was ich dir sage, nachsinnen!" Und er sagte: „Wahrlich, nicht um des Gatten willen wird einem der Gatte lieb, sondern um des Selbst (*Âtman*) willen wird einem der Gatte lieb. Nicht um der Gattin willen wird einem die Gattin lieb, sondern um des Selbst willen wird einem die Gattin lieb. Nicht um der Söhne willen werden einem die Söhne lieb, sondern um des Selbst willen werden einem die Söhne lieb …* Auch vom Reichtum, den Haustieren, dem Brahmanenstand, dem Kshatriyastand, den Welten, den Göttern und den Veden wird gesagt, daß sie alle einem nicht um ihrer selbst willen lieb sind, sondern um des Selbst, das heißt um des Âtman willen, der in ihnen allen weilt und mit dem sie letztlich identisch sind. Yâjñavalkya fährt fort:

Nicht um der Wesen willen werden einem die Wesen lieb, sondern um des Selbst willen werden einem die Wesen lieb. Nicht um des Alls willen wird einem das All lieb, sondern um des Selbst willen wird einem das All lieb. Wahrlich, das Selbst muß man sehen, hören, bedenken, über es nachsinnen, Maitreyî. Wenn man das Selbst gesehen, gehört, bedacht, über es nachgesonnen hat, dann ist einem dieses All hier bewußt geworden.

Der Brahmanenstand ließ den zugrunde gehen, der den Brahmanenstand woanders als im Selbst findet. Der Kshatriyastand ließ den zugrunde gehen, der den Kshatriyastand woanders als im Selbst findet. Die Welten ließen den zugrunde gehen, der die Welten woanders als im Selbst findet. Die Götter ließen den zugrunde gehen, der die Götter woanders als im Selbst findet. Die Veden ließen den zugrunde gehen, der die Veden woanders als im Selbst findet. Die Wesen ließen den zugrunde gehen, der die Wesen woanders als im Selbst findet. Das All ließ den zugrunde gehen, der das All woanders als im Selbst findet. Dieser Brahmanenstand, dieser Kshatriyastand, diese Welten, diese Götter, diese Veden, diese Wesen, dieses All, – die sind, was dieses Selbst ist.

Das heißt: Das Selbst ist identisch mit dem All. Wer sich deshalb fälschlich mit der äußeren Hülle identifiziert, wer seine Seele in den Akzidenzien sucht, statt im Wesenskern, der muß scheitern. Die umgebende Hülle, die Form und Gestalt eines Dings machen nicht sein wirkliches Wesen aus: Diesen Sachverhalt erläutert Yâjñavalkya im Folgenden mit mehreren Vergleichen:

Es ist wie mit der Trommel, die geschlagen wird, und deren Töne, wenn sie nach außen dringen, man nicht greifen kann; aber greift man die Trommel oder den Trommler, so greift man den Ton. Es ist wie mit dem Gehäuse einer Meeresschnecke, das geblasen wird, und dessen Töne, wenn sie nach außen dringen, man nicht greifen kann; aber greift man das Schneckengehäuse oder den Bläser des Schneckengehäuses, so greift man den Ton. Es ist wie mit der Vînâ, die gespielt wird, und deren Töne, wenn sie nach außen dringen, man nicht greifen kann; aber greift man die Vînâ oder den Vînâspieler, so greift man den Ton …

Wie ein Klumpen Steinsalz ohne Innen, ohne Außen, ganz und gar ein Klumpen Geschmack ist, genauso ist dieses Selbst ohne Innen, ohne Außen, ganz und gar ein Klumpen Erkennen. Aus diesen Elementen ist es entstanden, und in diese verschwindet es wieder. Wenn man von hier abgeschieden ist, gibt es keine Erkenntnis. Das behaupte ich … Unvergänglich ist dieses Selbst hier, es ist keine Gegebenheit, die der Vernichtung unterworfen ist. Wo nämlich gleichsam eine Zweiheit auftritt, da sieht einer den anderen, da riecht und schmeckt einer den anderen, da redet einer zum anderen, da hört einer den anderen, da denkt einer an den anderen, da fühlt einer den anderen und da erkennt einer den anderen. Wo aber für einen das All nur Selbst geworden ist, womit sollte er dann wen sehen, womit sollte er dann wen riechen, womit sollte er dann wen schmecken, womit sollte er dann wen anreden, womit sollte er dann wen hören, womit sollte er dann an wen denken, womit sollte er dann wen fühlen, womit sollte er dann wen erkennen? Durch wen er dieses All erkennt, womit sollte er den erkennen?

Dieser ist nicht so und nicht so (neti neti), der Âtman (das „Selbst"). Er ist ungreifbar, denn man greift ihn nicht; unzerstörbar, denn man zerstört ihn nicht; frei, denn er ist nicht anhänglich; er ist ungebunden, schwankt nicht, bleibt unversehrt. Durch wen sollte man den Erkenner erkennen? – Hier hast du deine Unterweisung, Maitreyî, soweit es sich um die Unsterblichkeit handelt. So sprach Yâjñavalkya und ging davon.

Yâjñavalkya bezeichnet seine Lehre als einen Weg zur Unsterblichkeit. Er verkündet also eine Erlösungslehre. Sie soll durch die auf dem Wege der Meditation erlangte Einsicht in die Identität von Âtman und Brahman vom Zwang zur Wiedergeburt erlösen. Diese Erlösungsmystik ist als metaphysische Überhöhung oder Sublimierung des alten magischen Schemas von Mikrokosmos und Makrokosmos zu verstehen. Während in der noch stofflichen Feuerlehre, wie wir gesehen haben, die Körperwärme im Bereich des Mikrokosmos mit der Hitze des makrokosmischen Feuerhimmels identifiziert wurde, so ist in der Âtman-Brahman-Spekulation an die Stelle der Körperwärme der Âtman getreten, die Individualseele, und der archaische Feuerhimmel ist ersetzt durch durch die Konzeption der Universalseele, durch das Brahman.

Dharma und Schicksal

Wenn man das Wort Religion ins Sanskrit übersetzen will, so bietet sich am ehesten der Begriff Dharma an. Auch den zahlreichen neuindischen Sprachen wie etwa dem Hindi ist das Wort Dharma im Sinne von Religion geläufig, sogar dem Indo-Englischen.

Wenn also „Dharma“ die geläufige indische Entsprechung zu dem westlichen „Religion“ ist, so sind die beiden Begriffe Religion und Dharma doch keineswegs deckungsgleich. Ihre Bedeutungsfelder überschneiden sich vielmehr. Religion, so hatten wir definiert, ist das Streben nach außerweltlichem Heil. Der orthodoxe Hinduismus gebraucht als Selbstbezeichnung den Sanskrit-Terminus *sanātana dharma*, „die ewige Religion“. Damit ist die Außerzeitlichkeit der Religion hervorgehoben, und damit auch ihre Außerweltlichkeit. Die Welt und das Weltgetriebe sind vergänglich, der Dharma aber ist nach hinduistischem Glauben unvergänglich, er gehört nicht zur Welt, nicht in den innerweltlichen Bereich

Die heutige indische Gesellschaft ist innerlich zerrissen durch die Konflikte zwischen Hindus und Muslims. Bei diesen Auseinandersetzungen, die allzuoft in blutige Gewalt ausarten, berufen sich die Fundamentalisten beider Seiten auf ihre Religion. Die Muslims gebrauchen dafür das Wort Islam, die Hindus aber eben den Begriff Dharma. So ist Dharma der allgemeinste, aber auch der zentralste Begriff, durch den das volksreligiöse Glaubenskonglomerat des Hinduismus auf einen Nenner zu bringen ist. Eine Einführung in den Hinduismus muß deshalb auch das Schlüsselwort Dharma, gerade weil es das Zentrum dieser ansonsten so stark durch zentrifugale Kräfte auseinandergerissenen Religion zu sein scheint, einzukreisen versuchen. Was also meint ein Hindu damit, wenn er das Wort Dharma benutzt?

Höchst unterschiedliche Einflüsse sind im Laufe von über zweieinhalb Jahrtausenden in das heutige Verständnis des Begriffs Dharma gemündet. Dabei zeigt sich, daß mit dem Komplex Dharma auch der hinduistische Schicksalsglaube eng verknüpft ist. Diese enge Verbindung von Dharma und Schicksal läßt sich bereits in den ältesten Partien des großen Sanskrit-Epos Mahâbhârata nachweisen.

Das Sanskrit-Epos Mahâbhârata

Das Mahâbhârata[17], „das große Epos (vom Kampf) der Bhâratas“, nämlich der verfeindeten Sippen der Pândavas und Kauravas, reicht in seinen ältesten Schichten bis in vorbuddhistische Zeit zurück, das heißt etwa bis ins sechste Jahrhundert v.Chr. Inhalt und Wortlaut des Werkes wurden bis in die Gupta-Zeit (320-500 n.Chr.) hinein überarbeitet, ja es lassen sich bis in die Gegenwart noch Manuskriptänderungen nachweisen. Den Kern dieses Riesenopus bildet ein Heldenepos, vergleichbar der Bardendichtung der Ilias und Odyssee. Der Sanskrittext unterlag zahlreichen Überarbeitungen, die von den verschiedensten erzählerischen, philosophischen und theologischen Tendenzen geprägt sind. Der heute als Rahmenhandlung greifbare Heldenstoff wurde allenthalben um erzählerisch-episodische und lehrhaft-didaktische Einschübe erweitert. Die bekannteste narrative Interpolation ist das Nala-Kleinepos,[18] eine Mikro-Epos im Großepos. Die wichtigste didaktische Einschaltung bildet die Bhagavadgîtâ. So ist das Epos im Verlaufe seiner über eintausendjährigen Textgeschichte zu einer ganzen Literatur geworden, mit einem Umfang von rund 100.000 Doppelversen, von denen die Rahmenhandlung nur die Hälfte einnimmt.

Bereits in den ältesten Partien des Mahâbhârata läßt sich also ein voll ausgebildeter Dharma-Glaube erkennen.[19] Diese älteste Glaubensstufe legt ein dreipoliges System zugrunde, das aus den drei aufeinander bezogenen Polen Dharma – Götter-Schicksal – Mensch besteht. Dieses ältere dreipolige System wird in den jüngeren Schichten des Mahâbhârata durch ein zweipoliges Denkmodell abgelöst und ersetzt, das durch den Gegensatz von Dharma und Adharma bestimmt ist:

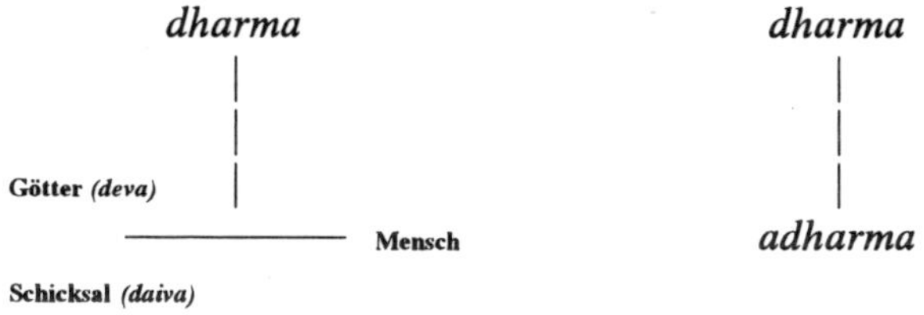

Betrachten wir zunächst das ältere System. Darin ist der Dharma nicht nur von den Göttern unabhängig, sondern sogar ihnen übergeordnet.

Das Wort Dharma leitet sich her von der Verbalwurzel *dhri*, die „halten" bedeutet. Dementsprechend ist der Dharma denn auch das Weltgesetz, das den Gang der Welt aufrechterhält und für Gerechtigkeit sorgt. Dieser Dharma ist eine absolute Instanz, unumstößlich gültig, nicht mehr hinterfragbar. Dem Dharma, einem atheistischen Prinzip, sind die Götter unterworfen, und natürlich auch die Menschen.

Der allgemeingültige Dharma hat seine Entsprechung im individuellen Dharma, dem Svadharma („eigener Dharma"), der persönlichen Pflicht und Frömmigkeit, die das Weltgesetz dem Einzelnen abverlangt. Damit setzt der Dharma die Dogmen für die Ethik. Die Ethik wird begründet durch das metaphysische Prinzip Dharma. Als

Weltgesetz ist der Dharma die Richtschnur für das Handeln der Menschen, aber auch der Götter. Er muß auf jeden Fall erfüllt werden. Verletzung des Dharma hat Leiden *(duhkha)* zur Folge, Erfüllung des Dharma bringt Glück *(sukha)*. Will der Mensch nicht leiden, so kann er gar nicht anders, als seinen eigenen Dharma, seinen Svadharma, zu erfüllen.

Auch in der antiken griechischen Religion hat es ein dem altindischen Schicksalsglauben vergleichbares dreipoliges Denkmodell gegeben. In Griechenland gab es ebenso wie im alten Indien ein höchstes Prinzip, das nicht nur den Menschen, sondern auch den Göttern übergeordnet war, die Moira oder Aisa. Diese abstrakte, nicht-theistische – vielleicht letztlich aus alten magisch-dynamistischen Vorstellungen abstrahierte – Instanz konnte den Widerspruch zwischen einer gerechten Weltordnung und dem Walten eines ungerechten Schicksals erklären. Denn nicht das höchste Prinzip, der Dharma oder die Moira, war es, von dem das Schicksal der Menschen bestimmt wurde; sondern das Schicksal, so glaubte man nun, kam von den Göttern, indisch gesprochen, das Daiva kam von den Devas. Ein ungerechtes Schicksal kann demnach mit der Willkür der Götter erklärt werden, der Götter, die der höchsten Weltordnung zuwider handeln. Die Götter, so verstanden, sind religionstypologisch als Dämonen einzustufen.

Die Willkür, ihr dämonischer Charakter, ist also hervorstechendes Wesensmerkmal der Götter – nicht nur in Griechenland, sondern auch im altindischen Schicksalsglauben der Kshatriyas, der im Kern des Mahâbhârata greifbar wird. Durch die Willkür, mit der sie das Schicksal der Menschen bestimmen, setzen sich die Götter selbst ins Unrecht, wenn sie ihrem dämonischen Charakter nachgeben und gegen den Dharma verstoßen. Und damit erhebt sich die Frage, wie sich der Mensch gegen ein ungerechtes, von den Göttern willkürlich auferlegtes

Schicksal wehren kann. Was geschieht, wenn der Mensch zwar seine Pflicht erfüllt, aber dennoch, ohne eigenes Verschulden, in eine Situation gerät, in der er seinem Dharma nicht gerecht werden kann? In einem solchen Falle kann nur das Schicksal für den Dharmaverstoß verantwortlich sein. Die Frage lautet also: Muß sich der Mensch in ein ungerechtes, von den Göttern willkürlich auferlegtes Schicksal ergeben, oder kann er sich gegen die Götter auflehnen? Kann der Mensch sein Schicksal in die eigenen Hände nehmen und die Götter zwingen, ihren Verstoß gegen den Dharma zu korrigieren, und damit die Gerechtigkeit des Weltgesetzes wiederherstellen? Und wenn ja: Welche Machtmittel hat der Mensch gegenüber göttlicher Willkür? Die Antwort lautet: Durch Askese, also durch freiwilliges, unverschuldetes Leiden, kann er die Götter zwingen, sein Schicksal wieder mit den Geboten des Dharma, des Weltgesetzes, zur Deckung zu bringen.

Die Legende von Sâvitrî

Als Beispiel für diesen altindischen Glauben, daß der Mensch durch die magische Macht seiner Askese die Götter zwingen kann, soll uns eine Legende aus dem Mahâbhârata (3.277-283) dienen, die Legende von Sâvitrî, die ihrem Gemahl ins Totenreich nachfolgt, um ihn sich durch die Macht ihrer Askese vom Todesgott Yama zurückzuerkämpfen.

Die Königstochter Sâvitrî hat sich den Prinzen Satyavân zum Gatten erwählt. Beide sind Muster von Tugend und Schönheit, doch noch vor der Hochzeit verkündet der Götterbote Nârada, daß Satyavân nur einen einzigen Fehler habe: Er hat nur noch ein Jahr zu leben. Mit dieser Prophezeiung setzt der Götterbote die Sâvitrî davon in Kenntnis, daß sie ohne eigenes Verschulden in einen

Dharma-Konflikt geraten ist. Denn als Witwe, die sich nicht wiederverheiraten darf, könnte Sâvitrî nicht ihren Dharma als Frau und Mutter erfüllen. Es ist auch nicht die Schuld des von ihr zum Gatten erwählten Satyavân, daß sein Schicksal ihm nur noch ein Jahr zu leben gibt; dieses Schicksal ist ihm willkürlich und ungerechterweise vom Todesgott Yama auferlegt worden. Sâvitrî aber lehnt sich gegen dieses ungerechte Schicksal auf. Durch die Weissagung des Götterboten hat sie die Gelegenheit bekommen, sich rechtzeitig gegen die Willkür des Todesgottes zur Wehr zu setzen. Und sie greift zum magisch wirksamen Mittel der Askese.

Dabei ist Sâvitrîs Askese eigentlich gar nicht ihre vom Dharma auferlegte persönliche Pflicht, ihr Svadharma. Askese ist die Pflicht derjenigen, die im weltlichen Leben gescheitert sind und sich als Asketen in die Wildnis zurückgezogen haben. Sâvitrî aber ist im weltlichen Leben nicht gescheitert; Askese hat sie nicht verdient.

Bußübungen sind also nicht Sâvitrîs selbstverständliche Pflicht, sondern werden freiwillig von ihr geübt. Nicht durch Pflichterfüllung kann man die Götter zwingen, sondern durch freiwilliges Leiden. *Es ist seine Leidensfähigkeit, durch die der Mensch den Göttern überlegen ist.*

Sâvitrî, „der Meditation und Yoga über alles gehen“, „die ein großes Gelübde auf sich genommen hat“, „die Asketin“ – mit diesen Beiwörtern wird sie im Text beschrieben –, übt also Askese. Sobald ihr Vater nach ihrer Hochzeit wieder nach Hause gefahren ist, legt sie ihren Schmuck ab und Askesegewänder an. Das eine Jahr, das Satyavân noch zu leben hat, vergeht für Sâvitrî, indem sie Askese treibt. Als Satyavâns Todestag heranrückt, verschärft sie ihre Askese und legt das Gelübde *(vrata)* ab, drei Tage lang ununterbrochen zu stehen. Außerdem fastet sie während dieser drei Tage und auch noch bis Sonnenuntergang von Satyavâns Todestag. Nach drei Tagen ist sie vom Fastengelübde geschwächt. Diese „leidvolle asketische Zügelung“ ist „zu hart“ für die junge Frau, wie ihr Schwiegervater findet.

Bei Sonnenuntergang begleitet Sâvitrî ihren Ehemann in den Wald; er will Holz für das Feueropfer schlagen. Im Wald überanstrengt sich Satyavân beim Holzspalten; ohnmächtig sinkt er nieder in Sâvitrîs Schoß. Es naht der Todesgott Yama, der sich an Satyavâns Seite stellt und mit seiner Schlinge das daumengroße Seelenmännchen aus dem Körper reißt. Yama führt die Seele ab nach Süden, der Richtung des Totenreichs. Sâvitrî aber folgt ihm und läßt sich nicht abschütteln. Sie bleibt hartnäckig und kann Yama dazu bewegen, ihr einen Wunsch zu gewähren: „Satyavân soll leben!“ Yama löst seine Schlinge vom Seelenmännchen Satyavâns.

Satyavân erwacht wie aus tiefem Schlafe. Noch in der Nacht kehren beide zur Einsiedelei zurück. Im Laufe der Zeit bringt Sâvitrî hundert Söhne zur Welt. Und die Legende schließt mit dem Satz: „So wurden Sâvitrî selbst, ihr Vater, ihre Mutter, ihre Schwiegermutter und ihr Schwiegervater sowie die gesamte Familie ihres Gatten von Sâvitrî aus dem Elend gezogen.“

एवमात्मा पिता माता श्वश्रूः श्वशुर एव च ।
भर्तुः कुलं च सावित्र्या सर्वं कृच्छ्रात्समुद्धृतम् ॥

Durch übermäßige Askese hatte Sâvitrî soviel magische Macht gesammelt, daß der Todesgott seinen Dharmaverstoß korrigieren mußte.

Wir sehen, daß es in der Sâvitrî-Legende um etwas ganz anderes geht als um die Schilderung einer Mustergattin. Zwar gilt Sâvitrî der hinduistischen Tradition als der Inbegriff einer gattentreuen Ehefrau, einer *pativratâ*. Dazu wurde sie aber erst in späteren Zeiten gemacht. Tatsächlich ist die Ur-Sâvitrî hingegen als Empörerin zu verstehen, als Empörerin nämlich gegen Götter und Schicksal. Der unbekannte Verfasser der Legende von

Sâvitrî wollte zeigen, nicht daß die Frau dem Manne untergeben, sondern wodurch der Mensch den Göttern überlegen ist.

Soweit fürs erste die Legende von Sâvitrî. Wir werden gleich auf sie zurückkommen, müssen aber vorher zu dem jüngeren zweipoligen Weltbild übergehen. Denn die Überbetonung von Sâvitrîs Gattentreue erklärt sich eben vor dem Hintergrund dieses neueren Schicksalsglaubens. Darin sind nun die drei Pole Dharma, Götter-Schicksal und Menschen auf den Gegensatz von Dharma und A-dharma reduziert. In diesem bipolaren Schicksalsmodell stellte man die Götter grundsätzlich auf die Seite des Dharma und verwischte so die alte antitheistische Konzeption, nach welcher der Mensch den Göttern durch seine Leidensfähigkeit überlegen ist. Der Dharma und das Schicksal *(daiva)*, die bislang, im dreipoligen System, scharf voneinander getrennt waren, werden nun miteinander verschmolzen. Man ging sogar soweit, den Todesgott Yama, der uns soeben in der Sâvitrî-Legende noch als Verletzer des Dharma begegnet war, nun zum Dharma-König zu küren, zum Dharmarâja. Damit wird die ursprünglich götterfeindliche Haltung, der Antitheismus, abgelöst durch Theismus.

Der neuen Dharma-Gläubigkeit zufolge ist es denn auch nicht mehr die magische Macht der Askese, sondern vielmehr die Dharma-Festigkeit, mit welcher der Mensch sein Schicksal zum Guten wenden kann. Für die Sâvitrî-Legende bedeutet dies, daß der Dharma der Ehefrau, eben die Gattentreue *(pâtivratya)*, über Gebühr in den Vordergrund rückte. „Wohin mein Gatte geführt wird oder wohin er von sich aus geht, dorthin muß auch ich gehen. Das ist ewiger Dharma." (... *esha dharmah sanâtanah//* 281.20) Mit solchen Dharma-Vorschriften soll im extremen Fall auch die Witwenverbrennung, die Satî, gerechtfertigt werden, wenn Sâvitrî etwa ausruft: „Nicht begehre ich, ohne Gatten zu leben."

Gemäß dem älteren Schicksalsglauben konnte der Mensch die Götter durch magisch wirkmächtige Askese zur Dharma-Treue zwingen. Dabei handelte es sich, wie wir gesehen haben, um die Krieger-Religion des Standes der Kshatriya.

Woher aber stammt dagegen das neue zweipolige Denken, das ganz und gar auf den Widerstreit von Dharma und Adharma fixiert ist? Es ist derselbe Dharma-Adharma-Rigorismus, der auch die Rechtsliteratur der Dharmashâstras bestimmt, der „Lehrbücher des Dharma". Das aber ist eine brahmanische Literatur, die priesterlichem Umfeld angehört, eben dem Stande der Brahmanen. So wirft der altindische Dharma- und Schicksalsglaube ein Schlaglicht auch auf eine religionssoziologische Entwicklung: auf den alten Konflikt zwischen Kriegern und Priestern, der bis in vedische Zeiten zurückreicht.

Die Dharma-Lehrbücher

Die Lehrbücher des Dharma (Dharmashâstra) und die Leitfäden des Dharma (Dharmasûtra) führen aus, was als Dharma zu gelten hat, und zwar als Dharma im Sinne des zweipoligen Dharma-Systems. Als wichtigstes Buch der Dharmashâstras gilt „das Gesetzbuch des Manu" (Manusmriti, auch Mânava-Dharmashâstra). Dieses Gesetzbuch, wie auch die anderen Dharma-Bücher, enthält eine Vielzahl von Vorschriften, die der gläubige Hindu befolgen muß, wenn er nicht gegen den Dharma verstoßen will. Diese Vorschriften sind von Brahmanen ersonnen, und die Dharmashâstras bilden somit die priesterliche Weiterentwicklung und Reaktion auf das ältere Dharma-System der Krieger. Sie enthalten religiöse Gebote und Verbote, welche die Pflichten des Individuums in der Gesellschaft regeln. Genaugenommen handelt es sich bei diesen brahmanischen Gesetzbüchern also nicht um Lehrbücher des

Dharma, sondern um Lehrbücher des Svadharma. Diese persönlichen Pflichten sind im Laufe der Zeiten auf eine fast unüberschaubare Anzahl angewachsen. Dharma kann deshalb auch im Plural gebraucht werden: Man soll „nicht nachlässig werden in den Dharmas“ (Mhbh 3.277.13). Dabei macht eine Pflicht der anderen den Rang als höchster Dharma streitig. So lesen wir in den Lehrbüchern des Dharma – ebenso wie in den von daher beeinflußten Passagen der Sanskrit-Epen – beispielsweise, daß „Nachkommenschaft der höchste Dharma“ sei (*santânam hi paro dharmah* Mhbh 3.277.15c), an anderer Stelle aber wird in gleichlautender Formulierung „Gewaltlosigkeit der höchste Dharma“ zum obersten Gesetz erhoben: *ahinsâ hi paro dharmah*. Die Vielzahl dieser Dharmas und höchsten Dharmas erklärt sich zum Teil daraus, daß für unterschiedliche Individuen auch unterschiedliche Pflichten entstehen; so hat etwa ein Familienvater andere Aufgaben als ein Asket. Während der Hausvater sich um Nachkommenschaft kümmern soll, hat der Asket sein Augenmerk auf das Nicht-Schädigen *(ahinsâ)* von Lebewesen zu richten.

Allein in einer einzigen Legende des Mahâbhârata, nämlich wiederum in der Legende von Sâvitrî, finden wir elf verschiedene solcher Pflichten, die ausdrücklich als Svadharma oder auch einfach als Dharma (nämlich im Sinne von Svadharma) bezeichnet werden. Die erste kennen wir bereits, die Plicht des Ehemanns, Nachkommen zu zeugen. Dharma eines Vaters, so heißt es weiter, ist die Verheiratung der Tochter (277.35a = Manusmriti 9.4a). Dharma des Vaters eines Sohnes ist dementsprechend die Aufnahme einer Schwiegertochter in seine Familie. So fordert Sâvitrîs Vater den Vater des Bräutigams während der Hochzeitszeremonie auf: „Hier ist meine schöne Tochter names Sâvitrî, o Königs-Rishi. Nimm du sie von mir, deinem Dharma gemäß, o Dharmakenner, als Schwiegertochter an.“ Vornehmster Dharma von Kindern ist die Pietät *(guru-vritti)* gegenüber den Eltern, die besonders Sâvitrîs Bräutigam Satyavân, der „dem Dharma Ergebene, die Eltern Achtende“, empfindet. Das Gegenstück dazu bildet die Liebe der Eltern zu den Kindern. Hängt doch das Leben der Eltern vom Sohn ab; er ist es, der den Fortbestand des Geschlechts und ihr Weiterleben im Ahnenhimmel durch Gewährung der Ahnenspeise sichert. Pietät ist auch der Dharma einer Schwiegertochter, nämlich als Respekt den Schwiegereltern gegenüber. Der Dharma einer unverheirateten bzw. verlobten Frau besteht darin, daß sie den auch heiraten muß, den sie sich einmal zum Ehemann erwählt hat. Sâvitrî weigert sich sogar, als sie von Satyavâns baldigem Tode erfährt, einen anderen Ehemann zu suchen: „Einmal habe ich einen Gatten gewählt, einen zweiten wähle ich nicht.“ Dem stimmt der Götterbote Nârada zu: „Eine feste Meinung hat deine Tochter Sâvitrî, o bester der Männer. Von diesem Dharma kann man sie niemals abbringen.“ Und der Dharma einer verheirateten Frau ist, wie wir gesehen haben, vor allem die Gattentreue. Dharma eines Königs ist es, die Herrschaft auszuüben. Umgekehrt ist es der Dharma eines im weltlichen Leben Gescheiterten, Askese zu üben: „Weil wir der Königsherrschaft verlustig gegangen sind, haben wir das Leben im Walde auf uns genommen. Wir pflegen (unseren) Dharma, indem wir asketische Zügelung und Askese betreiben.“ Schließlich ist auch das Opfern ein Dharma, etwa der des Ehemannes Satyavân.

Überschauen wir dieses Dharma-Sammelsurium, so zeigt sich, daß es sich um universale moralische Regeln handelt, die das Zusammenleben der Menschen ordnen sollen. Überdies weisen sie jedem gesellschaftlichen Stand und, in kleinerem Rahmen, den verschiedenen Mitgliedern einer Familie ihre individuellen Pflichten zu.

Das ältere dreipolige Modell des altindischen Dharma- und Schicksalsglauben ist bereits vorbuddhistisch; es mag also auf die Mitte des ersten vorchristlichen Jahrtausends zu datieren sein. Das jüngere zweipolige Modell ist etwa ab 200 v.Chr. nachweisbar, beispielsweise auch im Kern der Bhagavadgîtâ. Viel jünger als diese beiden bisher besprochenen Dharma- und Schicksalssysteme ist das Verständnis des Dharma als Brauch der Guten.[20] Diese Dharma-Auslegung wird z.B. von dem Systematiker Kumârila im siebten Jahrhundert n. Chr. erwähnt. Sie dient praktischen Zwecken der Dharmafindung durch die Festlegung des Dharma durch den consensus prudentium, den Konsens der Gelehrten. „Was die Ârya loben, wenn es getan wird, das ist Dharma; was sie tadeln, das ist Adharma. Man soll sich in seinem Verhalten richten nach dem Verhalten, das von wohlgesitteten, betagten, sich selbst in Zucht haltenden, von Besitzgier und Verstellung freien Ârya in allen Ländern einmütig anerkannt ist.“ (Âpastambadharmasûtra, I,7,20,6-8, Übersetzung Hacker)

Die vier Lebensstadien

In den Lehrbüchern und Leitfäden des Dharma findet sich dann auch das idealtypische System vom sogenannten Varnâshramadharma, d.h. von den Pflichten *(dharma)*, die den Angehörigen der oberen drei Stände *(varna)* der hinduistischen Gesellschaft in den vier Lebensstadien *(âshrama)* zukommen. Der vierte Stand der Shûdras, der Dienststand also, bleibt von diesem System der Pflichten in den vier Lebensstadien ausgeschlossen. Die Angehörigen der oberen drei Stände aber sollten ihren Lebensweg in vier Stadien oder Abschnitte einteilen, nämlich in die Lebensabschnitte als Schüler *(brahmacârin)*, Hausvater *(grihastha)*, Waldeinsiedler *(vanaprastha)* und Wandermönch *(parivrâjaka)*. Im ersten Stadium als Schüler, eigentlich als „einer, der das Keuschheitsgelübde *(brahmacarya)* abgelegt hat“, soll sich der heranwachsende Hindu um das Studium und Auswendiglernen der vedischen Schriften bemühen. Er begibt sich in den Haushalt eines Brahmanen, eines Guru, d.i. eines „respektablen" Lehrers, bei dem er die heiligen Schriften studiert und dem er dafür einen Priesterlohn *(dakshinâ)* zu zahlen hat. Am Ende des Studiums steht die Weihe *(dîkshâ)*, bei welcher der Initiant die heilige Schnur *(yajñopavîta)* umgelegt bekommt und bei der sein Lehrer ihm seinen persönlichen Mantra, seinen Gurumantra, den „Spruch des Lehrers", ins Ohr flüstert. Jedem der vier Lebensstadien ist nun ein besonderer Dharma, eine „Pflicht" im weiteren Sinne, zugeordnet. Der Schüler hat sich um die „Religion", um Dharma im engeren Sinne, zu kümmern. Nach der Weihe beginnt das Lebensstadium als Hausvater. Der fromme Hindu gründet nun eine Familie und muß sich um die Mehrung von Besitz und Wohlstand kümmern. Damit wird diesem Lebensabschnitt ein Dharma zugeordnet, der Artha heißt, worunter materieller Besitz und insbesondere Geld zu verstehen ist. Dem Hausvater steht es aber auch an, die Sinnenlust *(kâma)* zu kultivieren, die in diesem System durchaus ihren Platz hat: Das Dasein als Hausvater schließt also innerweltliche Verpflichtungen mit ein, ja erhebt sie sogar vorübergehend zum Lebensmittelpunkt. Wenn der Familienvater dann die Söhne seiner Söhne sieht, wenn sein Haar ergraut und seine Augenbrauen lang wachsen, dann soll er zusammen mit seiner Frau das Hausleben verlassen, in die Wildnis ziehen, eine Einsiedelei *(âshrama)* aufsuchen oder gründen und dort dem Feuerkult obliegen, wobei er das Studium der vedischen Âranyakas, der „Waldbücher", betreibt. Pflicht und Lebensziel dieses, ebenso wie auch des letzten Lebensstadiums ist die Erlösung *(moksha, mukti)*. Um die Erlösung bemüht sich der Hindu schließlich allein, als besitzloser und bettelnder Wandermönch, „der alles von sich geworfen hat", was die wörtliche Bedeutung des Ausdrucks Sannyâsî ist.

Es liegt auf der Hand, daß diese vier Lebensstadien idealtypischen Charakter tragen, d.h., in der Realität wird nur im seltensten Falle ein Hindu tatsächlich sein Leben in diese vier Abschnitte einteilen. Andererseits kommt es aber durchaus vor, daß erwachsene Hindus und Familienväter der Welt entsagen und als Asket, als Sâdhu, d.h. „Guter", „guter Mann", nach der Erlösung von den Leiden des Wiedergeburtskreislaufs streben. Das System der vier Lebensstadien ist jedenfalls nicht als Beschreibung der Wirklichkeit, sondern als spirituelles Paradigma zu verstehen.

Karma – der Mensch bestimmt sein Schicksal selbst

Zum Abschluß unseres Abrisses des hinduistischen Schicksalsglaubens müssen wir die Weiterentwicklung im zyklischen Denken behandeln. Der Schicksalsglaube wird abgelöst durch die Vorstellung von dem Zwang zur Wiedergeburt in Abhängigkeit von den Taten und der Tatvergeltung, durch die Lehre also vom Karma und dem Geburtenkreislauf, dem Sansâra. Diese Lehre besagt, daß das Dasein eines Menschen, auch seine gesellschaftliche Position, sprich seine Kastenzugehörigkeit, von seinen eigenen Taten in früheren Leben abhängt. Karma heißt „Tat", und der Karmalehre zufolge fällt jede Tat unweigerlich auf den Täter zurück. Man kann die Karmatheorie als die Anwendung des Gesetzes von Ursache und Wirkung auf die Ethik verstehen. Jede Tat als Ursache bewirkt Lebensumstände, die ihrerseits als Ursache für neue Taten wirksam werden.

Karma hat zwei zeitliche Dimensionen: Eine ist in die Vergangenheit gerichtet, die andere in die Zukunft. Zwar erklären sich die Umstände des gegenwärtigen Lebens aus den eigenen Taten in den vergangenen Geburten. Andererseits aber hängt auch die Art des zukünftigen Daseins von den Taten im gegenwärtigen Leben ab. Karma darf also *nicht* als ein für alle Zeiten vorherbestimmtes Schicksal, als unabänderliches Fatum, mißverstanden werden. Nichts könnte irreführender sein als das Klischee vom fatalistischen Hindu, der passiv und antriebslos, ohne Aussicht auf Besserung, sein Schicksal erleidet. Im Gegenteil, *der Karmatheorie zufolge bestimmt der Mensch über seine Taten sein Schicksal selbst*. Gegenwärtiges Leiden wird erklärbar, so daß es nicht mehr sinnlos und unverdient erscheinen muß. Und der Glaube daran, daß gute Taten auch gute Folgen haben, ist weiterhin Ansporn für die Zukunft, der sich der Mensch nicht mehr hilflos ausgeliefert fühlen muß, kann er sie doch, soweit es ihn selbst betrifft, auch selbst bestimmen.

So bewirken gute Taten gute Wiedergeburt und schlechte Taten schlechte Wiedergeburt in den unteren Schichten der Gesellschaft, wenn nicht gar Schlimmeres, etwa einen Aufenthalt in einer der zahlreichen Höllen, oder in einem Stein, einer Pflanze, in irgendeiner erbärmlichen Kreatur. Aber: keine dieser Geburten dauert ewig, weder eine menschliche, noch eine in Himmel oder Hölle. Wenn das alte Karma abgelebt ist, erfolgt eine neue Geburt, den Taten im letzten Dasein entsprechend.

Die Vorstellung, in dem anfangs- und endlosen Rad der Wiedergeburten umhergeworfen zu werden, weckt den Wunsch, dem durch das Karma verursachten universalen Leiden ein Ende zu machen und aus dem Kreislauf der Wiedergeburten auszuscheiden. Die Tatsache, daß man nicht mehr wiedergeboren wird, heißt Erlösung, *moksha*. Erlösung aber, so lehren die Brahmanen, ist nur in einer Geburt als Brahmane möglich. Deshalb ist eine brahmanische Inkarnation sogar einem Dasein als Gott vorzuziehen, sind doch die Götter zu glücklich, um die Notwendigkeit der Erlösung einzusehen.

Indem so im Rahmen des zyklischen Weltbilds und des Wiedergeburtsdenkens das Karma die Rolle übernimmt, die früher dem von den Devas, den Göttern, gesandten Schicksal, dem Daiva, zukam, verlagert sich das Schicksal von außen nach innen. Fremdbestimmung wird zur Selbstbestimmung: Der Mensch bestimmt sein Schicksal selbst. So schließt sich der Kreis: Genau wie im alten dreipoligen Schicksalsmodell der Mensch durch seine Leidensfähigkeit den Göttern überlegen war, so emanzipiert er sich auch nun wieder von den Himmlischen, und zwar nicht mehr durch seine Leidensfähigkeit, sondern durch seine Einsichtsfähigkeit, durch die Einsicht nämlich in die Notwendigkeit der Erlösung. Der fromme Hindu strebt nicht mehr, wie sein vedischer Urahn, nach weltlichem Glück, sondern nach der Freiheit von dem Zwang, immer wieder geboren werden zu müssen. Die Existenz selbst ist ihm zum Kardinalübel schlechthin geworden, und die Erlösung, *moksha*, zum höchsten Ziel.

Leiden und Askese, Yoga und Meditation

Die universale Leidhaftigkeit des Daseins

Schon in den Anfängen der indischen Philosophie, in den älteren Upanishaden (ca. 800-600 v.Chr.), tauchen nebeneinander zwei Gedanken auf, die für die indische Religionsgeschichte bestimmend werden sollten: die Lehre vom Karma und die Anschauung von der universalen Leidhaftigkeit des Daseins. Aus der Kombination dieser beiden Lehren folgt: Alles ist Leiden, und alles Leiden ist selbstverschuldet.

Karma heißt, wie wir gesehen haben, „Tat". Die Lehre vom Karma besagt, daß jede Tat eine Wirkung, eine „Reifung" hat, die auf den Täter zurückfällt. Jede Tatreifung entspricht genau der Tat, durch die sie verursacht wurde. Durch die Karmalehre werden die Götter überflüssig, denn nun schafft sich der Mensch durch seine Taten sein Schicksal selbst. „Gut wird man durch gute, böse durch böse Tat", wie es in der Brihadâranyaka-Upanishad (3.2.13) heißt.

Die Lehre vom Karma steht in engem Zusammenhang mit dem Glauben an den Kreislauf der Wiedergeburten, den Sansâra. Dieser Anschauung zufolge verläuft das Weltgeschehen zyklisch, ohne Anfang und ohne Ende. Nach dem Tode sucht die Seele sich einen neuen Körper in Stein, Pflanze, Tier, Mensch oder in einem übermenschlichen Wesen [21] „Wie der Mensch abgetragene Kleider ablegt und andere, neue anzieht, so legt auch die Seele die abgetragenen Körper ab und geht in andere, neue ein." (Bhagavadgîtâ 2,22). Die Art der Wiedergeburt wird durch die Taten, das Karma, bestimmt. „Die, welche hier lieblichen Wandels sind, haben die Aussicht, daß sie in einen lieblichen Schoß gelangen; in einen Brahmanen-, Kshatriya- oder Vaishya-Schoß. Die aber, die einen anrüchigen Wandel führen, haben Aussicht, daß sie in einen anrüchigen Schoß gelangen, den eines Hundes, Schweines oder einer Candâlâ (eine Frau aus niedrigster Kaste, auch Schimpfwort)". (Chândogya-Upanishad 5. 10.7)

Nun könnte man meinen, daß der Glaube an die Seelenwanderung dem Tod seine Schrecken nimmt. Im Kreislauf der Wiedergeburten ist mit dem Tod nicht endgültig Schluß, auch braucht man nicht ewige Verdammnis oder Glückseligkeit in Hölle oder Paradies zu erwarten. Vielmehr kann man sich, weil man ja die eigenen Taten kennt, schon jetzt ungefähr ausrechnen, wie gut oder schlecht die nächste Wiedergeburt sein wird. Doch das Problem verschiebt sich: Das eigentliche Übel im Kreislauf der Wiedergeburten ist nicht mehr der Tod, sondern die zwanghafte Wiederkehr, das Leben-Müssen. Daß man überhaupt in den Geburtenkreislauf verwickelt ist, daß man überhaupt existiert, das Dasein schlechthin wird als leidhaft empfunden. Dieses Leiden weckt den Wunsch, nicht mehr wiedergeboren zu werden, und solches Erlösungsstreben hat Abkehr von der Welt zur Folge. Dieser allmähliche Prozeß des Weltüberdrusses ist die Voraussetzung zur Weltabkehr und schließlich zur Erlösung vom universalen Leiden. Er wird schon in der Brihadâranyaka-Upanishad beschrieben (3.4, Übersetzung Hillebrandt):

„Das, was jenseits von Hunger und Durst, von Kummer, Irrtum, Alter und Tod steht, darin sehen die Brahmanen das Selbst, lassen ab von dem Wunsch nach Kindern, von dem Wunsch nach Besitz, von dem Wunsch nach der Welt und ziehen als Bettler hinaus. Der Wunsch nach Söhnen ist ein Wunsch nach Besitz, der Wunsch nach Besitz ist ein Wunsch nach der Welt. Wunsch ist beides. Darum soll ein Gelehrter, der Gelehrsamkeit überdrüssig geworden, in Einfalt verharren. Der Einfalt wie der Gelehrsamkeit überdrüssig geworden, wird er ein schweigender Asket. Des Nichtschweigens wie des Schweigens überdrüssig geworden, wird er ein echter Brahmane. Auf welche Weise ist er ein Brahmane? So wir er ist, dadurch ist er ein solcher. *Alles andere ist leidvoll.*" Hier ist die Überzeugung von der universalen Leidhaftigkeit des Geburtenkreislaufs zum ersten Mal ausgesprochen.

Und dieselbe These vom universalen Leiden finden wir auch ein rundes halbes Jahrtausend später in den Yogasûtras wieder, wo es heißt: „Leiden nur ist alles für einen, der zu unterscheiden vermag." (*duhkham eva sarvam vivekinah*, Yogasûtra = YS 2,15)

Die Yogasûtras des Patañjali, der auf das 2. Jahrhundert v.Chr. datiert wird, sind der Haupttext des Yoga.[22] Ein Sûtra, wörtlich „Leitfaden", ist ein als Gedächtnisstütze dienender Merksatz in Prosa. Der Verfasser eines Sûtra legt seinen Ehrgeiz darein, mit möglichst wenig Worten möglichst viel zu sagen. Und wie alle Sûtras geben auch die Yogasûtras nur Stichworte; sie bedürfen also der Kommentierung. Leider stammt der erste Kommentar, den wir von den Yogasûtras besitzen, die Erläuterung von Vyâsa, erst aus der Zeit um 500 n.Chr., und zwischen Sûtras und Kommentar scheint es keine lückenlose Schultradition gegeben zu haben. Jedenfalls zeigt der Kommentar allenthalben die Tendenz, Begriffe, die in den Sûtras scharf voneinander geschieden sind, zu vereinheitlichen und so ihren ursprünglichen Sinn zu verwischen. Dennoch vermittelt er einen umfassenden Eindruck von den traditionellen Lehren des Yoga.

Yoga bedeutet wörtlich „Anspannung". Gemeint ist die Anspannung des Geistes, der sich auf die Erlösung richtet. Der Yoga ist das älteste der sechs philosophischen Systeme, in die man die altindische Philosophie traditionsgemäß einteilt. Die Yoga-Philosophie ist aufs engste verwandt mit der eines anderen dieser sechs philosophischen Systeme, mit der des Sânkhya. Beiden Philosophien ist der dualistische Ansatz gemeinsam. Die Welt wird eingeteilt in zwei radikal voneinander geschiedene Bereiche, die beide ewig und allgegenwärtig sind, nämlich in eine unendliche Vielzahl von Einzelseelen, die bewußt, aber untätig sind; und in die eine Urmaterie, die unbewußt ist, aber tätig. Leiden entsteht eben dadurch, daß der Mensch fälschlich seine Seele mit der Materie identifiziert. Genau an diesem Punkt setzt auch das Streben nach Erlösung an: Erlösung wird erreicht durch die Einsicht in das radikale Verschiedensein von Seele und Materie. Der Weg zur Erlösung aber ist nun die Methode des Yoga, das Hauptstück der Yogasûtras. Genau wie im Buddhismus ist dieser Weg zur Erlösung ein achtfacher Weg.

Doch bevor wir uns diesem achtfachen Yogaweg zur Erlösung zuwenden, müssen wir uns noch mit einem Einwand auseinandersetzen, mit dem ein philosophischer Gegner, beispielsweise ein Hedonist, aber auch ein Christ, der These von der universalen Leidhaftigkeit widersprechen könnte. Beide würden einwenden, die Behauptung, das ganze Dasein bestehe nur aus Leiden und es gebe überhaupt kein Glück, sei doch reichlich überzogen und viel zu einseitig. Auch in Indien hatten sich die weltabgewandten asketischen Lehren mit diesem Einwand auseinanderzusetzen. Diese Auseinandersetzung führte zu einer philosophischen und psychologischen Untermauerung des Leidensbegriffes in Sânkhya und Yoga.

Eine systematische Begründung für die Universalität des Leidens gibt Vyâsa in seinem Kommentar zu Yogasûtra 2,15, dem oben zitierten Merksatz, in dem heißt, das alles nur Leiden ist. „Und weil das Leiden etwas ist, was sein Gegenstück (nämlich Freude) in sich birgt, so existiert für einen Yogî auch zur Zeit der Freude an den Sinnesobjekten (in Wahrheit) bereits Leiden, das sein

Gegenstück (nämlich Freude) in sich birgt." (Ende des Kommentars zu 2,14)

Hier wird direkt dem Einwand begegnet, das Leiden könne nicht universal sein, da es ja auch Freude gebe; also könne eben doch nicht *alles* Leiden sein. Vyâsa verteidigt dagegen die Behauptung der Universalität des Leidens mit dem Argument, Freude sei das in Leiden eingebettete Gegenstück des Leidens, also nur ein Aspekt des Leidens. Leiden ist der umfassendere Begriff, Freude ist als Teilmenge darin enthalten. Oder anders gesagt: auf der Ebene des Konkreten gibt es einzelne Fälle von Leiden, auch einzelne Fälle, die als Freude erscheinen mögen. Auf der Ebene des Allgemeinen aber gibt es nur Leiden. Es gibt nicht Freude, sondern nur aufgesetzte Fröhlichkeit, die das zugrundeliegende Leiden nicht verbergen kann. Hinter der grinsenden Maske des Frohsinns lauert das Medusenhaupt des Leidens.

Deshalb kann auch die Befriedigung der Sinnesorgane kein Weg zur Freude sein, wie Vyâsa in seinem Kommentar zu 2,15 weiter ausführt: „Die Beruhigung, die aus der Befriedigung der Sinnesorgane durch die Genüsse hervorgeht, das ist Freude. Die Unruhe infolge von Gier, das ist Leiden. Aber dadurch, daß man die Sinnesorgane an die Genüsse gewöhnt, kann man keine Gierfreiheit schaffen. Warum? Weil mit der Gewöhnung an die Genüsse die Leidenschaften und die Routine der Sinnesorgane wachsen. Deshalb ist die Gewöhnung an die Genüsse kein Weg zur Freude."

Noch ein weiteres Argument gegen die Freude weiß Vyâsa anzuführen. Alle Freude unterliegt der *Veränderung*, deshalb lohnt es nicht, nach ihr zu streben: „Und der ist genau wie einer, der Angst hat vor dem Gift eines Skorpions und von einer Giftschlange gebissen wird, welcher, nach Glück strebend, dazu veranlaßt wird, sich den Sinnesobjekten hinzugeben, und im großen Leidenspfuhl versinkt. Eben diese Leidhaftigkeit der *Veränderung* plagt allein den Yogî als (in Aussicht stehendes) Gegenstück in einer Situation der Freude." Dem Yogî ergeht es also ähnlich wie Till Eulenspiegel, der fröhlich trällernd bergan stieg, weil er sich bereits auf den Abstieg freute, aber bekümmert bergab trottete, da ihn schon der nächste Anstieg bedrückte.

Schließlich kommt Vyâsa auch auf die Psychologie karmischen Leidens zu sprechen. Es geht um die Frage, warum das Karma den Menschen immer tiefer in den Wiedergeburtskreislauf verstrickt. Eine wichtige Rolle in diesem Prozeß spielen die sogenannten Sanskâras, „Einprägungen" im Unterbewußtsein, die ihrerseits für die Ausbildung von bestimmten charakterlichen Anlagen verantwortlich sind. Jede Tat (Karma) hinterläßt eine Einprägung; die durch diese Einprägung gebildete charakterliche Anlage wiederum bewirkt, daß der Mensch sich in gleichen Situationen immer wieder gleich verhält. Diese Verkettung von Tat, Einprägung, charakterlicher Anlage und Verhalten ist zwanghaft. Der Mensch kann aus diesem Kreislauf nicht ausbrechen und wird zum Gefangenen seiner eigenen Taten. Vyâsa schildert diesen Teufelskreis so: „Was wiederum ist die Leidhaftigkeit der Einprägungen? Aus der Empfindung von Freude entsteht eine charakterliche Anlage, die auf einer Freude-Einprägung beruht. Und ebenfalls entsteht aus der Empfindung von Leiden eine charakterliche Anlage, die auf einer Leidens-Einprägung beruht. So gibt es aufgrund der Taten, wenn bei ihrer Reifung Freude oder Leiden empfunden werden, wiederum eine Ansammlung von auf Karma beruhenden charakterlichen Anlagen."

Wem es aber gelingt, sich diesen Leidenskreislauf durch bestimmte Meditiationstechniken bewußt zu machen, in dem entsteht der Wunsch nach Vernichtung allen Leidens: „Den anderen aber (d.i. den Weltmenschen), der ... aus Unwissenheit in dem, was er eigentlich aufgeben sollte, seiner Selbstsucht und seinen eigenen Interessen nachgehend, immer wieder geboren wird, den umspülen die Schmerzen, die dreifach geknotet sind (nämlich innerlich, äußerlich und schicksalhaft) und die durch beides, Äußeres und Inneres, bewirkt werden. Deshalb nimmt der Yogî, wenn er auf solche Weise gesehen hat, wie er selbst und die Schar der Wesen vom anfangslosen Leidensstrom weggeschwemmt werden, seine Zuflucht zum rechten Sehen, der Ursache der Vernichtung allen Leidens."

Abschließend zieht Vyâsa den Vergleich zwischen dem Yoga und den vier Teilen der medizinischen Wissenschaft: „Wie die Wissenschaft der Medizin aus vier Teilen besteht, die sich auf Krankheit, Krankheitsursache, Heilung und Arznei erstrecken (also Diagnostik, Pathologie, Therapeutik und Pharmazie), ebenso besteht auch unsere Wissenschaft hier (d.i. der Yoga) aus vier Teilen, nämlich: Wiedergeburtskreislauf, Ursache des Wiedergeburtskreislaufs, Erlösung und Erlösungsmittel – genau so!" Hier spricht Vyâsa mit Selbstbewußtsein; denn der Yoga betrachtet sich als die umfassendere Wissenschaft. Es geht ihm nicht um die Behandlung der vielen kleinen Wehwehchen, obwohl gerade der spätere Hatha-Yoga auch dagegen Rezepte anbietet. Der ursprüngliche Yoga zielt auf die Vernichtung der großen Krankheit überhaupt: des universalen Leidens im Rad der Wiedergeburten.

Der Heilsweg des Yoga

Der praktische Hauptteil der Yogasûtras (2,26ff) beginnt mit der Feststellung, daß derjenige, der sich von dem universalen Leiden befreien möchte, ständig den grundsätzlichen Unterschied zwischen Seele und Materie wahrnehmen müsse. Um zu der Wahrnehmung dieses Unterschieds zu gelangen, hat er die acht Glieder des Yoga auszuüben. Und: „Nach dem Schwinden der Unreinheit durch das Ausüben der (acht) Glieder des Yoga (entsteht) die Erleuchtung des Erkennens und führt zur Wahrnehmung des Unterschieds (zwischen Seele und Materie)." (YS 2,28)

Im folgenden Merksatz werden die acht Glieder des Yoga aufgezählt: „Sittlichkeit, Selbstzucht, Sitzhaltung, Atemzügelung, Einholen (der Sinne), Festhalten, Meditation *(dhyâna)* und Konzentration *(samâdhi)* sind die acht Glieder." Diese acht Begriffe werden anschließend im einzelnen ausgeführt. Es handelt sich bei diesem Heilsweg also um sechs ganz konkrete Meditationstechniken, die einen ethischen Lebenswandel, ein moralisches Verhalten, das in Übereinstimmung mit den Geboten der Asketenethik steht, zur Voraussetzung haben.

Die wichtigsten Gebote der altindischen Asketenethik sind unter dem ersten Glied des Achterweges, der Sittlichkeit, zusammengefaßt. (2,30) Angeführt werden sie von der Forderung nach Ahinsâ, nach „Nicht-Schädigen", also Gewaltlosigkeit. Damit steht das Tötungstabu am Anfang des yogischen Sittengesetzes. Erste und höchste Pflicht eines Yogî und damit eines hinduistischen Asketen und heiligen Mannes, eines Sâdhu, ist es, in Gedanken, Worten und Taten jegliche Verletzung von Lebewesen, Menschen wie auch Tieren, zu vermeiden.

Exkurs: Vegetarismus

Auf dieses Tötungsverbot gründet sich auch der hinduistische Vegetarismus, wenngleich aus dem Tötungsverbot allein strenggenommen noch nicht das Verbot, Fleisch und Fisch zu essen, folgt. Wenn nämlich ein Tier ohnehin schon tot ist, so ist der Fleischgenuß selbst nicht mit Gewalt verbunden. Man hat deshalb eine der Wurzeln der altindischen Asketenethik zusätzlich in ganz archaischen Anschauungen gesucht wie etwa der Vorstellung vom Jenseits als dem spiegelverkehrten Abbild des Diesseits, wie sie in der folgenden Pseudo-Etymologie aus dem Gesetzbuch des Manu (5.55) zum Ausdruck kommt: „Mich *(mâm)* wird er *(sa)* im Jenseits essen, dessen Fleisch *(mâmsa)* ich im Diesseits esse; das nennen die Weisen das Fleisch-Sein (im Wortspiel: das ‚Mich-Er-Sein') des Fleisches." Dies wäre ein Begründung des Vegetarismus im Rahmen des magischen Denkens: *similia similibus*. Moralisch bedenklich wird die Sache aber erst, wenn das Tier auf Veranlassung des Fleischessers hin getötet wird, wenn also der Fleischesser das Karma-Gesetz dadurch umgehen will, daß er das Tier von einem anderen extra für sich töten läßt. In dem Falle kommt es darauf an, ob die Wirksamkeit des Karmagesetzes von der Tat selbst oder von der Tatabsicht bzw. von der Tatveranlassung abhängig gemacht wird. Der Buddha beispielsweise hatte sich für die Tatabsicht bzw. Tatveranlassung entschieden. Er erlaubte seinen Mönchen den Fleischgenuß nur unter der dreifachen Bedingung, sie hätten „nicht gesehen, nicht gehört, nicht vermutet", daß das Tier eigens für sie geschlachtet worden sei. Diese Auffassung steht in Übereinstimmung mit der alten Dreiteilung des Karma in Gedanken, Worte und Taten.

Nun leistet ja der Fleischesser, selbst wenn er nicht selbst schlachtet, dennoch dem massenhaften Töten von Tieren Vorschub, da sich die Gesellschaft auf eine regelmäßige Fleischproduktion einstellt. Der Fleischesser mag zwar nicht direkt den Auftrag zur Tötung eines bestimmten Tieres geben, er ist aber dennoch für die allgemeine Tierschlachtung moralisch mitverantwortlich, und das damit verbundene erlösungshinderliche Karma fällt teilweise auch auf ihn zurück. Also muß er, wenn er das Sammeln von Karma vermeiden will, auf das Fleischessen verzichten, mit einer Ausnahme: Das Fleisch von zufällig verendeten Tieren ist erlaubt. Der Genuß dieses Fleisches ist nicht mit der Anwendung von Gewalt, mit

Hinsâ, verbunden. Berühmt ist der Bericht vom Jina, Stifter des Jinismus und Zeitgenosse des Buddha, der, während er von einer Krankheit genas, das Fleisch eines von einer Katze geschlagenen Vogels für sich zubereiten ließ.

Am Fleisch zufällig verendeter Tiere herrscht allerdings normalerweise Mangel, und so hieß die Konsequenz für die auf Gewaltlosigkeit bedachte hinduistische Gesellschaft, auf den Genuß des Fleisches getöteter Tiere zu verzichten und sich von Vegetabilien und Milchprodukten zu ernähren. Der hinduistischen Seelenvorstellung gemäß wäre eigentlich zu erwarten, daß auch der Verzehr von Pflanzen, die ja auch Aufenthaltsort einer Seele sein könnten, untersagt würde. In der Tat zeichneten sich die großen Asketen des altindischen Epos dadurch aus, daß sie lediglich Luft als Speise hatten. Diese extreme Fastenübung bleibt jedoch naturgemäß nur den größten Asketen vorbehalten.

Der hinduistische Vegetarismus entstammt der altindischen Asketenethik, also dem Verhaltenskodex einer gesellschaftlichen Randgruppe. Allmählich gewann der Vegetarismus aber wegen der Reinheit des mit ihm verbunden Lebenswandels ein immer höheres soziales Ansehen. Auch Bevölkerungsschichten, die von Haus aus überhaupt nichts gegen das Schlachten einzuwenden hatten, wurden im Laufe der Zeit zu Gewaltlosigkeitsbefürwortern und Vegetariern, um an dem damit verbundenen Prestige teilzuhaben. Vor allem die früher für das Tieropfer zuständigen Brahmanen mußten sich, ob sie wollten oder nicht, dem neuen Trend anpassen.

Bereits im dritten Jahrhundert v.Chr. ließ Kaiser Ashoka, der erste indische Universalherrscher, in seinem ersten Felsenedikt landesweit das Verbot der Tierschlachtung, sei es auf dem Opferaltar, sei es in seiner eigenen Küche, verkünden: „Hier darf kein Lebewesen zu Opferzwecken getötet werden … Früher wurden in der Küche des Königs täglich viele Hunderttausende von Tieren zur Bereitung von Fleischsoße getötet. Doch jetzt, da diese Schrift über den Dharma geschrieben ist, werden nur noch drei Tiere getötet: zwei Pfauen und eine Gazelle, die Gazelle aber auch nicht regelmäßig. Aber auch diese drei Tiere werden in Zukunft nicht mehr getötet werden." (Übersetzung U. Schneider)

Noch heute ist Indien ein vom Vegetarismus bestimmtes Land. Genauer spricht man von Lacto-Vegetarismus; die Inder sind große Liebhaber aller Arten von Milchspeisen. Besonders in der hinduistischen Oberschicht ist der Genuß von Fleisch verpönt. – Doch nach diesem Exkurs über den hinduistischen Vegetarismus zurück zur Asketenethik und den Yogasûtras.

Tapas – die „Hitze" der Askese

Wir hatten gesehen, daß Gewaltlosigkeit *(ahinsâ)* am Anfang der asketischen Ethik und damit am Beginn des Heilsweges des Yoga überhaupt stand. Sie verbindet sich (nach YS 2,30) mit Wahrhaftigkeit, Nicht-Stehlen, sexueller Enthaltsamkeit und Besitzlosigkeit, also mit universalen ethischen Grundregeln, wie wir sie nicht nur aus anderen indischen Religionen wie etwa dem Buddhismus, sondern weltweit kennen. „Unabhängig von Kaste, Land, Schicksal und Zeitpunkt bilden sie das große Gelübde, das sich auf sämtliche Stufen (des achtgliedrigen Yogaweges) erstreckt." (YS 2,31) Damit wird noch einmal der grundlegende Charakter der Sittlichkeit für die Erlösung im Yoga überhaupt betont.

Die fünf Grundtugenden der asketischen Sittlichkeit verbinden sich mit Selbstzucht, dem zweiten Glied des achtgliedrigen Yogaweges. „Die (verschiedenen) Arten der Selbstzucht sind Reinheit, Zufriedenheit, Askese *(tapas)*, eigenes Studium und Hingabe an Gott." (YS

2,32) Die beiden ersten Begriffe bezeichnen sowohl körperliche als auch charakterliche, mentale Zustände. Die drei anderen Arten von Selbstzucht, welche aktives Tätigwerden zum Inhalt haben, nämlich Askese, Studium und Hingabe an Gott, werden anderenorts (YS 2,1) auch als der Yoga des Tuns *(kriyâyoga)* bezeichnet. Studium und kultische Götterverehrung gehören in den außermeditativen Bereich und sind als Zugeständnis an die gesellschaftliche Einbindung der eigentlich außerhalb der Gesellschaft stehenden Asketen zu erklären. Was aber ist hier mit dem Begriff Askese gemeint, wofür das Sanskritwort Tapas steht? Zum Verständnis dieses für die altindische Askese grundlegenden Begriffs empfiehlt es sich, etwas weiter auszuholen. Nach Klärung des Tapas-Gedankens wollen wir uns dann den Meditationstechniken des Yoga zuwenden, die im yogischen Achterweg auf den Basistugenden der Asketenethik aufbauen.

Askese ist freiwilliges Leiden. Sie wurde ursprünglich spontan, aus ganz konkretem Anlaß geübt. Wie wir bereits am Beispiel der Sâvitrî-Legende gesehen haben, versteht sich Askese vor dem Hintergrund des altindischen Schicksalsglaubens der Krieger. Askese war die Antwort des Kriegers auf ein ungerechtes Schicksal. Was konnte ein Kshatriya tun, wenn ihn ohne Grund und vor allen Dingen ohne eigenes Verschulden das Glück verließ? Er nahm Bußübungen auf sich, unterzog sich also einem unverdienten, selbst auferlegten Leiden, um die Götter *(deva)*, die das Schicksal *(daiva)* bestimmen, zu zwingen, das ungerechte Schicksal abzuändern, damit es wieder mit dem gerechten Weltgesetz, dem Dharma, übereinstimme. Eben durch diese Leidensfähigkeit erwies sich der Mensch den Göttern als überlegen. Durch die Macht ihrer Askese war Sâvitrî imstande, den Todesgott Yama zu zwingen, ihr den Ehegatten, dem es durch ein ungerechtes Schicksal bestimmt war, nach der Hochzeit nur noch ein Jahr zu leben, wieder lebendig zu machen.

Ein anderes, entwicklungsgeschichtlich noch älteres Beispiel aus dem Mahâbhârata (3.130.16-131.32) ist die Legende vom König Shibi.[23] Da kommt eine Taube, verfolgt von einem Habicht, voller Angst zum König Shibi geflogen und sucht bei ihm Schutz und Zuflucht. Die Situation ist als dichterische Metapher für eine ganz alltägliche, ja realistische Zwangslage des Menschen zu verstehen. Der König steckt nämlich nun – unverschuldet! – in einem Dilemma, einem Dharma-Konflikt. Zwei seiner Pflichten als König, die ihm das Weltgesetz, der Dharma, abverlangt, widerstreiten sich: das Asylrecht und das Beuterecht. Die Taube hat sich in seinen Machtbereich geflüchtet, und es ist die Krieger- und Herrscherpflicht des Königs, ihr Schutz und Schirm zu gewähren. Auf der anderen Seite gilt aber auch seine Pflicht als Krieger, das Beuterecht des Habichts zu respektieren, der als erster seinen Anspruch auf die Taube geltend gemacht hat. Überdies hat der König dem Habicht gegenüber, der sich ebenfalls in seinem Machtbereich befindet und also als sein Untertan gelten muß, die Verpflichtung, für ausreichende Nahrung zu sorgen. Denn ohne die Taubenbeute müßte der Habicht samt seinen Jungen verhungern. Was also tun? Der König verfällt zunächst auf das Naheliegende: Er bietet dem Habicht das Fleisch anderer Tiere an. Der Habicht jedoch lehnt anderes Fleisch mit dem Hinweis darauf ab, daß er – und das ist nun ganz realistisch beobachtet – sich nur von dem blutigen, noch warmen Fleisch soeben geschlagener Tiere ernähren könne. Da bleibt dem König bloß noch ein Ausweg: Er bietet dem Habicht Fleisch von seinem eigenen Körper, und zwar soviel, wie es dem Gewicht der Taube entspricht. Der Gedankengang ist folgerichtig und durchaus konsequent: Nur durch sein eigenes Fleisch beschneidet der König nicht das Recht auf Unversehrtheit seiner Untertanen, nur wenn er selbst freiwillig leidet, kann der König beide Pflichten, Asylrecht und Beuterecht, in Einklang bringen. Shibi läßt also eine Waage bringen, greift zum Messer, schneidet sich ein taubengroßes Stück Fleisch aus dem Oberschenkelmuskel und legt es in die Waagschale, um es gegen die Taube aufzuwiegen. Nun aber geschieht ein grausames Wunder: Die Taube wird schwerer und schwerer, so daß sich der König gezwungen sieht, mehr und mehr Fleisch von seinem Körper abzuschneiden. Dieses Motiv ist vom Dichter keineswegs an den Haaren herbeigezogen, denn auch das übernatürliche Geschehen steht ganz im Einklang mit dem dämonischen Charakter der Götter, die in ihrer Willkür den Menschen in Zwangslagen bringen, denen er nur durch freiwilliges Leiden entkommen kann. Und in diesem Falle treiben es die Götter auf die Spitze: Es kommt zu dem schauerlichen Ende, daß der König kein Fleisch mehr an seinem Körper findet und als blutiges Gerippe die Waage besteigt, um sein Leben für die Taube einzusetzen. Damit ist das Äußerste an Leidensbereitschaft erreicht, und die Götter müssen sich der magischen Macht, die dem Leiden des Königs Shibi innewohnt, beugen. Taube und Habicht enthüllen ihre wahre Gestalt und geben sich als die Götter Indra und Agni zu erkennen, die gekommen sind, um ihr dämonisches Spiel mit den Menschen zu treiben.

Damit ist die Situation aufgelöst, die Handlungsschlinge zieht sich auf: Das übermäßige Leiden des Königs schlägt um in Glück. Der König erlangt seine Unversehrtheit zurück und noch viel mehr. Sein Ruhm – und Gloria *(kîrti)* ist höchstes Ziel auch in der altindischen Kriegerethik (vgl. Bhagavadgîtâ 2,33-35) – dringt bis an die Grenzen der Welt und nach seinem Tode bis in den Kriegerhimmel.

Das Gleichnis verdeutlicht den Grundgedanken der Askese: Leiden *(duhkha)* erdulden, um Glück *(sukha)* zu erlangen. So hatte auch Sâvitrî ihr Handeln in dem Satz zusammengefaßt: „Damit die Zukunft sich zum Glücklichen wende, (habe) ich dieses große Leiden auf mich (genommen)." (Mhbh 3.282.42) Askese dient damit ursprünglich der Erlangung weltlicher Vorteile durch magische Mittel. Und erst in späterer, ethisierender Umdeutung erlangt der Asket durch seine Bußübungen religiöses Verdienst *(punya)*, das nichts anderes ist als gutes Karma, mit dem er eine bessere Wiedergeburt erwirkt.

Das freiwillig erduldete Leiden, mit dem man die Götter zwingen kann, wurde im Sanskrit dann sehr bald mit einem eigenen Begriff bezeichnet, nämlich Tapas, „Hitze". Das ist ganz wörtlich zu verstehen, im physikalischen Sinne: Der Asket stellt sich beispielsweise in die Sonne und zündet zusätzlich noch vier Feuer um sich herum an, um sich mit Hitze aufzuladen. Er wird so zum Tapasvin, zum „hitzeerfüllten" Asketen. Die Hitze der Askese ist im magischen Sinne wirkmächtig. Askese erzeugt im Menschen eine Macht, die den Göttern gefährlich werden kann. Der mit Askese aufgeladene Mensch kann die Götter zwingen, ihm seine Wünsche zu erfüllen. Der Asket gewinnt also Macht über die Götter, kann damit sogar Indras Thron ins Wanken bringen und den Gott stürzen. Und eben daher rührt auch das hohe gesellschaftliche Ansehen, das die Asketen bis auf den heutigen Tag in Indien genießen.

Wenn der Mensch sich mit der magischen Macht der Askese, mit der asketischen „Hitze", aufladen kann, dann wird er früher oder später auf den Gedanken kommen, nicht abzuwarten, bis die Götter ihn bedrängen und prüfen, sondern vorzusorgen. Dann sammelt er diese magische Macht auf Vorrat, um für den Notfall gewappnet zu sein. Und an diesem Punkt der Entwicklung wird Askese zur Institution, ja sie wird professionalisiert. Das Asketentum wird zum Beruf. Berufsmäßige Asketen ziehen entweder allein als Wandermönch durch die Lande, oder sie finden sich in Gruppen zusammen und gründen fern menschlicher Behausungen in der Wildnis eine Einsiedelei, einen Âshrama. Einsamkeit bedeutet an sich bereits einen asketischen Verzicht, den Verzicht nämlich auf menschliche Gesellschaft. Im idealtypischen System der vier Lebensstufen *(varnâshramadharma)*, das wir oben bereits kennengelernt haben, ist das Dasein als Asket fester Bestandteil des Lebens eines frommen Hindu.

Die Requisiten des Asketen weisen auf seinen Lebenswandel hin: Der Wanderstab *(khakkhara)* verdeutlicht die Heimatlosigkeit des Wandermönchs *(parivrâjaka)*, ebenso die Holzsandalen mit dem Knauf zwischen erster und zweiter Zehe. Die Bettelschale *(pâtra)* weist auf die Besitzlosigkeit des Bettelmönchs *(bhikshu)* hin. Der Wassertopf *(kamandalu)* mit Weihwasser, insbesondere mit dem Wasser der Gangâ, zeigt die Ausübung sakraler Funktionen durch den Asketen an. Shivaitische Asketen führen den Hanfrauschtrank Bhânga darin mit sich. Auch der mit der reinigenden Asche des Opferfeuers beschmierte Körper ist Zeichen der sakralen Weihe.

Asketische Übungen

Nun war die Aufladung mit „Hitze“ natürlich nicht die einzige der asketischen Übungen, denen die altindischen Asketen oblagen. Ihr Verzicht erstreckte sich auf vielerlei Bereiche. Dabei nahm das Fasten, der Verzicht auf Nahrung, eine prominente Stelle ein. Auch die Diät, der Verzicht also auf bestimmte Nahrungsmittel, ist eine regelmäßige Askesegewohnheit. Vegetarismus ist dabei geradezu selbstverständlich, aber auch Gewürze sind verpönt. Insbesondere Vishnuiten verschmähen den Genuß von Zwiebeln und Knoblauch. Ferner sollte der Mönch sich sexueller Enthaltsamkeit befleißigen. Auch hierin ist der Ursprung der Askese noch ganz deutlich: Es gibt Legenden im indischen Epos, in denen kinderlose Ehemänner durch sexuelle Enthaltsamkeit Nachkommenschaft von den Göttern bzw. dem Schicksal erwingen; die uns bereits bekannte Sâvitrî beispielsweise war die Frucht solcher Askese. Der Verzicht auf Besitz kennzeichnet den Bettelmönch; bis auf wenige Requisiten hat er alle Bindung an weltliche Güter aufgegeben. Ferner übt man in Bezug auf die Kleidung Entsagung. Die Asketen tragen Roben aus Bast oder aus Tierfellen, auch aus Lumpen. Manchen genügt ein Lendentuch, andere gehen ganz nackt, als „Luftbekleidete" *(digambara)*. Ferner unterscheidet sich der der Sâdhu durch seine Haartracht von den normalen Mitgliedern der Gesellschaft. Er ist kahlgeschoren oder aber läßt seine Haare langwachsen, dreht sie zu Haarflechten, die sich zu einem hohen Schopf auftürmen lassen. Ferner kann sich der Verzicht auf das Sprechen erstrecken, wenn der Asket das Schweigen gelobt. Asketen heißen im Sanskrit auch *muni*, „Schweiger". Mahatma Gandhi hat über längere Zeitabschnitte hinweg immer montags das Schweigen geübt. Eine weitere Askeseübung ist das Wachen, überhaupt der Verzicht auf Bequemlichkeit, der bis zur Selbstquälerei gesteigert wird: das Schlafen auf der Erde, auf einem Dornenlager – das Klischee vom indischen Faqîr auf dem Nagelbrett. Der Büßer quält sich durch aufrechtes Stehen, Stehen auf einem Bein oder einem Zeh, oder durch langanhaltendes Emporstrecken der Arme. Manche starren in die Sonne, bis zur Erblindung. Das Gegenstück von Tapas, der Aufladung mit Hitze, ist das Erdulden von Nässe und Kälte, wenn der Asket bis zur Erschöpfung im Wasser steht. Wieder andere lassen sich eingraben, stehen auf dem Kopf oder auf den Händen, hängen mit den Händen oder mit dem Kopf nach unten an einem Baum.

Meditation

Manche dieser Askeseübungen sind aus dem Stillsitzen in der Versunkenheit der Meditation entstanden, oder sie verbinden sich mit der Versenkung. Wir wollen uns deshalb nun der Praxis des Meditierens zuwenden, das seit ältesten Zeiten in Indien geübt wurde. Wir erinnern uns einmal mehr an den gehörnten Gott der Industalkultur, der im Lotossitz, d.i. dem Meditationssitz mit untergeschlagenen, verschränkten Beinen, dargestellt ist. Die Yogasûtras des Patañjali behandeln im zweiten Kapitel (YS 2,46ff.) die yogische Versenkung. Wir kehren damit auch zurück zu dem achtgliedrigen Heilsweg des Yoga, und zwar zu dem dritten Punkt, mit dem der Meditationsteil dieses Heilsweges beginnt.

Der erste Merksatz, der diesen dritten Punkt zusammenfaßt, lautet lapidar: „Fest und bequem (sei) die Sitzhaltung." (YS 2,46) Die Sitzhaltung *(âsana)* ist also grundlegend für die Meditation, ohne den perfekten Sitz kann die Meditation nicht gelingen. Wie die beiden folgenden Sûtras ausführen, wird die bequeme Sitzhaltung erreicht durch „Lockerung der Anstrengung", das soll heißen, durch Entspannung, die dazu führt, daß der Körper nicht mehr zittert (Vyâsa); Festigkeit erzielt der Yogî, indem sein Geist mit dem Unendlichen verschmilzt. So erreicht er es, daß die Gegensätze der sinnlich wahrnehmbaren Welt, wie etwa Hitze und Kälte, seine Meditation nicht mehr beeinträchtigen können, weil er sie nicht mehr wahrnimmt.

Vyâsa nennt eine Reihe von Beispielen für diese Sitzhaltungen des Yogî, wie z.B. den Lotossitz, den Heldensitz, den Hakenkreuzsitz oder den Kamelsitz. Handbücher des Hathayoga, des „groben Yoga", der im Unterschied zum ursprünglichen spirituellen Yoga, dem Râjayoga, d.i. „königlichen Yoga", auch medizinische Ziele verfolgt, erläutern diese und andere Sitzhaltungen. Der Lotossitz, das heißt die Sitzhaltung, die am häufigsten in der Meditation eingenommen wird, soll folgendermaßen aussehen (nach der Gherandasanhitâ 2,10): „Über den linken Oberschenkel lege man den rechten Fuß, und den linken über den rechten Oberschenkel (so daß die Fußsohlen nach oben zeigen). Hinter dem Rücken halte man mit den Händen die Daumen fest umschlossen. Man senke das Kinn auf das Herz nieder und betrachte die Nasenspitze. Das nennt man den Lotossitz, der alle Krankheiten zu heilen vermag." Den „Heldensitz" nimmt man auf die folgende Weise ein: „Den einen Fuß lege man (innen) in das eine (gebeugte) Bein, so daß er (von unten) am Oberschenkel ruht. Und ebenso (lege man den anderen Fuß) in das andere Bein, (und zwar) nach hinten (auf den Oberschenkel)." Oder: „Der Yogî lege beide Fußsohlen zwischen Knie und Oberschenkel und sitze mit aufgerichtetem Körper da: Das heißt Hakenkreuz (-Sitzhaltung)." Die beiden folgenden Positionen werden im Liegen ausgeführt. Da ist beispielsweise die „Kamel-Haltung", bei welcher der Yogî sich auf den Bauch legt und mit den Händen nach hinten seine Füße hochzieht. Weniger Gelenkigkeit erfordert die „Leichen-Haltung": Man legt sich ganz einfach flach auf den Rücken. Verständlicherweise soll diese Stellung Erschöpfung vertreiben und zur Entspannung des Geistes beitragen.

Ist die rechte Sitzhaltung eingenommen, übt sich der Yogî in der Atemzügelung *(prânâyâma)*, „durch deren Übung allein der Mensch gottgleich werden kann" (Gherandasanhitâ 5,1). Atemzügelung besteht, wie es heißt (YS 2,49), in der „Unterbrechung des Gangs von Einatmen und Ausatmen", also mit anderen Worten im Luftanhalten. Zügeln soll man auch das Atemvolumen, die Länge der Atemzüge, und deren Anzahl bei den jeweiligen Atemübungen. Wenn man dies beständig übt, werden die Atemzüge lang und „fein" *(sükshma)*, das heißt leicht oder sublim.

Durch Atemzügelung büßen die Sinne den Kontakt mit den Sinnesobjekten ein, und dadurch wird der Yogî fähig zum nächsten Grad der Meditation, zum „Einholen der Sinnesorgane" (YS 2,54). Sein Gehör ist getrennt von den

Tönen, sein Tastsinn von den Berührungsgegenständen, seine Sehwahrnehmung von den Formen, sein Geschmackssinn von den Geschmäckern und sein Geruchssinn von den Gerüchen. Vyâsa vergleicht dieses „Einholen der Sinne", also die Trennung der Sinnesorgane von den Sinnesobjekten, mit einem Bienenschwarm. Die Sinne gleichen den Bienen und der Geist *(citta)* dem „Bienenkönig", wie es im Sanskrit heißt, womit natürlich die Königin gemeint ist. Wenn die Königin fliegt, schwärmen die Bienen mit ihr, aber wenn sie sich niederläßt, setzen sich auch die Bienen. Genauso der Geist: nur solange der Geist aktiv ist, arbeiten auch die Sinne.

Durch die bisher behandelten fünf „äußeren" Glieder, wie der Kommentator Vyâsa sie nennt, des achtgliedrigen Yogaweges ist der Meditierende nun vorbereitet für die drei letzten Glieder des Heilsweges. Da ist zunächst das „Festhalten" *(dhâranâ)*. Darunter ist zu verstehen „die Bindung des Denkens an einen Ort" (YS 3,1). Solche Orte sind z.B. der Nabel, das Herz, der Schädel, das Auge, die Nasenspitze oder die Zungenspitze, aber auch jedes beliebige Objekt außerhalb des Körpers des Meditierenden. An diese Orte bindet man seinen Geist, um die Denkbewegungen zum Stillstand zu bringen.

„Meditation" im engeren Sinne, im Sanskrit mit dem Wort *dhyâna* bezeichnet, ist nun als eine besondere Art dieses „Festhaltens" zu verstehen. Denn das nächste Sûtra lautet: „Dabei (nämlich bei der Bindung des Denkens an einen Ort) ist das, was nur einen Begriffs-Faden hat, ‚Meditation'." Das heißt also, das Denken, die Denk-Bewegung, bindet sich an einen einzigen Begriff, der wie ein Faden weitergesponnen wird. Der Strom des Denkens darf dabei nicht, wie Vyâsa ausführt, durch andere Begriffe oder Denkgegenstände unterbrochen werden.

Wenn in der Versenkung der „Meditation" der Geist des Meditierenden und der Meditationsgegenstand miteinander verschmelzen, wenn, wie Yogasûtra 3,3 es ausdrückt, „lediglich das Objekt ausstrahlt“, dann ist das auch schon der Endzustand der Yoga-Meditation. Er wird „Konzentration“ genannt, im Sanskrit *samâdhi*. Dieser Zustand ist im Sinne der Yoga- und Sânkhya-Philosophie zu verstehen. Der Geist und das Denkobjekt sind eins geworden, nur das Objekt strahlt aus; jetzt identifiziert sich die Seele nicht mehr mit dem Geist. Der Geist ist als Teil der Materie erkannt. Er besteht aus demselben Urstoff *(prakriti)* wie das Denkobjekt, und diese Urmaterie ist eine. Deshalb kann der Geist auch mit dem Denkobjekt identisch werden. Die Seele jedoch ist von der Materie radikal verschieden, und aus diesem Grunde ist dieser Meditationszustand „gleichsam leer von seiner materiellen Gestalt“, indem nämlich die Seele nicht mehr als Teil der Materie erscheint. Die irrtümliche Verbindung *(samyoga)* von Seele und Materie ist gelöst, der Meditierende ist erlöst. In ihm entsteht „die Erleuchtung des Erkennens und führt zur Wahrnehmung des Unterschieds (zwischen Seele und Materie)“ (YS 2,28). In ständiger „Wahrnehmung des Unterschieds“ zwischen Seele und Materie befreit sich der Yogî vom Zwang zur Wiederverkörperung in der Welt der Materie.

In Form eines Anhangs zu dem meditativen Heilsweg des Yoga behandeln die Yogasûtras anschließend die übernatürlichen Fähigkeiten, die durch Ausübung des Yoga erlangt werden. Es sind dies die sogenannten Siddhis, wörtlich „Erfolge“ oder „Perfektionen“, zu denen der Yogî fähig werden soll. Für die Erlösung selbst spielen sie keine Rolle mehr. Ein Sûtra (3,38) bezeichnet sie als Zugaben *(upasarga)* zur „Konzentration“, also dem Endpunkt des achtgliedrigen Yogawegs; in der Aktivität jedoch, also außerhalb der Meditation, könnten sie als „Erfolg“ oder „Perfektion“, als Siddhi, gelten. Sie stehen also außerhalb des religiosen Heilswegs und gehören damit dem weltlichen Bereich an. Freilich sind es gerade diese eher weltlichen „Zugaben“, die Yogatricks und

Zauberkunststücke, die das Bild des Yoga nach außen hin geprägt haben. Seriöse Religionsstifter wie z.B. der Buddha haben denn auch die Vorführung derartiger Künste abgelehnt, um nicht mit fragwürdigen magischen Praktiken in Verbindung gebracht zu werden. Diese Yogatricks seien von ausländischen Barbaren wie etwa den Griechen nach Indien eingeführt worden, weshalb sie auch nach der Gegend Gandhâra im Nordwesten Indiens als „Gandhâra"-Wissen bezeichnet würden. Und deshalb, so sagt der Buddha (im Kevaddha-Sutta), „nehme ich ... am Wunder der Zauberkräfte Anstoß, ich schäme mich dafür und ich verabscheue es".

Die Fähigkeit zur Ausübung der Siddhis erlangt der Yogi durch eine dreifache „Umformung" *(parinâma)* der „Konzentration" *(samâdhi)*. Die Auflistung der Zauberkräfte in den Yogasûtras (3,16ff.) beginnt mit dem Erkennen von Vergangenem und Zukünftigem. Durch die Wahrnehmung der Einprägungen in seinem Unterbewußtsein soll der Yogî seine früheren Geburten und Vorexistenzen erkennen können. Er wird imstande, das Denken anderer Menschen wahrzunehmen, kann also Gedanken lesen. Er macht sich unsichtbar, kann die Todesstunde eines Menschen vorhersehen, erlangt übermenschliche Körperkraft, „die Kraft eines Elefanten". Indem er sich auf seine Kehlengrube konzentriert, kann er Hunger und Durst zum Verschwinden bringen. Er wandelt auf dem Wasser und vermag es zu erreichen, daß er nicht im Schlamm oder an Dornen hängenbleibt. Mit himmlischem Gehör nimmt er die Laute aller Wesen wahr, und auch zur Levitation, dem „Gehen im Luftraum" (YS 3,43), soll er befähigt sein.

Es ist nicht die Aufgabe des Religionswissenschaftlers, über die Möglichkeit oder Unmöglichkeit solcher Wundertaten zu urteilen. Die Frage der Faktizität des Übersinnlichen ist vielmehr Gegenstand der Parapsychologie. Der Religionsgeschichtler dagegen befaßt sich nicht mit dem Wunder, sondern mit dem Wunderglauben. Er kann konstatieren, daß es im Hinduismus den Glauben an die Möglichkeit solcher Wundertaten gibt, wie er sich etwa in den Yogasûtras, aber auch in zahlreichen anderen autoritativen Schriften des Hinduismus niedergeschlagen hat. Und der Vergleich mit anderen Religionen wie etwa dem Christentum zeigt ja, daß der Hinduismus mit diesem Glauben keineswegs allein steht. Das Bedürfnis naiver Frömmigkeit nach übernatürlicher Beglaubigung hat in fast allen Religionen immer wieder zur Behauptung des Wunders geführt. Das Streben nach außerweltlichem Heil – so unsere Definition von Religion überhaupt – hat für den allzu ungeduldig Strebenden zur Folge, daß die Grenzen zwischen den Bereichen, zwischen dem Außerweltlichen und dem Innerweltlichen, zwischen dem Sakralen und dem Profanen, sich verwischen. Dann scheint sich ihm das Jenseits im Diesseits zu manifestieren. Und der Wundergläubige ist dann auch der erste, der geschäftstüchtigen Scharlatanen auf den Leim geht, die den Dummen mit der Verheißung, ihnen das Fliegen beizubringen, das Geld aus der Tasche ziehen. Auch hier gilt die Faustregel, daß ein Guru nur dann als seriös gelten kann, wenn er für seine Botschaft kein Geld verlangt.

Der Monismus des Vedânta

Der praktische Heilsweg des Yoga legt die Philosophie des Sânkhya zugrunde. Diese ist dualistisch, indem sie die grundsätzliche Verschiedenheit von Seele und Materie zum Axiom erhebt. Das andere große philosophische System des Hinduismus ist der – im Unterschied zum konkurrierenden System des Sânkhya – nicht dualistische, sondern monistische Vedânta. Vedânta[31] bedeutet das Ende *(anta)*, aber auch die Vollendung des vedischen Schrifttums, womit hier insbesondere die oben bereits behandelte Âtman-Brahman-Spekulation der älteren Upanishaden gemeint ist. Mit der mystischen Identifikation von Individualseele und Universalseele, von Âtman und Brahman, hatte bereits in vorbuddhistischer, nämlich spätvedischer Zeit die Philosophie des Vedânta begonnen. Im Gegensatz zum dualistischen Sânkhya führt die Metaphysik des Vedânta die Welt auf ein einziges Prinzip zurück: Wer die vermeintliche Vielheit der Erscheinungswelt als Illusion erkannt hat, weiß, daß in Wahrheit alles nur eins ist. Der frühe, d.h. upanishadische, Vedânta kristallisierte sich in Formeln, sogenannten „Großen Sätzen" *(mahavâkya)*, wie z.B.: *tat tvam asi*, „Das bist du", *aham brahmâsmi*, „Ich bin das Brahman", *brahmaivedam sarvam*, „Brahman allein ist dieses All", und *neti neti*, „(Der Âtman = das Brahman ist) nicht so und nicht so (d.h. kennzeichenlos)."

Diese monistischen Grundgedanken fanden ihre klassische Ausgestaltung im hinduistisch-philosophischen System des Advaita-Vedânta, dem Vedânta der „Nicht-Zweiheit", durch Shankara, der um 800 n.Chr. lebte (traditionell 788-820). Shankara entwickelte seine Philosophie der Nicht-Dualität – diese Bezeichnung scheint sich gegen das Sânkhya-System zu wenden – in seinen Kommentaren zu den drei grundlegenden Werken der Vedânta-Philosophie (sog. *prasthâna-traya*), nämlich zu den älteren Upanishaden, der Bhagavadgîtâ und den Brahmasûtras des Bâdarâyana (5. Jh.?), der traditionell als der Stifter des Vedântasystems gilt. So lehrte Bâdarâyana: „Von Brahman gehen Ursprung, Erhaltung und Vernichtung der Welt aus." (Brahmasûtra I,1,2)

Shankaras Advaita-Vedânta ist monistisch und illusionistisch. Seine monistische Grundeinsicht lautet: Alle Wirklichkeit ist enthalten in Brahman und das ist gleich Âtman. Das Brahman heißt daher auch Paramâtman, „höchster Âtman". Vom Brahman wird gesagt, es sei *saccidânanda*, „Sein" *(sat)*, „Geist" *(cit)* und „Wonne" *(ânanda)*.

Soweit der monistische Grundgedanke. Illusionistisch ist diese Lehre, weil sie die Auffassung hegt, daß nur dem Brahman Wirklichkeit zukommt, die Welt, d.h. die Vielheit der Erscheinungswelt, ist Täuschung. Daß der all-eine Geist dem Unwissenden als Vielheit erscheint, liegt an einer Funktion des Brahman, die Mâyâ genannt wird. Mâyâ ist die dem Brahman innewohnende kosmische Illusion und Schöpferkraft, die eine Erscheinungswelt aufbaut. Um den Widerspruch zwischen der evidenten Vielheit der Erscheinungswelt und der behaupteten Alleinheit zu lösen, hat der Advaita-Vedânta eine Konstruktion aus der „Philosophie der Leerheit" *(shûnyatâvâda)* des buddhistischen Philosophen Nâgârjuna (Mûlamadhyamakakârikâ 24,8-9) entlehnt, nämlich die Behauptung einer niederen und einer höheren Wahrheit. Nur dem niederen Wissen zufolge ist die Welt wirklich. Nach dem höheren Wissen ist die Welt unwirklich. Nur auf der Ebene der Unwissenheit ist die Welt Wirklichkeit. Auf der Ebene der metaphysischen Realität erkennt der Wissende ihr Nichtsein. Die Unwissenheit *(avidyâ)* erscheint so als der subjektive Aspekt der Mâyâ, der kosmischen Illusion.

Mit dem sonst so verschiedenen Sânkhya-System hat der Vedânta gemeinsam, daß er seine Philosophie ebenfalls zur Grundlage einer Erlösungslehre macht. Wie im Sânkhya besteht die Erlösung auch hier in einem Erkenntnisakt. Während im Sânkhya die Erlösung durch die Erkenntnis der radikalen Verschiedenheit von Seele und Materie erreicht wird, muß der Vedântî dagegen in der Meditation die Identität von Âtman und Brahman, von Individualseele und Universalseele, realisieren. Der Wissende, der zu dieser Erkenntnis durchgedrungen und ganz von ihr erfüllt ist, gilt als „lebenderlöst" *(jîvan-mukta)*. Er produziert kein neues Karma mehr und kann deshalb nicht mehr wiedergeboren werden. Auch der Vedânta legt somit die Lehre von Karma und Sansâra, von der Tatvergeltung und dem Kreislauf der Wiedergeburten, zugrunde. Wie das Wasser das Lotosblatt nicht berührt, identifiziert sich der Lebenderlöste nicht mehr mit seinem Körper, seinen Taten und der von der Mâyâ vorgegaukelten Erscheinungswelt, die er als irreal erkannt hat. Er lebt in totaler Distanz. Diese Distanz geht soweit, daß auch die Erlösung als bloße Illusion entlarvt wird, was ganz folgerichtig gedacht ist: Die Wirklichkeit ist *eine*, ohne Gegensatz, *a-dvaita*.

Weiterentwicklungen des Advaita finden sich in der theistisch geprägten Philosophie des Vedânta-Reformators Râmânuja (ca. 1056-1137). Er lehrt in seinem Kommentar zur Bhagavadgîtâ einen „qualifizierten Monismus" (Vishishtâdvaita): Gott, der gute Eigenschaften hat, ist vom Bösen in der Welt getrennt. Für Madhva (1199-1278) hingegen, der einen Vedânta der „Zweiheit" (Dvaita-Vedânta) vertrat, war Gott nur Wirkursache und blieb von der Erscheinungswelt getrennt.

Die Götter des Hinduismus
Brahmâ, Vishnu, Shiva

Zwei Götter steigen im epischen und dem sich daraus entwickelnden „klassischen“ Hinduismus der Gupta-Zeit (320-500) zu Hochgöttern auf: Vishnu und Shiva. Zu diesen tritt der alte Gott Brahmâ, der Standesgott der Brahmanen, des Priesterstandes. Zusammen bilden diese drei, Brahmâ, Vishnu und Shiva, die sogenannte Trimûrti, die „Dreigestalt“. In dieser Trimûrti hat man Brahmâ die Rolle des Schöpfers der Welt zugewiesen, Vishnu gilt als ihr Bewahrer und Shiva als Zerstörer. Die Zusammenstellung dieser drei Götter ist jedoch als eine künstliche, ganz und gar oberflächliche Gruppierung zu werten. Das Dreigespann ist rein theoretischer Natur, eine gedankliche Konzeption, entstanden aus dem Bedürfnis nach theistischer Systembildung. Keineswegs ist das Verhältnis dieser drei Götter im Sinne einer theologischen Trinität, einer Dreieinigkeit oder gar Dreifaltigkeit zu verstehen. Es verhält sich eher so, daß die Anhänger der beiden Hochgötter Vishnu und Shiva in Konkurrenz zueinander stehen, in einer Rivalität, die sich auch in zahlreichen Mythen und Legenden niedergeschlagen hat.

In den hinduistischen Quellentexten, vor allem den höchst umfangreichen Legendensammlungen der 18 Purânas und der sich daran anschließenden Literatur der religiösen Überlieferung (Âgama) und Lokaltraditionen (Mâhâtmya), aber auch im lebendigen Kult des heutigen Indien, findet man in aller Regel die Vorstellung von einer „Lieblingsgottheit“ *(ishtadevatâ)*. Der gläubige Hindu verehrt einen *einzelnen* der drei Götter der Trimûrti oder andere, die mit diesen dreien verwandt sind, wie z.B. den elefantenköpfigen Ganesha, den Sohn der Pârvatî, der Gemahlin Shivas, und ordnet die übrigen Göttergestalten des hinduistischen Pantheons dieser Lieblingsgottheit unter. Er schreibt dann seiner „Wunschgottheit" (was *ishtadevatâ* wörtlich bedeutet) alle drei kosmischen Funktionen zu, Schöpfung, Erhaltung und Vernichtung. Man nennt diese Form des Theismus, bei der ein Gott hervorgehoben ist, ohne jedoch den Rest zu verdrängen, Henotheismus. Dieser nimmt eine Mittelstellung ein zwischen Polytheismus und Monotheismus, die es im übrigen beide im Hinduismus ebenfalls gibt. Im Monotheismus gipfeln die Lehren der Bhagavadgîtâ, in der Bhakti, der Hingabe an Gott Krishna. Daneben gibt es im Hinduismus auch polytheistische Gläubige, die mehreren gleichrangigen Göttern mit unterschiedlichen Funktionen huldigen.

Brahmâ

Gott Brahmâ hat im Hinduismus seine beste Zeit bereits hinter sich. Ursprünglich, in der vedischen Religion, meinte das Wort *brahman* (im Neutrum) die wirkmächtige Opferformel, mit der man die Götter zwingen kann, am Opfer teilzunehmen. Diese magische Macht, das kraftgeladene Wort, wurde schließlich als Gott Brahmâ (Maskulinum) personifiziert. Brahmâ hatte in spätvedischer Zeit (um 600-500 v.Chr.) den Gott Feuer, Agni, als Standesgott der Brahmanen abgelöst. In den ältesten Partien des Râmâyana etwa ist es Brahmâs Aufgabe, den Kriegern Wünsche zu gewähren und Waffen an sie auszuteilen. In den buddhistischen Schriften erscheint Brahmâ dann als oberster der Götter in einem eigenen Himmel, und mehr noch, es deutet sich auch bereits sein späterer Abstieg an. In den Jahrhunderten um die Zeitenwende wird er mehr und mehr von den beiden Hochgöttern Vishnu und Shiva verdrängt.

Nicht nur die rivalisierenden hinduistischen Götter machten Brahmâ also seine Position streitig, auch der ebenso antiklerikalistische wie antitheistische Buddhismus versuchte, ihn, Brahmâ, den Hochgott des Priesterstandes der Brahmanen, zu erniedrigen. Es gibt zahlreiche Stellen in den buddhistischen Texten, in denen die Buddhisten am Sockel des hohen Herrn Brahmâ sägen.[25] Diese Belege zeigen, wie auch in buddhistischem Umfeld die Macht des Hochgottes des Priesterstandes bereits in den Jahrhunderten vor der Zeitenwende angegriffen und bestritten wurde.

Doch wollen wir uns nun den ikonographischen Kennzeichen Brahmâs zuwenden, an denen der Priestergott in Kunst und Literatur zu erkennen ist. Brahmâ wird vierköpfig und vierhändig dargestellt. Jeder der vier Köpfe repräsentiert einen der vier Vedas, Rig-, Yajur-, Sâma- und Atharvaveda. Seine vier Hände halten Priesterrequisiten: ein Vedamanuskript, ein Weihwassergefäß *(kamandalu)* mit dem Wasser der Gangâ, Rosenkranz *(akshamâlâ)*, Stab oder Opferlöffel, mit dem der Priester Ghî, d.i. Schmelzbutter, ins Opferfeuer gießt, auch die Schlinge *(pâsha)*, mit der er das Böse und die Unwissenheit fesselt. Oft hält er die Hände in der Geste der Schutzverheißung *(abhayada)* und Wunschgewährung *(varada)*.

Brahmâ sitzt oder steht auf einem Lotos. Bekleidet ist er mit einem schwarzen Antilopenfell, wie es als Tracht auch während des vedischen Opfers Verwendung findet. Stets trägt er die heilige Schnur *(yajñopavîta)*, die den drei oberen Ständen während der Weihe *(dîkshâ)* nach ihrem Lebensabschnitt als Brahmacâri verliehen wird. Brahmâ gilt als der Pitâmaha, der „Großvater", wie er häufig heißt, und als solchen erkennt man ihn an seinem Bart.

Brahmâs Attribut, sein Symboltier oder „Reittier" *(vâhana)*, ist die Gans *(hansa)*. Einer Dichterkonvention zufolge gilt die Gans als ein kluges Tier, das Milch von Wasser unterscheiden kann.

Brahmâs Gemahlin, manchmal auch Tochter oder gar beides, ist Sarasvatî, die Göttin der Gelehrsamkeit, der Wissenschaft, der Rede – sie heißt auch Vâc – und der Künste. Sarasvatî ist daher an ihrer Vînâ, der indischen Laute, zu erkennen. Ihr Symboltier ist der Pfau. Brahmâs Sohn ist der Zwietracht zwischen Göttern und Menschen säende Götterbote Nârada.

Sarasvatî wird auch Sâvitrî oder Gâyatrî genannt. Sâvitrî ist – ebenso wie ihr Gemahl Brahmâ – ein personifizierter Opferspruch. Es handelt sich um eben die Göttin, nach der die uns bereits bekannte Sâvitrî der Mahâbhârata-Legende benannt worden war.

Als Opferspruch ist die Gâyatrî mit der Sâvitrî identisch. Personifiziert jedoch zerfallen sie in zwei verschiedene Göttinnen, die als Gemahlinnen Brahmâs miteinander rivalisieren. Gâyatrî tritt dann neben Sâvitrî als zweite Frau Brahmâs auf.

Brahmâ wird heutzutage nur noch an ganz wenigen Kultstätten in Indien verehrt. Der wichtigste dieser Brahmâ-Wallfahrtsorte ist das Heiligtum in Pushkara im indischen Bundesstaat Râjasthân, einer Oase mitten in der Wüste Thar, etwa zehn Kilometer südwestlich der Stadt Ajmer. Sanskrit „Pushkara" heißt eigentlich „blaue Lotosblüte". So wird traditionell auch der Name des Wallfahrtsortes Pushkara erklärt, nämlich die Blüte *(pushpa)*, die aus der Hand *(kara)* des Gottes Brahmâ gefallen ist. Der Legende von der Entstehung des Wallfahrtsortes Pushkara zufolge soll einst, am Ende des Satyayuga, des „Goldenen Zeitalters", Gott Brahmâ, um die Welt zu reinigen, mit seinen „Handlotossen" eine Lotosblüte aus dem Brahma-Himmel auf die Erde geworfen haben. Die Lotosblüte schlug dreimal auf und verströmte dabei „reines Wasser". So entstanden die drei Pushkara-Seen, die in der Regenzeit in dem Pilgerort zu sehen sind.

Eine andere Legende liefert die Erklärung für den Tatbestand, warum Brahmâ heutzutage nur noch in Pushkara verehrt wird. Einst stieg Gott Brahmâ vom Brahmâ-Himmel nach Pushkara herab, um ein mehrtägiges Frühlingsopfer *(agnishtoma)* durchzuführen. Nachdem er mehrere Hilfsgötter mit den Vorbereitungen für das Opfer beauftragt hat, befiehlt er seinem Sohn, dem Götterboten Nârada, dem Zwietracht-Säer, seine Göttergattin Sâvitrî zum Opfer zu rufen. Nârada überbringt also die Botschaft an Sâvitrî, und sogleich schickt sich Brahmâs Gemahlin an, der Einladung Folge zu leisten. Nârada jedoch, der wieder einmal eine Gelegenheit sieht, Unfrieden zu stiften, schlägt ihr vor, die anderen Göttinnen zum Opfer mitzunehmen. Daraufhin schickt Sâvitrî den Windgott aus, die übrigen Göttinnen zu suchen. Inzwischen kehrt Nârada zum Opferplatz zurück und meldet, seine Mutter sei im Begriff, zusammen mit ihren Freundinnen zu kommen. Allein, Sâvitrî läßt über Gebühr auf sich warten. Da wird Brahmâ ungeduldig und fürchtet, Sâvitrî könne über der Hausarbeit die für das Opfer günstige Stunde verstreichen lassen. Er gibt deshalb dem Indra den Befehl, ein anderes Mädchen zu suchen, das ihm, Brahmâ, während des Opfers zur Seite sitzen solle. Indra macht sich in seinem fliegenden Himmelswagen auf die Suche.

Unterwegs trifft Indra auf ein schönes, lotosäugiges Mädchen aus der niedrigen Kaste der Gûjara – nach ihnen ist auch der Bundesstaat Gujarât benannt –, das einen Topf mit Buttermilch auf dem Kopfe trägt. Die Gûjara sind eine Rinderhirtenkaste, es handelt sich also um eine Kuhmagd oder ein Milchmädchen. Indra steigt von seinem fliegenden Himmelswagen, nimmt dem Mädchen den Krug mit Buttermilch ab und führt es zum Opferpavillon. Er badet das Mädchen und gürtet es mit einem Band aus Muñja-Gras, einem besonderen Gras, aus dem der Gürtel der Brahmanen bestehen sollte. Durch dieses Bad wird das Mädchen von der niedrigen Gûjara-

Kaste in den Stand der Brahmanen erhoben. Dann schmückt man es und führt es zum Opferplatz. Seitdem ist dieses Milchmädchen als Gott Brahmâs zweite Gattin Gâyatrî in aller Welt berühmt.

Der vierköpfige Brahmâ, froh, ein so hübsches Mädchen wie Gâyatrî zur Frau bekommen zu haben, beginnt mit dem Opfer. Doch die Störung läßt nicht lange auf sich warten. Brahmâs Gemahlin Sâvitrî erscheint mit ihren Freundinnen, den Ehefrauen der anderen Götter, auf dem Opferplatz. Als Brahmâ und all die anderen Gottheiten ihrer gewahr werden, senken sie beschämt die Köpfe. Sâvitrî zürnt und spricht einen Fluch über Brahmâ aus. Der Fluch lautet, daß Brahmâ außer in Pushkara nirgends auf der ganzen Erde mehr verehrt werden soll. Die Legende ist also als Aitiologie für das Verschwinden des Brahmâ-Kults zu verstehen.

Nachdem Sâvitrî alle – bis auf Gâyatrî – verflucht hat, fordert Brahmâ sie zerknirscht auf, von ihrem Zorn abzulassen und am Opfer teilzunehmen, wobei Gâyatrî ihre Sklavin sein soll. Sâvitrî lehnt dies ab mit dem Hinweis darauf, daß sie das Gelübde abgelegt habe, sich nur dort niederzulassen, wo sie die Brahmâ gewidmete Musik und die ihm geltenden Preisgesänge nicht hört. Sie besteigt darum die Spitze eines benachbarten Berges, wo sie sich strenger Askese widmet. Auch dieser Zug der Legende ist als Aitiologie zu interpretieren, nämlich als Erklärung des Sâvitrî-Kults auf dem Berg hinter dem Brahmâ-Tempel in Pushkara. Es ist daher der Glaube der Pushkara-Pilger, daß man nach dem Bad im Pushkara-See auch den Sâvitrî-Tempel auf der Bergspitze besuchen muß, um erlöst zu werden. Brahmanen aber sollen sich südlich von der Asketin Sâvitrî niedersetzen und dort einen Rosenkranz lang den Gâyatrî-Spruch rezitieren, was ihnen zu höchstem Verdienst gereicht.

Soweit der Inhalt der Legende, die den Niedergang des Brahmâ-Kults erklärt. Die Legende ist aber auch ein schönes Beispiel dafür, wie lokale Volkskulte auf dem Wege der Identifikation den Anschluß an die überregionale Tradition des Hochhinduismus suchen und auch vollziehen. In der Pushkara-Legende wird Gâyatrî, eigentlich der alte vedische Opferspruch, mit einem Mädchen aus der Gûjara-Kaste identifiziert. Die Gûjara behaupten also, daß ein Mädchen aus ihrer Kaste identisch sei mit der berühmten, als Göttin personifizierten Gâyatrî. Aller Wahrscheinlichkeit nach hat man in der Gestalt des Mädchens eine von dieser Hirtenkaste seit alters verehrte lokale Muttergöttin zu sehen.

Im selben Maße, wie der Brahmâ-Kult verschwand, erstarkten die beiden hinduistischen Hochgötter Vishnu und Shiva. In beiden Glaubensrichtungen, im Vishnuismus wie auch im Shivaismus, wird Brahmâ dem Vishnu bzw. Shiva in dienender Funktion untergeordnet. In vishnuitischen Legenden und künstlerischen Darstellungen etwa sitzt Brahmâ auf einem Lotos, der aus Vishnus Nabel, dem Zentrum des Universums, emporwächst, und wird von Vishnu in immer wiederkehrenden Zyklen mit der Schöpfung der Welt beauftragt. Im Shivaismus hat Brahmâ vor allem die Rolle des Priestergottes inne, etwa, wenn er bei der Hochzeit von Shiva und Pârvatî assistiert.

Vishnu und seine Avatâras

Im Veda erschien Vishnu, wie wir gesehen haben, als der kleinere Genosse Indras, des Gottes des Kriegerstandes. Ursprünglich war auch Vishnu ein Standesgott, nämlich der Gott des Standes der Vaishyas, der Händler, Bauern und höheren Handwerker, und insbesondere fungierte Vishnu als der göttliche Landvermesser, der für die Arier das Land ausschreitet, auf diese Weise vermißt und ihnen zuteilt. Je höher Vishnu in spätvedischer Zeit aufsteigt und Indra nach und nach überflügelt, desto tiefer sinkt

Indras Ansehen. Nur seine Funktion als Gewittergott hat Indra nie an Vishnu abgetreten. Religionssoziologisch betrachtet spiegelt sich in Vishnus Aufstieg, im Aufstieg des Gottes, das Erstarken des Nährstandes, der Vaishyas, gegenüber dem Kriegerstand, den Kshatriyas.

Im Hinduismus ist Vishnu nun, neben Shiva, zu dem einen der beiden Hochgötter geworden. Vishnu ist der freundliche und hilfreiche Gott, dessen zahlreiche Gestalten sich im Kultbild abtasten und streicheln lassen, weshalb die exponierten Stellen an hinduistischen Statuen oft so poliert, ja abgewetzt sind. Vishnu bildet damit den Gegenpol und die Kontrastfigur zu seinem Rivalen Shiva, dessen furchtbarer, zerstörerischer Charakter überwiegt. Vishnu hat etwas Mildes *(saumya)*, Shiva dagegen etwas Heftiges *(raudra)*. Die Vishnu angemessene Verehrungsform ist die fromme Hingabe, die Bhakti; Shiva hingegen erfährt man durch feurige Askese. Vishnu ist der Maßvolle, Shiva der Exzentriker. Diesen gegensätzlichen Charakterzügen wird die traditionelle Einteilung der Trimûrti gerecht, wenn sie Vishnu die Rolle des Erhalters und Bewahrers der Welt zuweist, Shiva hingegen die Funktion des Zerstörers.

Vishnu trägt eine Krone mit Diadem *(kirîta-mukuta)*. Seine vier Hände halten üblicherweise die Attribute: Keule *(gadâ)*, Schneckengehäuse *(shankha)*, Rad *(cakra* bzw. Diskus) und Lotos *(padma)*. Die Keule symbolisiert Autorität und Macht. Das Gehäuse der Meeresschnecke steht mit seiner Spiralform und der Nähe zum fruchtbarkeitspendenden Wasser mit der Schöpfung in Zusammenhang. Bläst man hinein, gibt es einen martialischen Ton; man ruft damit zum Kampf. Das Rad symbolisiert die Macht des Universalherrschers *(cakravartî)*, der nicht nur den gesamten Erdkreis beherrscht, sondern auch den Kreislauf, das „Rad“ *(cakra)*, der Wiedergeburten. Ebenso gilt der Lotos als Glückssymbol. Vishnus typische Geste, als Erhalter *(pâlaka)* der Welt, ist die der Schutzgewährung *(abhayada-mudrâ)*. Vishnu trägt die heilige Schnur, die aus drei Bändern geflochten ist. Die Ohren sind geschmückt mit Makara-Ohrringen in Gestalt von Seeungeheuern. Auf der Brust prangt der Edelstein Kaustubha, darunter kräuselt sich die Haarlocke Shrîvatsa. Bekleidet ist Vishnu mit einem hauchdünnen Hüfttuch *(pîtâmbara)*. Bis hinunter vor seine Schienbeine baumelt eine dicke Girlande aus Waldblüten *(vanamâlâ)*.

Vishnus Symboltier *(vâhana)* ist der mythische Geier Garuda. Auf anderen Darstellungen liegt der Gott auf der im Urozean schwimmenden Weltenschlage Shesha (oder Ananta). Vishnus Gattin ist Lakshmî, die Glücksgöttin, die auch Shrî heißt. Als Nebenfrau gilt Bhûmidevî, die Erdgöttin, die Vishnu in einem seiner zehn Avatâras, nämlich dem als Eber, vom Grund des Ozeans emporholt. Wir sind damit bei dem theistischen System, das für die Vielfalt der vishuitischen Göttervorstellungen verantwortlich ist.

Vishnus Avatâras. In der Bhagavadgîtâ sagt Vishnu in Gestalt des göttlichen Wagenlenkers Krishna von sich: „Denn immer, wenn der Dharma schwindet, o Bhârata, und Adharma sich erhebt, dann emaniere (=erschaffe) ich mich selbst. Zum Schutze der Guten und zur Vernichtung der Übeltäter trete ich von Weltzeitalter zu Weltzeitalter in Erscheinung, um den Dharma aufzurichten." (4,7f.; auch Bhâgavata-Purâna 9,24,56) So lautet die klassische Formulierung der Lehre von den zehn Avatâras Vishnus, von den zehn „Herabstiegen", was Avatâra wörtlich heißt.

Die zehn Avatâras verteilen sich in der spekulativen Kosmochronologie des zyklischen hinduistischen Denkens über die vier Weltzeitalter *(yuga)*, nämlich über Krita-, Tretâ-, Dvâpara-, und Kali-Yuga. Das Krita-Weltzeitalter, das erste und beste, hat die längste Dauer; es währt 1.728.000 Jahre. Das Tretâ-Yuga dauert nur noch 1.296.000 Jahre, das Dvâpara 864.000, und das Kali-Yuga, das schlechteste, geht nach 432.000 Jahren zu

Ende. Das Kali-Yuga, in dem wir zur Zeit in unserem Zyklus leben, hat am 13. Februar 3102 v.Chr. begonnen.

Zusammen dauern die vier Yugas, die Weltzeitalter, 4.320.000 Menschenjahre, vier Yugas wiederum bilden ein Mahâyuga. 1.000 Yugas machen einen *kalpa* aus, eine Weltperiode. Diese Weltperiode ist nichts anderes als ein Tag im Leben des Brahmâ. Und auf jeden Brahmâ-Tag folgt eine Brahmâ-Nacht von derselben Länge. Die Brahmâ-Nacht bildet eine schöpferische Ruhepause, in der die Welt in Vishnu eingeht. So beginnt jeder Kalpa mit der Weltschöpfung und endet mit dem Weltuntergang. Die vier Weltzeitalter kehren zyklisch wieder: Die Welt ist ohne Anfang und ohne Ende.

Diese Weltzeitalter stellen einen fortwährenden Abstieg, eine Verschlechterung im Sinne eines moralischen Niedergangs und Sittenverfalls dar. Und das ist der Grund dafür, warum Vishnu, der Hochgott, sich in immer wieder neuen „Herabstiegen", in Avatâras, selbst „entlassen", selbst erschaffen muß, um dem Verfall des Dharma Einhalt zu gebieten.

Im Gegensatz zu dieser Dekadenztheorie, die in der Lehre von den sich ständig verschlechternden Zeitaltern enthalten ist, kommt nun in der Avatâra-Spekulation aber auch ein Aszendenzgedanke zum Ausdruck, also die Vorstellung von einer ständigen Verbesserung. Die Avatâra-Reihe hält sich nämlich streng an eine geradezu „darwinistisch" anmutende Evolution, eine Fort- und Höherentwicklung von Avatâras in Tierform hin zu menschlichen Gestalten. Unter religionsgeschichtlicher Betrachtung erkennen wir in der Avatâra-Lehre eine Einschmelzung älterer, zum Teil sehr archaischer Kulte und Glaubensvorstellungen, die ihre Popularität auch Fruchtbarkeitssymbolen wie z.B. dem Fisch verdanken mögen.

In ihrer klassischen Ausformumg umfaßt die Avatâra-Reihe zehn Stationen. Die ersten vier Herabstiege finden im besten Zeitalter, im Krita-Yuga, statt, und zwar:

1. Fisch *(matsya)*. Vishnu steigt in Fischgestalt aus seinem Himmel Vaikuntha herab, um die vier Vedas wieder vom Meeresgrund zurückzuholen. Ein Vorläufer dazu findet sich bereits in der Sintflutsage des Shathapathabrâhmana.[26]

2. Schildkröte *(kûrma)*. Um Vishnus Avatâra als Schildkröte rankt sich die folgende Legende. Einst lagen Götter und Dämonen im Streit. Die Dämonen wurden immer stärker, bis die Götter keine Möglichkeit mehr sahen, sie zu besiegen. Da wandten sich die Götter in ihrer Not an Vishnu, und Vishnu gab ihnen folgenden Rat: Er empfahl ihnen, sich mit den Dämonen vorerst gütlich zu einigen. Um ihnen das Friedensangebot schmackhaft zu machen, sollten sie den Dämonen eine Art Köder anbieten. Und zwar sollten sie ihnen vorschlagen, mit ihnen zusammen das uranfängliche Milchmeer zu quirlen, solange, bis alle Butter ausfällt und Amrita, der Trank der Unsterblichkeit, übrigbleibt. Er, Vishnu, werde dann dafür sorgen, daß die Dämonen zwar an der Arbeit, der Quirlung des Milchozeans, teilhätten, nicht aber an der Frucht dieser Mühe, dem Amrita. Die Dämonen gehen auf diesen Handel ein, und die Quirlung findet folgendermaßen statt: Als Quirlstab dient der mythische Berg Mandara, als Quirlseil die Riesenschlange Vâsukî. Die Götter ziehen am einen Ende der Schlange, die Dämonen am anderen. Während des Quirlens jedoch versinkt der Quirlstab, also der Berg Mandara, im Milchmeer, und nun steigt Vishnu herab als Schildkröte. Die Schildkröte taucht auf den Meeresgrund, legt sich mit ihrem Rückenpanzer als festes Fundament unter den Berg und sorgt so dafür, daß das Milchmeer ausgebuttert werden kann, bis der Unsterblichkeitstrank, das Amrita, übrigbleibt. Man mag in dieser Legende Reflexe alter Milchkulte erkennen.

3. Eber *(varâha)*. Der Dämon Hiranyâksha hat die Erdscheibe in den Ozean versenkt. Er hält damit die

Erdgöttin (Bhûdevî, Bhûmidevî oder Prithivî) gefangen. Vishnu steigt herab als Eber, taucht auf den Grund der See, vernichtet den Dämon und holt mit seinen Hauern die Erdscheibe wieder vom Meeresgrund empor. Damit rettet er die Erdgöttin, die, wie wir sahen, neben Lakshmî, der Glücksgöttin, als seine Gattin gilt.

4. Mannlöwe *(nrisinha)*. Am Ende des „Goldenen Zeitalters" verrichtet Vishnu seine rettende Heilstat in der Gestalt eines Mannlöwen, der in seiner Zwittergestalt den Übergang von den tiergestaltigen zu den menschlichen Verkörperungen darstellt. Im vorhergehenden „Herabstieg" als Eber hatte Vishnu einen Dämon namens Hiranyâksha, „Gelbauge", getötet. Dieser Hiranyâksha nun hat einen Bruder, den Dämon Hiranyakashipu („Gelbgewand"). Hiranyakashipu hat von Brahmâ die Gunst erwirkt, daß er weder von einem Menschen, noch von einem Tier, weder *in* einem Haus, noch außerhalb, weder bei Tag, noch bei Nacht getötet werden kann. Er wird daher immer übermütiger und dreister, schwingt sich zum König aller Wesen auf und errichtet ein Unrechtsregime, bis Götter und Menschen schließlich auf seine Beseitigung drängen. Hiranyakashipu hat einen Sohn namens Prahlâda, einen glühenden Verehrer Vishnus. Seine Frömmigkeit ärgert den Vater Hiranyakashipu – als Dämon ein natürlicher Feind der Götter – über die Maßen. Eines Tages – in der Dämmerung, Vater und Sohn stehen gerade im Hauseingang, es ist also weder Tag noch Nacht und man befindet sich weder *im* Haus noch außerhalb – rühmt der fromme Prahlâda wieder einmal Vishnus Allgestalt, und höhnisch fragt der Vater, ob Vishnu denn auch in der Säule, vor der er selbst gerade steht, zu finden sei. In seinem Übermut gibt Hiranyakashipu der Säule einen Fußtritt – da teilt sich diese, und heraus tritt Vishnu in seiner Gestalt als Mannlöwe: weder Mensch noch Tier, und also fähig, den durch Brahmâs Gunst geschützten Dämon Hiranyakashipu zu besiegen. Der

Mannlöwe zerfleischt den Dämon, Recht und Gesetz sind wieder gerettet. Prahlâda, der fromme Sohn und Vishnu-Verehrer, beerbt seinen Vater als König und regiert gerecht und gottesfürchtig. – Ganz offenkundig ist diese Legende nachträglich zurechtgemacht worden als Aitiologie, um die Zwittergestalt des Mannlöwen zu erklären. Die wahren Ursprünge dieser Avatâra-Form liegen dabei im dunkeln.

Im zweiten Zeitalter, dem etwas schlechteren Tretâ-Yuga, werden drei „Herabstiege" notwendig, und zwar:

5. Zwerg *(vâmana* oder *trivikrama)*. In dieser Gestalt setzt sich die ursprüngliche Funktion Vishnus, die ihm im vedischen Schrifttum zugeschrieben wird, fort, nämlich sein Wirken als göttlicher Feldmesser. Der Vâmana-Avatâra nimmt auf den alten vedischen Trivikrama-Mythos Bezug, jedoch in abgewandelter, ja abgeschwächter Form. Wieder einmal haben die Dämonen die Götter von der Herrschaft verdrängt, und Vishnu muß zu Hilfe eilen. Diesmal wendet er nicht, wie bisher in den früheren Verkörperungen, rohe Gewalt an, sondern er greift zu einer List. Als der Dämonenkönig Bali gerade ein Opfer durchführt, eine Handlung, bei der er als Opferherr einem Brahmanen keine Bitte abschlagen darf, verwandelt Vishnu sich in einen brahmanischen Zwerg und stellt eine Bitte an den Dämonenkönig: Er bittet ihn um ein Stück Land, und zwar, ganz bescheiden, um soviel, wie er mit drei Schritten ausschreiten kann. Der Dämonenkönig sieht keine Gefahr eines schweren territorialen Verlustes in dem Wunsch des Zwerges und gewährt die Bitte. Da aber nimmt Vishnu seine wahre Riesengestalt an und schreitet die gesamte Erdscheibe aus. Bali, dem Dämonenkönig, bleibt kein Platz mehr auf der Erde, und er muß in die Unterwelt weichen. Ikonographisch wird Vishnu mit Bezug auf diesen fünften „Herabstieg" sowohl als Zwerg (Vâmana) dargestellt, wie auch als Riese (Trivikrama) mit im Ausschreiten hoch ausgestrecktem Bein.

6. Râma mit der Axt (Parashurâma). Dieser Herabstieg als Râma mit der Axt (der mit dem folgenden Avatâra als Râma von Ayodhyâ nichts zu tun hat) drückt in legendärer Form den alten und bis heute fortbestehenden Konflikt zwischen dem Stand der Krieger und dem der Priester aus. Es kommt zu einem Streit zwischen Brahmanen und Kshatriyas, als einmal der Kshatriyakönig Kârtavîrya bei dem Brahmanen Jamadagni zu Gast weilt. Der Streit wird dadurch ausgelöst, daß der Kriegerkönig dem Brahmanen die Wunschkuh raubt. Vishnu nimmt dies zum Anlaß, in der Verkörperung als Sohn des Jamadagni, eben als Râma mit der Axt, die Kshatriyas zu vernichten. Die Legende ist Ausdruck unverhüllten brahmanischen Wunschdenkens.

Die folgenden zwei „Herabstiege“ sind in Indien bis auf den heutigen Tag ganz besonders populär.

7. Râma und das Râmâyana. Die Legenden und Mythen, die sich um Râma, Sohn des Königs Dasharatha von Ayodhyâ, gebildet haben, finden sich vor allem im Râmâyana[27] des Vâlmîki und der volkssprachlichen Nachdichtung des Tulsîdâs.[28] Das Râmâyana, „das Epos vom Leben Râmas“, hat einen Umfang von 24.000 Doppelversen. Wegen seiner dichterischen Schönheit gilt es der Sanskrit-Tradition als die „Ur-Kunstdichtung“, als Âdikâvya. Die ältesten Partien des Râmâyana entstanden etwa in der Zeit von 500-300 v.Chr. Als Autor des ursprünglichen Teils gilt (der möglicherweise historische) Vâlmîki. Nach ihm haben zahlreiche Redaktoren das Epos mehrfach überarbeitet. Was das Verhältnis des Râmâyana zu dem anderen großen Sanskrit-Epos, dem Mahâbhârata, betrifft, so ist „der echte Hauptteil jünger als die ältesten und älter als die jüngsten Teile des Mahâbhârata“ (von Simson). Motive und Erzählstoffe des Râmâyana begegnen uns in der Welt des Hinduismus auf Schritt und Tritt. Deshalb scheint an dieser Stelle ein Abriß des Inhalts des Epos angebracht.

Dasharatha, der alternde König von Ayodhyâ, hat vier Söhne von drei Frauen: Râma, der älteste, Sohn der Kausalyâ, Bharata, Sohn der Kaikeyî, sowie Lakshmana und Shatrughna, Söhne der Sumitrâ. Dasharatha möchte Râma als Jungkönig einsetzen. Dem widersetzt sich jedoch seine Gattin Kaikeyî: Sie besteht auf der Einlösung von Dasharathas einstigem Versprechen, daß sie zwei Wünsche frei habe, und sie verlangt nun, daß ihr Sohn Bharata die Herrschaft erhält und Râma für 14 Jahre im Urwald in Verbannung leben muß. Dasharatha muß seiner Frau den Willen tun, aber darüber stirbt er vor Kummer.

Râma fügt sich dem Beschluß widerstandslos, geleitet von Pietät und Pflichtbewußtsein. In Begleitung seiner Frau Sîtâ, der Ziehtochter des Königs Janaka von Videha, die er einst zur Gemahlin gewonnen hatte, weil er als einziger einen gewaltigen Bogen des Gottes Shiva hatte spannen und sogar zerbrechen können, begleitet auch von seinem Halbbruder Lakshmana, zieht Râma aus der Hauptstadt nach Süden, wo er im Urwald auf dem Berg Citrakûta eine Einsiedelei, einen Âshrama, errichtet. Dort leben die drei eine Zeitlang inmitten der prächtigen Natur. Alsbald aber ziehen sie noch tiefer hinein in die Wildnis.

Für zehn Jahre leben die drei im Dandaka-Wald, wo sie die Asketen vor den Nachstellungen der dämonischen Râkshasas schützen. Sie gründen die Einsiedelei Pañcavatî und leben darin in einer Hütte. Die Auseinandersetzungen mit den Râkshasas gewinnen an Schärfe: Die abscheuliche und dabei mannstolle Dämonin Shûrpanakhâ, „die Krallen hat so groß wie Worfelkörbe", macht den Brüdern Râma und Lakshmana amouröse Anträge. Abgewiesen, greift die Riesenhexe wütend Sîtâ an, woraufhin Lakshmana das Ungeheuer zur Strafe verstümmelt. Es kommt zu einer ersten Schlacht gegen das Dämonenheer, wobei Râma allein im Blutrausch alle 14.000 Râkshasa samt ihrer Generäle tötet. Daraufhin wendet sich Shûrpanakhâ an ihren Bruder, den zehnköpfigen Râvana, Herrscher über die Insel Lankâ, die traditionell mit der Insel Ceylon identifiziert wird. Râvana zwingt den Dämon Mârîca, sich in eine goldene Gazelle zu verwandeln; auf deren klagenden Hilferuf hin schickt Sîtâ Râma und Lakshmana zu ihr. So kann Râvana in der Verkleidung als wandernder Bettelmönch die schutzlose Sîtâ in seine Gewalt bringen und nach Lankâ entführen. In einem Hain von Ashoka-Bäumen wird sie auf der Dämoneninsel gefangengehalten. Sîtâ, Inbegriff der tugendhaft-keuschen Ehegattin, widersetzt sich allen Schmeicheleien des Dämonenkönigs.

Um Unterstützung zu gewinnen, begeben sich die beiden Halbbrüder Râma und Lakshmana nach Kishkindhâ, der Hauptstadt des Affenreiches. Râma hilft dem Affenkönig Sugrîva bei einem Machtkampf und versichert sich so dessen Hilfe. In seiner Suche nach Sîtâ wird Râma nun unterstützt von dem riesigen Heer der Affen, angeführt von dem Affenminister und -fürsten Hanumân. Nach langer erfolgloser Suche erfahren sie, daß Sîtâ auf Lankâ festgehalten wird.

Hoch fliegt die Phantasie des Dichters bei der atemberaubenden Schilderung des gewaltigen Sprungs, mit dem der riesenhafte Hanumân nach Lankâ übersetzt. Dort findet der Affenminister nach langer Suche Sîtâ im Ashoka-Hain und weist sich vor der erstaunten Entführten mit Râmas Ring als Erkennungszeichen aus. Sîtâ möchte von Râma persönlich gerettet werden und gibt dem Affenminister ihrerseits einen Ring als Zeichen für Râma. Hanumân macht sich nun daran, Lankâ zu zerstören, läßt sich aber gefangennehmen, um Râvana von Angesicht zu Angesicht zu treffen. Als Gesandter ist Hanumân unverletzlich, allerdings zündet Râvana aus Rache den Schwanz des Affen an. Hanumân aber nützt die Gelegenheit, um mit seinem brennenden Schwanz die Hauptstadt von Lankâ in Brand zu setzen und zu zerstören. Nicht ohne sich zu vergewissern, daß Sîtâ unverletzt ist, springt er zurück nach der Affenhauptstadt Kishkindhâ. Voller Freude tobt die Affenherde durch König Sugrîvas Blumengarten.

Râma zieht mit dem Affenheer nach Süden zur großen Entscheidungsschlacht gegen den Dämonenfürsten Râvana. Dessen Bruder, der tugendhafte Dämon Vibhîshana, läuft zu Râmas Heer über und wird als Gegenherrscher über Lankâ eingesetzt. Am Ende der langen, erbitterten Schlacht ist von den Horden der Dämonen nur noch Râvana am Leben, dessen zehn Köpfe, wenn abgeschlagen, unaufhörlich nachwachsen. Doch mit der Hilfe von Indras Streitwagen und Wagenlenker kann Râma auch den Dämonenfürsten im abschließenden Zweikampf töten.

Die ursprüngliche Fassung des Epos endete hier mit der glücklichen Vereinigung und Heimkehr von Râma und Sîtâ nach Ayodhyâ. Bald aber wurde die Dichtung erweitert um eine dramatische Schlußwendung. Râma zieht die Keuschheit der entführten Sîtâ in Zweifel, und Sîtâ muß durch ein Ordal ihre Unberührtheit durch Râvana beweisen. Sie besteigt einen Scheiterhaufen, bleibt jedoch von den Flammen unberührt. Nun erscheinen die Götter und enthüllen Râma, daß er, der Held und ideale Krieger, göttliche Natur besitzt. Gott Agni übergibt die unversehrte Sîtâ ihrem Gemahl. Die 14 Jahre der Verbannung sind vorüber; in Râvanas Himmelswagen fliegen alle nach Ayodhyâ zurück. Mit Pracht und Prunk wird Râma in die Herrschaft eingesetzt, und das Epos endet mit der Vergöttlichung von Sîtâ und Râma. Sîtâ, die einst der Erde entstiegen war – ihr Name bedeutet „Furche“ – wird auch wieder von der Erde verschluckt. Nach zehntausend Jahren seiner „Râma-Herrschaft“, dem Râmarâjya, und nach dem Tod seines treu ergebenen Halbbruders Lakshmana übergibt Râma die Herrschaft an seine Söhne Kusha und Lava und bringt sich selbst zusammen mit seinen beiden anderen Halbbrüdern und dem Heer der Affen öffentlich im Flusse Sarayû als Opfer dar.

Soweit der Inhalt des Râmâyana, das sich in Indien bis hin nach Tibet, aber auch in Südostasien, wo das Râmâyana in den weltbekannten javanischen Schattenspielen fortlebt, bis auf den heutigen Tag einer ungeheuren Beliebtheit erfreut. Alljährlich beim Dashaharâ-Fest am zehnten Tag der zweiten Hälfte des Hindu-Mondmonats Âshvina (etwa im Oktober) am Ende der Regenzeit feiern die Hindus den Sieg Râmas über den Dämonen Râvana. Überall in Indien werden bei dieser Gelegenheit die Râmalîlâs aufgeführt, Laienschauspiele, bei denen man die Mythen, Legenden und Sagenstoffe des Râmâyana zehntausendfach wiederholt und erneuert. So sind die Themen und Figuren des Râmâyana jedem Inder von Kindheit an vertraut. Nach dem Vorbild dieser Râmalîlâs, der religiösen Schauspiele, wurde das Râmâyana unlängst im indischen Fernsehen als Serie ausgestrahlt. Zur Sendezeit waren die Straßen im ganzen Land wie leergefegt. Vor den Bildschirmen wurden Räucherstäbchen entzündet und Râma-Pûjâs, Huldigungsriten, abgehalten, – ein Publikumserfolg, von dem Bibelverfilmer nur träumen können. Die Serie war derart erfolgreich, daß sogleich die *serialization* des Mahâbhârata sowie der Krishna-Legenden in Angriff genommen wurde.

Râma ist der vollendete Held aus dem Stande der Kshatriyas, der Krieger. Seine Haupttugenden sind Wahrhaftigkeit und Heldenmut, außerdem der durch Pietät den Eltern gegenüber gebotene Gehorsam. Demgemäß ist es seine ursprüngliche Aufgabe, für die Aufrechterhaltung der gesellschaftlichen Ordnung zu wachen, heute würde man sagen: für law and order zu sorgen. Denn: *Râmo dharmabhritâm varah*, „Râma ist der beste unter denen, die den Dharma aufrechterhalten." Unter Dharma ist hier ursprünglich die im säkularen Sinn gesellschaftliche Ordnung zu verstehen. Erst in späterer Zeit wird es als Râmas Aufgabe gesehen, für die Aufrechterhaltung der Religion, des religiösen Weltgesetzes wie auch der sich daraus ableitenden ethisch-moralischen Pflichten zu sorgen. Der ursprünglich säkulare, profane Epenstoff wird im Zuge der Brahmanisierung mehr und mehr sakralisiert. Indra – nicht etwa Vishnu, und erst recht nicht Râma – ist die Hauptgottheit der frühen Schichten des Epos; Râma ist „durchaus Mensch“ (Jacobi), ein menschlicher Held, Krieger und König, dem Schicksal unterworfen.

Vishnu wird im Râmâyana zunächst nur sehr selten erwähnt, als ein Gott unter vielen, und das nur in stereotypen Vergleichen. Die einzige direkte Erwähnung leugnet sogar die Identität von Râma mit Vishnu, steht also in völligem Gegensatz zur späteren Entwicklung des Vishnuismus, wo Râma dann eine immer wichtigere Stellung einnimmt, bis er schließlich als Avatâra, als „Herabkunft“ Vishnus, und von vielen Gläubigen sogar als Hochgott angesehen wird. Im Hindi bedeuten in manchen Gegenden die Worte „Râm Râm“ als Gruß soviel wie „Grüß Gott“.

Ein Überblick über das Râmâyana wäre nicht vollständig, ohne daß nicht auch ein paar Worte zu Sîtâ, Râmas Gattin, gesagt würden. Zusammen mit der bereits mehrfach erwähnten Sâvitrî aus dem anderen großen Epos Mahâbhârata, gilt sie der hinduistischen Tradition als der Inbegriff einer tugendsamen, gattentreuen Ehefrau, einer Pativratâ, d.h. einer Frau, die nach dem Gelübde lebt, ihrem Gatten treu und gehorsam ergeben zu sein. Patriarchalisches Wunschdenken setzt dieses Idealbild einer gattentreuen Ehefrau gleich mit bedingungsloser Unterwerfung, und die brutale Konsequenz aus diesem patriarchalischen Besitzdenken war das Ritual der Satî, bei der die Gattin, die ihren Mann überlebt, sich zusammen mit der Leiche ihres Mannes auf dem Scheiterhaufen verbrennen läßt, um als sein Besitz mit ihm ins Jenseits zu gehen. Die Witwenverbrennung wurde im übrigen bereits im Jahre 1829 in Indien verboten.

Aber das Klischee der unterwürfigen Pativratâ wird der Gestalt der Sîtâ im Râmâyana keinesfalls gerecht. Natürlich liebt Sîtâ ihren Gemahl, und sie bleibt ihm treu, trotz aller Schmeicheleien und Drohungen ihres Entführers Râvana. Dennoch ist sie ihrem Gatten Râma gegenüber, wenn es sein muß, alles andere als schüchtern, demütig oder unterwürfig. Sie hat ihren eigenen Kopf und stellt Râma, wenn nötig, zur Rede. Nicht nur, daß sie darauf besteht, ihn ins Exil zu begleiten; als Râma bei der Unterstützung der Asketen im Kampf gegen die Râkshasas übertrieben hart und aggressiv gegen die Gegner vorgeht – er allein erschlägt ihrer 14.000 in einer Schlacht –, stellt sie ihn zur Rede und mahnt zur Mäßigung. Gegenüber der von Râma verfochtenen Kriegerethik vertritt Sîtâ das Ideal der Gewaltlosigkeit, der Ahinsâ. Und mag auch das Feuerordal zum Beweis ihrer Unberührtheit durch Râvana ein späterer Zusatz sein, so ist auch diese Episode doch geprägt von Sîtâs Mut und Entschlossenheit, die Feuerprobe zu bestehen. Gemäß den Gesetzen des magischen Denkens, insbesondere auch der Wortmagie, bleibt Sîtâ von den Flammen genauso unberührt wie von den Nachstellungen des Dämonenfürsten. Und auch zum Schluß des Epos benimmt sie sich nicht wie ein willenloses Anhängsel ihres Pati, ihres „Herrn“, was der Ausdruck für Ehegatte im Sanskrit wörtlich bedeutet, sondern beendet alle Zweifel an ihrer Keuschheit, die trotz des Feuerordals noch geblieben sein mögen, indem sie die Erde anruft, sie zu verschlucken. Weit davon entfernt, als bei lebendigem Leib verbrannte Witwe, als Satî, „die Gute“, ihren Mann als Besitzstück ins Jenseits zu begleiten, kehrt Sîtâ, „die Furche“, zurück in das Element, aus dem sie stammt, in die Erde. Natürlich ist dieses dichterische Motiv inspiriert von alten Erd- und Fruchtbarkeitsriten, vom Mutterkult, der in Indien, wie wir sahen, seit ältesten Zeiten belegt ist, und der sich auch hier im Râmâyana gegen die patriarchalische Kriegerethik behauptet.

8. Krishna und die Bhagavadgîtâ. Im dritten und abermals schlechteren Zeitalter, dem Dvâpara-Yuga, findet

nur eine Verkörperung Vishnus statt, dafür aber eine ganz besonders wichtige: Vishnu steigt herab in Gestalt des Gottes Krishna. Die Krishna-Legenden finden sich im Harivansha, einem Anhang zum Mahâbhârata, und vor allem im Bhâgavatapurâna.

Krishna, wörtl. der „Schwarze", „der gefeiertste Held der indischen Mythologie und die volkstümlichste aller Gottheiten" (Apte), ist Sohn des Vasudeva und der Devakî. In Mathurâ, am Flußlauf der Yamunâ, hat der böse König Kansa die Herrschaft usurpiert. Ihm wird geweissagt, daß er durch einen Sohn des Vasudeva und der Devakî gestürzt werden wird. Kansa läßt deshalb alle Kinder der beiden umbringen. Erst das siebte Kind, Krishnas älterer Bruder Balarâma, und das achte, Krishna, können gerettet werden. Krishna wird dadurch verschont, daß man ihn heimlich zu seinen Zieheltern Nanda und Yashodâ bringt. In deren Haus in Vrindâvana verbringt er seine Kindheit und Jugend zusammen mit seinem Bruder Balarâma unter Hirten in idyllischer Landschaft am Flußlauf der Yamunâ. Schon als Kind zeigt sich nach und nach seine göttliche Stärke. Der Säugling besitzt übermenschliche Kräfte und verrichtet Wundertaten. Er beleidigt Indra, und als der es zur Strafe aufs heftigste regnen läßt, stemmt Krishna den Berg Govardhana, um ihn als Schirm über die unschuldigen Hirten zu halten. Dadurch wird er von Indra und auch den Hirten als Gott erkannt und fortan verehrt. Trotzdem verübt Krishna weiterhin jugendliche Streiche und führt ein lustiges und ungebundenes Leben. Er tändelt mit den Hirtinnen, und auch als Butterdieb macht das Kind Krishna sich einen Namen. Im Fortgang der Krishna-Sage kommt es zur Konfrontation von Krishna und dem Usurpator Kansa, der im Kampf von Krishna getötet wird.

In einer bestimmten Richtung des Hinduismus, und zwar im Krishnaismus, ist Krishna zum Hochgott aufgestiegen und hat Vishnus Stelle eingenommen. In der

Zehn-Avatâra-Lehre des Krishnaismus nimmt dann Krishnas älterer Bruder Balarâma, der an seiner Pflugschar zu erkennen ist, den achten Herabstieg ein.

Die hinduistische Tradition sieht Krishna auch als den Verkünder der Bhagavadgîtâ an. Sie ist *das* heilige Buch, das vielen, wenn nicht der Mehrzahl der Hindus als der Grundtext des Hinduismus überhaupt gilt. Die Forderung der heutigen Hindu-Fundamentalisten lautet z.B., daß in jedem Hindu-Haushalt ein Exemplar der Bhagavadgîtâ vorhanden sein soll. Der vollständige Name der Bhagavadgîtâ lautet Bhagavadgîtopanishad, traditionell gilt der Text also als eine Upanishad. Kurzgefaßt heißt er dann Bhagavadgîtâ, „der Gesang des Erhabenen", oder man spricht einfach von der Gîtâ.[29]

Die Bhagavadgîtâ ist ein didaktischer Einschub von 18 Kapiteln mit rund 700 Versen Länge im Mahâbhârata (Buch 6 = Bhîshmaparvan, Kap. 23-40). R. Garbe datiert die „ursprüngliche Bhagavadgîtâ in die erste Hälfte des zweiten Jahrhunderts v.Chr".

Innerhalb der Rahmengeschichte des Mahâbhârata hat die Bhagavadgîtâ den folgenden Platz: Krishna, der König der Yâdavas, kämpft in der großen Schlacht zwischen den verfeindeten Sippen der Pândavas und Kauravas als Verbündeter der Pândavas. Er fungiert als Wagenlenker des Arjuna, einem der fünf Pândava-Brüder, und übt damit ein rituelles Amt aus. An zentraler Stelle des Epos, gerade vor der großen Schlacht, als sich die Heere der feindlichen Sippen der Pândavas und Kauravas gegenüberstehen, zaudert Arjuna, denn er hat Bedenken, seine Verwandten im Kampf zu erschlagen. Daraufhin verkündet ihm Krishna das Lehrgedicht namens Bhagavadgîtâ, um ihn zum Kampf zu ermuntern – mit Erfolg.

Schon das zweite Kapitel der Bhagavadgîtâ enthält die wichtigsten Lehren dieses Grundtextes des Hinduismus. Dabei handelt es sich um zum Teil widersprüchliche Vorstellungswelten, wie vor allem der Kriegerethik und der Asketenethik, die sich in ihren diametral entgegengesetzten Forderungen der kriegerischen Gewalt und der weltentsagenden Gewaltlosigkeit nicht miteinander vereinbaren lassen. Die hinduistische Tradition – bis hin zu Mahatma Gandhi – hat jedoch immer wieder theologische Interpretationen zur Auflösung dieser Widersprüche entwickelt, etwa daß die Aufforderung zum Kampf im übertragenen Sinn als Kampf zwischen Gut und Böse in der Brust eines jeden Menschen (so Gandhi) zu verstehen sei.

Krishna bewegt sich im Rahmen der altindischen Kriegerethik, wenn er Arjuna zum Kampf auffordert mit der Begründung: „Denn etwas Besseres als einen gerechten Krieg gibt es für einen Krieger nicht." (2,31; Übersetzungen aus der Gîtâ nach Garbe). Tod im Kampf, so verheißt er, führe direkt in den Himmel (2,32). Die Erringung von „Ruhm" *(kîrti)* sei die Standespflicht der Kshatriyas, des Kriegerstandes, sei der Svadharma, die individuelle Pflicht des Kshatriya (2,33). „Nicht-Ruhm" *(akîrti)* dagegen sei schlimmer als der Tod (2,34). Im übrigen könne Arjuna nur gewinnen, denn ein etwaiger Tod im Kampf führe den Krieger in den Kriegerhimmel, Sieg im Kampf dagegen bringe weltliche Herrschaft mit sich (2,37).

Unvereinbar mit dieser Kriegerethik sind die Einflüsse der Asketenethik, die ebenfalls bereits im zweiten Kapitel der Gîtâ zum Tragen kommt, vor allem der Lobpreis der Gewaltlosigkeit, der Asketentugend der Ahinsâ, des „Nicht-Schädigens" (auch in 11,55).

Die Bhagavadgîtâ lehrt drei Erlösungswege: den Weg der selbstlosen Tat *(karmamârga)*, den philosophischen Weg der Erkenntnis *(jñânamârga)* und als dritten und höchsten den Weg der Hingabe an Gott *(bhaktimârga)*.

1) Der Weg der selbstlosen Tat *(karmamârga)* bezweckt die Aufgabe der Bindung an die Werke (2,39). Nur das Werk zählt, nicht die Frucht (2,47f). Das Ideal

dieses Weges der Werke ist die Anâsakti, das „Nicht-Anhaften“ eines „von Anhaftung Freien“: „Wer, indem er nicht an der Frucht der Taten hängt, die Tat, die getan werden muß, tut, der ist ein Entsager *(sannyâsî)* und ein Yogî, nicht der, der kein (häusliches) Feuer unterhält, und auch nicht der Untätige.“ (6,1). „Freude und Schmerz, Gewinn und Verlust, Sieg und Niederlage für gleich erachtend, rüste dich also zum Kampf; so wirst du keinen Makel auf dich laden“, (2,38) rät Krishna dem Arjuna.

2) Der Weg der Erkenntnis *(jñânamârga)* benutzt als seine Methode den Yoga, der detailliert in den Versen 6,10-26 geschildert wird. Da heißt es:

Der Yogî soll sich immerdar in Versenkung üben, an einem einsamen Orte allein weilend, sein Denkorgan und sein Selbst im Zaum haltend, ohne Erwartungen und ohne Besitz. An einem reinen Orte bereite er sich seinen bleibenden Sitz, der nicht zu hoch und nicht zu niedrig, mit einem Tuch, einem Fell oder Kusha-Gras bedeckt sei. Auf einem solchen Sitze sich niederlassend, richte er seinen inneren Sinn auf einen *Punkt; die Tätigkeit des Denkorgans und der Sinne im Zaum haltend, übe er Versenkung zur Läuterung des Selbsts. Rumpf, Haupt und Hals gerade und unbeweglich haltend, blicke er ohne sich zu rühren auf seine Nasenspitze und schaue nach keiner Richtung hin. Mit ruhigem Gemüt, frei von Furcht, dem Gelübde der Keuschheit treu, seinen Sinn bezwingend und seine Gedanken auf mich richtend, sitze er in Versenkung da, ganz mit mir beschäftigt. Der Yogî, der sich auf diese Weise immerdar in Versenkung übt und seinen Sinn im Zaum hält, erreicht die Ruhe, die schließlich zur Erlösung (nirvâna) führt und von mir abhängt.*

Ziel des Yoga ist also die Ruhe *(shânti)* sowie der Gleichmut (2,48). Durch Yoga erlangte Ruhe und Gleichmut haben zur Folge, daß wie von selbst die Erlösung, das Nirvâna, eintritt. Erlangt wird die Erlösung von dem,

„dessen Erkenntnis fest gegründet ist" *(sthita-prajña*, 2,55f.). Das Lob der Erkenntnis wird in den folgenden Versen gesungen:

„Selbst wenn du der sündhafteste unter allen Sündern wärest, würdest du doch allein mit dem Boot der Erkenntnis über alle Schuld hinübersetzen. Wie ein angezündetes Feuer das Brennholz zu Asche verbrennt, o Arjuna, so verbrennt das Feuer der Erkenntnis alle Werke zu Asche. Denn ein der Erkenntnis vergleichbares Läuterungsmittel gibt es hier auf Erden nicht; dieses aber findet der durch den Yoga zur Vollkommenheit gelangte mit der Zeit von selbst in sich selbst. Der Gläubige gewinnt die Erkenntnis, der nur auf sie bedacht ist und seine Sinne im Zaum hält. Wenn er die Erkenntnis gewonnen hat, so gelangt er schnell zur höchsten Ruhe." (4,36-39).

Die philosophische Grundlage dieser Erkenntnis ist das dualistische System der Erlösungsphilosophie des Sânkhya, das von einer radikalen Trennung von Seele und Materie ausgeht, wobei auch der Geist zum Bereich der Materie gehört und die Erlösung vom anfangs- und endlosen Kreislauf der Wiedergeburten eben durch die meditative Einsicht in die grundsätzliche Verschiedenheit von Geist und Seele erreicht wird. Sânkhya-Lehren liegen der folgenden Argumentation Krishnas zugrunde, mit der er Arjuna zum Kampf anstachelt. Die Seele – so führt Krishna aus – sei unzerstörbar und kann deshalb nicht getötet werden:

„Es vergehen bekanntlich diese Leiber der ewigen, unvergänglichen und unermeßlichen Seele. Darum kämpfe, o Nachkomme des Bharata! Wer diese Seele für einen Töter hält und wer meint, daß sie getötet werde, die beide erkennen sie nicht. Sie tötet nicht und wird nicht getötet. Sie wird nicht geboren noch stirbt sie jemals, sie ist nicht geworden, noch wird sie in Zukunft nicht mehr sein. Ungeboren, beständig, ewig, uranfänglich wird sie nicht getötet, wenn der Körper getötet wird … Aber auch,

wenn du meinst, daß er beständig geboren werde und beständig sterbe, darfst du doch, o Starkarmiger, ihn nicht beklagen. Denn dem Geborenen ist das Sterben sicher, und ebenso dem Gestorbenen das Geborenwerden. Deshalb darfst du nicht um eine Sache klagen, die unvermeidlich ist. " (2,16-30)

3) Der Weg der Hingabe *(bhaktimârga)* jedoch ist diesem philosophischen Weg der Erkenntnis noch vorzuziehen. Nach Ansicht der hinduistischen Tradition ist deshalb die Essenz der Gîtâ im Schlußvers des elften Kapitels (11,55) enthalten, wo es heißt: „Wer die Werke um meinetwillen tut, mich als Höchsten hat, mir ergeben ist, frei von Anhaftung (an die Früchte der Tat und an weltliche Dinge überhaupt), wer keinem Wesen gegenüber Feindschaft hegt, der geht zu mir ein, o Pândava."

Wichtigster und höchster Erlösungsweg ist demzufolge die Bhakti, die Hingabe an Gott, – und zwar an *einen* Gott, nämlich an Krishna. Damit lehrt die Bhagavadgîtâ Monotheismus. Der vedische Polytheismus ist überwunden und wird abgelöst durch eine neue Qualität theologischen Denkens.

Nachdem wir die Avatâras Vishnus als Râma und Krishna wegen ihrer eminenten Bedeutung ausführlicher dargestellt haben, können wir die beiden letzten „Herabstiege" mit einigen wenigen Sätzen vorstellen.

9. Buddha. Zu Beginn des Kali-Yuga, des schlechtesten Zeitalters, in dem wir zur Zeit leben, beseitigt Vishnu in seinem Buddha-Avatâra, womit der Stifter des Buddhismus gemeint ist, die blutigen Opfer des Veda, verleitet aber auch die Schwachen dazu, vom Veda abzufallen. Hier wird der Buddhismus vom Hinduismus vereinnahmt.

10. Kalkin, eine messianische Gestalt, erscheint auf einem Schimmel mit flammendem Schwert, um am Ende des gegenwärtigen schlechtesten Zeitalters, wenn alles in Dunkelheit versinkt und der Dharma niedergebrochen ist, die Barbaren *(mleccha)* zu vernichten. Als Barbaren

gelten die Muslims und Europäer, insbesondere die Engländer. Kalkin wird auch pferdeköpfig dargestellt.

Soweit die klassische Lehre von den zehn Avatâras Vishnus. Die Zahl der „Herabstiege“ wurde in späteren Zeiten erweitert. So gibt es beispielsweise Vishnuiten, denen es keine Schwierigkeiten bereitet, auch Jesus als einen Avatâra Vishnus zu interpretieren; ein „Krista“-Purâna erzählt die einschlägigen Legenden. Mahatma Gandhi gilt vielen seiner Verehrer als eine zumindest Avatâra-ähnliche Gestalt. Und selbst Karl Marx wurde als Avatâra Vishnus die Aufnahme in das hinduistische Pantheon der Neuzeit zuteil – ein Akt kühner Sakralisierung, der mit dem Indologenschlagwort „Inklusivismus“ nur unzulänglich erklärt werden kann.

Über den zum Teil noch ganz archaische Züge tragenden Avatâras darf man jedoch nicht Vishnu, den Hochgott, in dem das gesamte All enthalten ist, aus den Augen verlieren. Es ist dies eine Gottesvorstellung auf höchstem denkerischen und theologischen Niveau; im Sanskrit ist sie zusammengefaßt in dem Begriff Vishvarûpa, was soviel heißt wie „der sämtliche Erscheinungen in sich birgt und umfaßt“, Theopanismus also in reiner Form. Kehren wir zum Abschluß des Kapitels über Vishnu noch einmal zur Bhagavadgîtâ zurück, weil hier die Glaubensvorstellung von Vishnus Allgestalt seine klassische Ausprägung gefunden hat. Krishna, der, wie wir sahen, als Avatâra des Hochgottes Vishnu auftritt, enthüllt dem Pândava-Helden Arjuna (im 11. und 12. Kapitel) in visionärer Schau seine „Allgestalt“ *(vishvarûpa)*.

Die Allgestalt Vishnus ermöglicht auch die eigentlich vishnuitischen Heils- und Erlösungsvorstellungen. Denn der Erlöste geht, „ohne Verlust an Individualität“,[30] in dieser Allgestalt Vishnus auf: „Du sollst nachher in mir leben. Darüber gibt es keinen Zweifel“ (Gîtâ 12,8).

Stellenweise klingt der Text der Bhagavadgîtâ hier wie eine Beschreibung einer Statue, etwa, wenn die ikonographischen Attribute Vishnus, nämlich Diadem, Keule und Diskus, aufgezählt werden, oder wenn man dem Betrachter den Schmuck, die Waffen, Kränze, Kleider und Duftsalben vor Augen führt. Diese Requisiten dienen auch heute noch im alltäglichen Ritual dazu, die Götterbilder in den Tempeln wie auch zu Hause zu verehren.

Arjuna sprach: „Ich wünsche deine göttliche Gestalt zu schauen. Wenn du meinst, daß diese von mir geschaut werden kann, so zeige du mir dich selbst, den Unvergänglichen." Der Erhabene sprach: „So erblicke meine Gestaltungen zu Hunderten und Tausenden, die verschiedenartigen, göttlichen, die von verschiedenen Farben und Formen sind ... Hier in meinem Leibe erblicke heute die ganze Welt vereinigt samt allem Beweglichen und Unbeweglichen, und was immer sonst du zu schauen wünschest. Aber du wirst nicht imstande sein, mich mit diesem deinem eigenen Auge anzuschauen. Ich gebe dir ein göttliches Auge. Nun sieh meine göttliche Wunderkraft." Nachdem er so gesprochen, da zeigte Hari (=Vishnu), der große Herr der Wunderkraft, dem Arjuna seine höchste göttliche Gestalt. Mit vielen Mündern und Augen, mit vielen wunderbaren Dingen anzuschauen, mit vielem himmlischen Schmuck, viele himmlische Waffen schwingend, himmlische Kränze und Kleider tragend, mit himmlischen Wohlgerüchen und Salben ausgestattet, voll von allen Wundern, die göttliche, unendliche, mit Gesichtern in allen Richtungen. Da erblickte Arjuna in diesem Leibe des Gottes der Götter die ganze Welt vereinigt, die mannigfach geteilte. Da neigte sich der Schätzeerbeuter, von Staunen erfüllt, das Haar gesträubt, mit dem Haupte vor dem Gott und sprach mit zusammengelegten Händen: „Ich erblicke, o Gott, in deinem Leibe die Götter und alle die Scharen der verschiedenen Wesen, Brahman, den Herrn auf seinem Lotossitze, alle Weisen und die himmlischen Schlangen(wesen). Mit vielen Armen, Bäuchen, Mündern und Augen erblicke ich dich, dessen Gestalt von allen

Seiten unbegrenzt ist. Kein Ende, keine Mitte, auch keinen Anfang erblicke ich an dir, o allgestaltiger (vishvarûpa) Herr des Alls. Ein Diadem, eine Keule und einen Diskus tragend – als eine nach allen Seiten hin strahlende Lichtmasse – so erblicke ich dich, den schwer anzuschauenden, ringsum wie flammendes Feuer und wie die Sonne leuchtenden, unermeßlichen. Du bist das unvergängliche, höchste zu Erkennende, du bist der erhabene Behälter dieses Alls, du bist der ewige Behüter des unveränderlichen Gesetzes; als der uranfängliche Purusha wirst du von mir angesehen. Ohne Anfang, Mitte und Ende, von unendlicher Kraft, mit zahllosen Armen, mit Sonne und Mond als Augen, so erblicke ich dich, mit einem Munde aus flammendem Feuer, durch deine Glut dieses All erwärmend. Dieser Raum zwischen Himmel und Erde ist ja von dir allein erfüllt, und alle Himmelsgegenden. O unendlicher Herr der Götter, Stütze der Welt, du bist das Unvergängliche, Sein und Nichtsein und was jenseits von diesen beiden ist. Du bist der Urgott, der uranfängliche Purusha, du bist der erhabene Behälter dieses Alls; du bist der Erkenner und das zu Erkennende, die höchste Stätte. Von dir wird dieses All durchdrungen, o Unendlichgestaltiger. Du bist von unendlicher Kraft und von unermeßlicher Stärke. Alles durchdringst du, darum bist du alles.“ (Bhagavadgîtâ, 11. Kapitel).

Shiva und seine Familie

Shiva heißt in der Grundbedeutung des Wortes soviel wie „freundlich“, „wohlwollend“. Im ganzen überwiegt jedoch der „furchtbar-gewaltige“ Aspekt des Gottes, um die Charakterisierung Gondas aufzugreifen.[31] Shiva ist der sinnliche Gott, nicht nur zerstörerisch furchtbar, sondern auch zeugend fruchtbar, von gigantischer, ja göttlicher Potenz. Sein Familienleben ist idyllisch, aber seine Askese erschreckend in ihrer Hitze und Härte. Shiva ist in jeder Hinsicht maßlos.

Der Hochgott Shiva des Hinduismus ist entstanden aus Göttergestalten der vorindoarischen, autochthonen Völker, wie etwa dem gehörnten Gott der Industalkultur. Diese sind zusammengeflossen mit dem vedischen Seuchengott Rudra, aber auch mit Agni, dem Gott Feuer, ursprünglich Standesgott der Brahmanen.

Shiva hat seine Haare aufgetürmt zu der asketischen Haarflechtenkrone; in den gedrehten, aschebeschmierten Flechten trägt er die Mondsichel, Schlangen und die Gangâ, die sowohl als Wasserfontäne, als auch personifiziert als Flußgöttin dargestellt wird. Auf der Stirn steht senkrecht (im Gegensatz zu Indras waagrechtem Stirnauge) das dritte Auge, das Auge der Erkenntnis, weshalb Shiva auch der Dreiäugige *(Trilocana)* genannt wird. Seine vier Arme halten die Attribute Dreizack *(trishûla)*, Trommel *(damaru)*, Schlinge *(pâsha)* und Keule *(gadâ)*; aber auch Antilope, Axt, Bogen und Schädelstab sind häufig. Auf südindischen Darstellungen überwiegen Axt und Antilope, in Nordindien Dreizack und Kobra. Häufig führt er die Gesten der Wunschgewährung und Schutzverheißung aus. Shiva hüllt sich in Raubtierfelle, meist ein Tigerfell; von den Hüften baumeln Raubtierköpfe. Um den Nacken ist eine Kobra geschlungen. Sein blauschwarzer Körper ist nach Art der Asketen mit Asche beschmiert und scheint dann weißlich. An den Füßen trägt er Holzsandalen mit einem Knopf zwischen erster und zweiter Zehe, ebenfalls die Tracht der Asketen. In Meditation sitzt Shiva auf einem Tigerfell.

Sein Symboltier ist der Buckelstier Nandî, „die tierische Manifestation seines Wesens“ (Gonda). Den Asketen Shiva begleitet manchmal auch ein Hund, der als unreines Tier gilt.

Shivas Gattin heißt Pârvatî, die „Tochter der Berge“, nämlich des Himâlaya; sie trägt auch den Namen Umâ.

Shivas Söhne sind der elefantenköpfige Ganesha und der sechsköpfige Skanda. Genaugenommen darf man nur Skanda als Shivas Sohn bezeichnen, denn Ganesha gilt als der alleinige Sohn Pârvatîs, die ihn ohne Zutun Shivas aus ihrem Badewasser, den Badeessenzen und den Unreinheiten ihres Körpers geformt und belebt hat. Andererseits ist Skanda allein aus dem Samen Shivas entstanden, ohne von Pârvatî ausgetragen worden zu sein. Shiva wohnt mit seiner Familie auf dem mythischen Berg Kailâsa im Himâlaya.

Ganesha, der „Herr der Scharen", der alleinige Sohn der Pârvatî, ist ein überaus populärer Gott, der auch von Buddhisten, z.B. in Shrî Lankâ, verehrt wird. Ganesha, der auch Ganapati heißt, ist Hüter der Wissenschaft und der Schrift, ebenso der Beseitiger aller Hindernisse (Vighneshvara, Vinâyaka), weshalb er von den Wissenschaftlern vor Beginn eines Werkes verehrt und um Beistand angefleht wird: „Om Ganeshâya namah!"

Ganesha hat einen Elefantenkopf, ist dickbäuchig und bewegungsfaul. Weil er Naschwerk liebt, trägt er eine Schale mit Süßigkeiten. Ganesha hat nur einen Stoßzahn (Ekadanta), mit dem er nach Vyâsas Diktat das Mahâbhârata geschrieben hat. Sein Symboltier ist die Ratte. Er sitzt auf einem Lotos. Ganeshas Gattinnen sind „Erfolg" *(Siddhi)* und „Intelligenz" *(Buddhi)*.

Der in Südindien besonders beliebte Gott Skanda ist jüngerer und alleiniger Sohn Shivas. Er heißt auch Skandakumâra, Kumâra, Kârttikeya, in Südindien Subrahmanya oder Murugan. Der Name Skanda läßt sich übersetzen mit „der Hüpfer, der Springer", was möglicherweise auf eine bestimmte Kampftechnik deutet: Als Kumâra, als „Prinz", ist er ein jugendlicher Kriegsgott, ja der General der Götter, und löst als solcher den vedischen Indra ab.

Skanda hat sechs Köpfe. Sein Symboltier ist der Pfau *(mayûra)* oder, wenn er als General der Götter auftritt, der Elefant. Als Attribute trägt er vor allem Waffen: Speer, Pfeil und Bogen, Schwert, Axt, Donnerkeil, Schild, Siegesfahne, aber auch Glocke, Rosenkranz oder einen Hahn.

Der Name Kârttikeya, „Der von den Plejaden *(krittikâ)* abstammt", wird im Shivapurâna durch folgende Legende erklärt: Shiva, der soeben seiner Gattin Pârvatî beigewohnt hat, läßt seinen Samen auf Agni in Gestalt einer Taube fallen. Der durch die asketische Hitze, das Tapas, des göttlichen Asketen Shiva erhitzte Same ist selbst für den Gott Feuer, Agni, zu heiß, und er schleudert Shivas Samen weiter in die Gangâ. Der himmlische Strom fängt an zu kochen und wirft den Samen wieder aus. Daraus entsteht ein schöner Knabe. „Sechs (!) Königstöchter (die Plejaden), die zum Baden an den Fluß kamen, sahen den Knaben, und eine jede nannte ihn ihren Sohn. Und da sie ihm ihre Brüste darboten, nahm der Knabe sechs Köpfe mit sechs Mündern an, und er wurde von einer jeden von ihnen gesäugt. Deshalb heißt er Kârttikeya, ‚der von den Krittikâs abstammt'." Tatsächlich aber hatte er keine Mutter, denn Skanda wurde allein von seinem Vater gezeugt.

Kârttikeya war es bestimmt, gegen den bösen Dämon Târaka anzutreten. Nach langen Kämpfen vernichtete schließlich der Göttergeneral den Götterfeind. Die Legenden um Skandakumâra wurden behandelt von Kâlidâsa, dem größten Dichter der Sanskrit-Literatur, in seiner Dichtung *Kumârasambhava*.[32]

Wir hatten gesehen, daß gemäß der Vorstellung von Vishnus Allgestalt die Erlösung in Vishnu das Aufgehen in Gott unter Beibehaltung der persönlichen Identität bedeutet. Shivaitischer Theologie zufolge besteht die Erlösung in Shiva dagegen im Eingehen in Gott unter Verlust der persönlichen Identität. Diese Erlösungslehre zeigt sich von der Philosophie des Vedânta beeinflußt: Die Individualseele, der Âtman, ist identisch mit der

Universalseele, dem Brahman, und der Akt der erlösenden Erkenntnis hat zur Folge, daß der Âtman sich im Brahman verliert.

Shivas Tanz

Die wohl bekannteste Darstellung des Gottes Shiva ist die als Shiva Natarâja, als „Shiva der Gott des Tanzes". Wir finden diese Vorstellung in einer Vielzahl von südindischen Bronzestatuen, die um das Jahr 1100 n.Chr. entstanden sind. In den meisten Museen, die über eine Sammlung indischer Kunst verfügen, ist auch ein Shiva Natarâja zu besichtigen.[33]

Die Darstellung Shivas als Gott des Tanzes symbolisiert sowohl die Erschaffung, als auch die Zerstörung des Universums. Shiva tanzt seinen kosmischen Tanz inmitten eines Flammenkranzes: Der Tanz erschafft, das Feuer zerstört. Unter seinen Füßen bricht der gewaltige Tänzer dem Dämon der Unwissenheit Apasmâra das Rückgrat. Um die Fußgelenke trägt er mit Glöckchen versehene Ringe, mit denen er den Takt des Tanzes stampft. Shiva Natarâja hat vier Arme: die rechte untere Handfläche – um das Handgelenk ringelt sich eine Kobra – ist dem Betrachter in der Geste der Schutzverheißung entgegengestreckt. Der linke untere Arm vollführt balancierend die sogenannte „Elefantengeste". Die rechte obere Hand hält die zweifellige, wie eine Sanduhr geformte Klöppeltrommel Damaru, mit deren ohrenbetäubendem Getöse Shiva die Schöpfung eintrommelt. Mit dem Damaru trommelnd locken im übrigen auch indische Gaukler und Affendressierer ihr Straßenpublikum an. Die linke obere Hand wiederholt das Feuermotiv des umgebenden Flammenkranzes: auch sie hält Feuer. Schwungvoll wirbeln in der Bewegung des Tanzes das Hüfttuch und die asketischen Haarflechten. Auf der oberen Flechte rechts vom Haupt des Gottes erkennen wir die Flußgöttin Gangâ in anbetender Haltung. Einem Mythos zufolge hat Shiva die Gangâ, eine schöne junge Frau, in seinem aufgetürmten Haarschopf aufgefangen, als sie vom Himmel fiel. Den Kopf des Gottes schmücken schließlich ein Diadem mit Totenschädel und die bekannte Mondsichel.

Der Heilsweg der Inbrunst – Bhakti

Eine der wichtigsten religiösen Ausdrucksformen des Hinduismus wird mit dem Begriff Bhakti benannt. Bhakti heißt wörtlich „Teilhabe“ und bezeichnet so die inbrünstige, liebevolle Hingabe an Gott, wäre also, in anderem kulturellen Kontext, beinahe mit Islam wiederzugeben. Sie findet sich in den verschiedensten religiösen Systemen Indiens bis hin zum Mahâyâna-Buddhismus.

Bhakti war uns im übrigen ja bereits begegnet – in der Bhagavadgîtâ, die sogar als der Haupt- und Grundtext der Bhakti gilt. Im 11. und 12. Kapitel der Bhagavadgîtâ findet der Weg der liebenden Hingabe, der Bhakti-Weg, der allen Menschen, ungeachtet ihrer sozialen Herkunft und intellektuellen Fähigkeiten, offensteht, seinen höchsten Ausdruck. Das 12. Kapitel der Gîtâ betont ausdrücklich den Vorrang des Bhakti-Weges vor allen anderen, indem Arjuna an Krishna die Frage richtet: „Die dich als hingebungsvolle Verehrer *(bhakta)*, die immerzu mit dir verbunden sind, verehren, oder diejenigen, die das Unvergängliche und Unentfaltete (verehren), welche von diesen beiden (Verehrern) wissen mehr über den Yoga?“ Und Krishna läßt mit seiner Antwort keinen Zweifel: „Die den Geist auf mich richten und immer mit mir verbunden mich mit höchstem Glauben *(shraddhâ)* verehren, die sind enger mit mir verbunden.“ (12.1 2)

Im jüngeren Hinduismus gewinnt nun die volkstümliche Frömmigkeitsbewegung der Bhakti eine überragende Bedeutung. Im Gegensatz zu der ritualisierten vedischen Orthodoxie und dem sinnenfeindlich-asketischen Yoga ist die Bhakti emotional, gefühlsbetont. Sie legt auch keinen Wert auf esoterisches Geheimwissen, wie es etwa in den

Upanishaden gepflegt wurde, sondern steht weltzugewandt als Massenbewegung für alle sozialen Schichten der Bevölkerung offen. Gläubige Inbrunst ist nicht Sache des Verstandes, sondern des Gefühls. Bhakti ist auch nicht so frauenfeindlich wie die vedische Tradition und der Yoga, sondern ausgesprochen frauenfreundlich.

Vor allem der Krishna-Kult ist ganz von Bhakti durchdrungen. Der Krishna-Gläubige empfindet sein Leben in der Welt als Trennung von Gott. Religiöse Erlösung liegt für ihn in der Vereinigung mit Gott. Der Weg dazu ist die Hingabe an Gott, eben Bhakti.

Die Trennung des Menschen von Gott wird in der Bhakti mit der Trennung von Liebenden verglichen, wobei der Gläubige sich als die Geliebte des göttlichen Liebhabers Krishna sieht. Ein wesentliches Element des Krishna-Kultes besteht nun darin, daß der Bhakta – ein Bhakta ist ein Anhänger der Bhakti – sich möglichst intensiv in den Trennungsschmerz der verlassenen Geliebten hineinsteigert, indem er sich beispielsweise die Schönheit des anmutigen, flötespielenden Hirtenknaben Krishna in seiner religiösen Phantasie ausmalt. Dadurch gelangt der Gläubige näher zu Gott. Es kommt so ein stark erotisches Element in die Bhakti, über dem man jedoch nicht den mystischen Hintergrund aus den Augen verlieren sollte.

Die Heimat des Krishna-Kultes ist die Gegend von Vrindâvana um Mathurâ, südlich von Delhi 80 Kilometer vor Âgrâ gelegen. Hier, am Ufer der Yamunâ, tändelt der Hirtenknabe Krishna, auch Govinda oder Hari genannt, mit den Gopîs, den Kuhhirtinnen. Er betört sie durch sein Flötenspiel, seinen Tanz, die lockenden Gebärden seines blauschwarzen, gelbgewandeten Körpers. Seine Braut aus der Schar der Hirtinnen heißt Râdhâ. Mit dieser Râdhâ identifiziert sich der Gläubige besonders. Und sein Schmerz entzündet sich immer wieder an der Untreue Krishnas, der, betört durch den Liebreiz der anderen

Hirtinnen, seiner Râdhâ im Frühlingsreigen abtrünnig wird.

Die Dichtung Gîtagovinda, das „(Kunstgedicht), in dem Govinda (=Krishna) in Liedern besungen wird", ist einer der letzten Höhepunkte der klassischen Sanskrit-Poesie, um 1200 n.Chr. von dem bengalischen Hofdichter Jayadeva verfaßt. Es behandelt in künstlerisch formvollendeter Weise die Trennung von Krishna und Râdhâ. In eingängigen Liedern voller Rhythmus und Wohlklang, die mit erzählenden Versen in konventionellen Kunstmetren eingeleitet werden, besingt es zunächst den Frühlingsreigen des verliebten Krishna, der mit den Hirtinnen flirtet, aber dabei von Râdhâ beobachtet wird. Das Kunstgedicht behandelt nun samtliche Stufen der Trennung und des Trennungsschmerzes zwischen den Liebenden: Eifersucht, Reue, Sehnsucht, Verlangen, bis hin zur glücklichen Wiedervereinigung. Alle diese Schilderungen lassen sich auf zwei Ebenen lesen: auf der weltlich-erotischen und auf der religiös-mystischen.

Das Gîtagovinda erfreut sich in Indien größter Beliebtheit und wird noch heute in fast allen Gegenden des Subkontinents als Singspiel aufgeführt, im Jagannâtha-Tempel zu Purî im Osten ebenso wie im südwestlichen Keralâ.

Ich möchte nun als Beispiel erotisch-mystischer Bhakti-Gebete, die vor allem durch die spätere mittelalterliche Volksdichtung überaus populär wurden und bis heute gesungen werden, ein Lied aus dem Gîtagovinda anführen. (Sarga 1,38-45=Prabandha 4,2-9) Es behandelt Krishnas Tanz mit den Gopîs, der das inbrünstige Verlangen des Gläubigen zu Gott symbolisiert. Eine Freundin schildert Krishnas Braut Râdhâ Krishnas ausgelassenes Spiel mit den anderen Kuhhirtinnen:

Sandelgesalbter blauschwarzer Körper
im gelben Gewand waldblumenbekränzt,

Ohrringe schmücken die lächelnden Wangen,
schwingen hin und her im Liebesspiel.
Hari hier im Kreise betörter Bräute
tändelt, o Freundin, in heiterem Spiel.

Ein Hirtenmädchen mit vollen Brüsten
leidenschaftlich den Hari umarmt.
Er spielt auf der Flöte, sie singt es ihm nach,
sie jauchzt in der Tonart der Liebe.
Hari hier im Kreise betörter Bräute
tändelt, o Freundin, in heiterem Spiel.

Betört und versunken sinnt eine and're
nach über Krishnas Lotosgesicht,
das durch das hurtige Spiel seiner Augen
in ihrem Herzen entstanden ist.
Hari hier im Kreise betörter Bräute
tändelt, o Freundin, in heiterem Spiel.

An ihn geschmiegt, den Anschein sich gebend,
als wollt' sie ihm leise flüstern ins Ohr,
küßt eine Hirtin mit runden Hüften
dem Geliebten die Wange, lockt Schauer hervor.
Hari hier im Kreise betörter Bräute
tändelt, o Freundin, in heiterem Spiel.

Die Kunst seiner Liebe ersehnt eine andre
am Ufer des Yamunâ-Flusses,
zieht mit der Hand ihn am seidnen Gewand
zur Laube im lieblichen Röhricht.
Hari hier im Kreise betörter Bräute
tändelt, o Freundin, in heiterem Spiel.

Shrî Jayadeva hat besungen
das Geheimnis von Krishnas Liebesspiel
im Wald von Vrindâvan; dies Lied soll verbreiten
Krishnas glorreichen Segen.
Hari hier im Kreise betörter Bräute
tändelt, o Freundin, in heiterem Spiel.

Der Heilsweg der Magie – Tantrismus

Während wir uns im letzten Kapitel mit der Bhakti beschäftigt hatten, wollen wir uns nun dem Tantrismus[34] zuwenden, der in mancherlei Hinsicht einen Gegenpol zur Bhakti bildet. Beide Kultformen, Bhakti wie Tantrismus, treten sektenübergreifend auf, finden sich also im Vishnuismus gleichermaßen wie auch im Shivaismus oder anderen Strömungen des vielschichtigen Glaubenskonglomerats des Hinduismus. Beide, Bhakti und Tantrismus, prägen in entscheidender Weise das Gesicht vor allem des heutigen hinduistischen Kults. Man kann den Hinduismus also nicht nur unter theistischen Gesichtspunkten klassifizieren, also etwa als Vishnuismus, Shivaismus oder Shaktismus, sondern auch nach den im Kult vorherrschenden Verehrungsformen, wobei entweder die Bhakti oder der Tantrismus dominieren. Die beiden Kultformen können aber durchaus auch vermischt auftreten.

Im landläufigen Sprachgebrauch ist in Indien heute Tantrismus gleichbedeutend mit schwarzer Magie *(abhicâ ra)* oder Hexerei, ein Tântrika gilt als suspekter Hexenmeister, den zaubergläubige Kunden zur Durchführung geheimer, mysteriöser Praktiken aufsuchen, etwa wenn sie mit Hilfe der Magie Heilung von Krankheiten suchen oder andere Unbill abwenden oder zufügen wollen. Dieser geheime, streng esoterische Zauber-Tantrismus im engeren Sinne hat durchaus etwas Anrüchiges.

So eng darf man den Tantrismus jedoch nicht fassen. Tantrismus ist nämlich, wir sagten es bereits, eine Kultform, die sich mit den verschiedensten Göttern und Göttinnen verbinden kann. So verstanden bezeichnet man als Tantrismus den Heilsweg der Magie im Kontext des jüngeren Hinduismus. Der Tantrismus beginnt etwa ab der Mitte des ersten Jahrtausends n.Chr. Tantrismus wird oft, besonders auch von den Hindus selbst, mit Shaktismus gleichgesetzt. Unter Shaktismus versteht man jedoch die Verehrung weiblicher Gottheiten, z.B. Muttergottheiten, in der Tradition des Hochhinduismus, wo diese weiblichen Gottheiten dann das weibliche Element, die Shakti, das bedeutet die „Kraft“, der männlichen Götter wie z.B. Shiva oder Vishnu repräsentieren. Richtig an dieser Gleichsetzung ist, daß auch der Shaktismus sich oft mit magisch-tantrischen Praktiken verbindet. Da jedoch tantrische Magie auch außerhalb des Shaktismus auftritt, müssen beide Richtungen des Hinduismus getrennt behandelt werden, und zwar zunächst der Tantrismus als das allgemeinere Phänomen, sodann der Shaktismus, der uns im nächsten Kapitel beschäftigen wird.

Im Tantrismus beobachten wir also das Fortleben und die Weiterentwicklung der Magie im jüngeren Hinduismus. Der Tantriker greift hierbei zurück auf das vedische Opferritual, das er jedoch in vielfältiger Weise weiterentwickelt. Die Lehren und Praktiken des Tantrismus sind nicht auf der vergleichsweise primitiven Stufe des vedischen Rituals anzusetzen, sie bergen vielmehr die gesamte Tradition des Vedismus, Brahmanismus und älteren Hinduismus in sich, benutzen also die Magie in verfeinerter, sublimierter, raffinierter Form.

Das Wort Tantra kommt von der Verbalwurzel *tan*, die „spannen“ bedeutet. Die Grundbedeutung des Wortes Tantra ist denn auch „Webstuhl“; dann, im abstrakteren Sinne „Was sich hindurchzieht“, „das Wesentliche“. Tantra kann aber auch soviel wie „Kapitel“ heißen und bezeichnet daher ferner die Werke einer bestimmten Literaturgattung, nämlich der Literatur des Tantrismus, insbesondere des Shaktismus.

Der traditionellen Einteilung gemäß ist die Shruti (=Veda) die Literatur des Krita-Yuga, die Smriti (Shâstras, Sûtras, Mahâbhârata, Râmâyana) gehört zum Tretâ-Yuga, die Purânas zum Dvâpara, und die Tantras sind religiös-philosophische Werke unserer degenerierten Endzeit, des Kali-Yuga.

Das magische Ritual prägt in entscheidender Weise den Charakter des Tantrismus. Während die Brâhmanas Handbücher sind für das vedische Opferritual, dienen die Tantras als Handbücher *(nibandha)* für die hinduistische Pûjâ, die Götter- und Idolverehrung.

Indem der Tantrismus auf das magische Denken zurückgreift und es nicht nur wiederbelebt, sondern auch verfeinert und sublimiert, setzt er die Gesetze der Magie voraus. Hierbei spielt insbesondere die Analogie von Mikrokosmos und Makrokosmos eine wichtige Rolle. Der Analogiezauber wird im Tantrismus in Gedanken, Worten und Taten ausgeführt, insbesondere auch unter Zuhilfenahme von Bildern, oder in Drama und Tanz, auch durch Symbole wie z.B. Gesten *(mudrâ)*.

Yantra und Mandala. Der magisch-rituelle Raum im tantrischen Mikrokosmos wird vor allem durch zwei Gebilde repräsentiert, die Yantra und Mandala heißen. Yantra und Mandala ermöglichen den Analogiezauber im Schema von Mikrokosmos und Makrokosmos. Die Stelle des traditionellen vedischen Opferplatzes nimmt nun, im tantrischen Ritual, das Mandala ein. Denn ebenso, wie der vedische Opferplatz temporär auf- und wieder abgebaut wurde – im Gegensatz zum späteren stationären Tempel –, wird nun ein Kreis oder Vieleck gezeichnet, eine geometrische Umrißzeichnung, in die man die Gottheiten bannt. Das Zeichnen der Figur – oft von bewundernswerter künstlerischer Vollendung und hohem ästhetischem Reiz – auf Stein, Holz, Leder, Papier o.ä. ist bereits Bestandteil des tantrischen Rituals.

Dabei bildet das Mandala das mikrokosmische Gegenstück zum makrokosmischen Universum. Ein Mandala bietet daher Platz für viele verschiedene Gottheiten. Das ganz ähnlich angelegte Yantra hat hingegen nur Platz für einen Gott. Dabei läßt sich die Zeichnung des Yantra als das mikrokosmische Abbild eines Tempels verstehen. Genauso wie bei einem Tempel hat der Gott, der darin wohnt, seinen Platz in der Mitte, dem Allerheiligsten. Das Yantra ist dementsprechend viereckig; seine Tore öffnen sich nach den vier Himmelsrichtungen. Darüber hinaus beinhaltet das Yantra oft die Form eines Lotos mit acht bzw. sechzehn oder sechs bzw. zwölf Blättern. In solchen Yantras und Mandalas findet das tantrische Ritual statt. Nach Beendigung des Rituals jedoch werden Yantra und Mandala wieder zerstört: Hierin offenbart sich magische Furcht vor Mißbrauch.

Genauso, wie der vedische Opferpriester die Götter auf den Opferplatz rief, bannt nun der tantrische Pujârî, wenn er Mandala oder Yantra fertiggestellt hat, die Götter in diesen Mikrokosmos hinein. Er benutzt dazu das Verfahren der Wortmagie, murmelt magische Silben und Formeln, sogenannte Mantras, die ihrerseits wiederum bestimmte Gottheiten symbolisieren können.

Mantra. In der vedischen Tradition bezeichnet Mantra den wirkmächtigen Opferspruch und ist damit der ursprünglichen Bedeutung des Wortes *brahman* eng verwandt. Im Mantra kristallisiert sich die Wortmagie des Tantrismus. Das wohl bekannteste Mantra ist die Silbe *om*, die mikrokosmisch das gesamte Universum repräsentiert. Eine ähnlich zentrale Bedeutung nimmt die Gâyatrî ein. Gâyatrî ist ursprünglich der Name eines vedischen Versmaßes und speziell der Name eines in diesem Metrum rezitierten Spruches, einer magischen Formel, die – neben der berühmten Silbe *om* – als die heiligste und wirkmächtigste aller Zaubersprüche des Veda gilt. Die Gâyatrî lautet: *tát savitúr várenyam / bhárgo devásya dhîmahi / dhíyo yó nah pracodáyât*, „...daß wir dieses wünschenswerte Licht des Gottes Savitar empfangen, der unsere Inspiration anregen soll". (Rigveda 3.62.10,

Übers. Gonda) Die hinduistische Tradition hält mehrere Übersetzungen dieses Mantra bereit, aber sie sagt selbst, daß es auf die Bedeutung der Silben gar nicht so sehr ankomme. Was zählt, ist der magische Gehalt. Die Gâyatrî bildet auch den Mittelpunkt der in der Dämmerung zu haltenden Morgen- und Abendandacht der Brahmanen. Ihr wird eine besonders reinigende Wirkung zugeschrieben, eine Reinigungskraft, die sogar schwerste Vergehen zu sühnen vermag. Das bloße Murmeln dieser Laute, das auch in Gedanken geschehen kann, erzeugt rituelle Reinheit.

Die hinduistische Tradition, vedisch wie auch tantrisch, hält noch eine Vielzahl anderer ähnlicher Formeln bereit: z.B. *svasti*, „Heil“, *svâdhâ*, *svâhâ*, *vashat*, *sham yoh*, *bhûr bhuvah svah*, „Erde, Luftraum, Himmel“, oder *om tat sat*. Bîja-Mantras, etwa „Keim-Silben“, sind Geheimformeln, die dem Namen bestimmter Götter gleichkommen. So ist Agni, der Gott Feuer, beispielsweise identisch mit der Silbe *ran*, die shaktistische Göttin Kâlî mit der Silbe *krîm*, Sarasvatî, die Göttin der Rede, Künste und Wissenschaften, mit *aim* usf.

Als Beispiel für ein tantrisches Ritual soll uns nun die Pûjâ-Zeremonie der Shrîvidyâ-Schule dienen, wie sie in dem Ritualhandbuch Nityotsava“ aus der Mitte des 18. Jahrhunderts vorgeschrieben wird und noch heute von Adepten des Tantrismus vollzogen wird. Pûjâ heißt „Verehrung“, und die Verehrung der Shrîvidyâ-Tantriker gilt ihrem obersten Gott Mahâganapati, dem „Großen Herrn der Scharen“ – der ist kein anderer als Ganesha, der uns bereits bekannte elefantenköpfige Sohn der Shiva Gemahlin Pârvatî. In dieser Sekte des tantrischen Hinduismus ist Ganesha = Ganapati zur höchsten Gottheit aufgestiegen; verehrt wird aber auch eine Vielzahl anderer hinduistischer Gottheiten, männliche wie auch weibliche, die, henotheistischer Praxis entsprechend, in Ganapatis Gefolge auftreten.

Damit all diese Gottheiten während des tantrischen Rituals anwesend sein können, werden sie in ein Yantra gebannt. Auch dieses Mahâganapati-Yantra, ein magisches Diagramm, läßt sich als mikrokosmisches Abbild einer Tempelanlange verstehen. Die Ritualzeichnung hat die Form eines auf einer Spitze stehenden gleichschenkligen Dreiecks; dieses wird umschlossen von einem Sechseck, das aus zwei übereinanderliegenden Dreiecken gebildet wird. Die Spitzen des Sechsecks berühren einen Kreis, um den die acht Blütenblätter eines Lotos angeordnet sind. Den äußeren Rand bildet ein Quadrat, das in seinen rechtwinkligen Ausbuchtungen zwischen den Eckpunkten, den Tempeltoren also, Platz für die Weltenhüter gewährt. In den Feldern dieses Diagramms nehmen während des Rituals der Hauptgott Mahâganapati und sein Gefolge ihren Aufenthalt.

In der Mitte, im Sanktum dieses Tempelsymbols, des Mahâganapati-Yantra, thront Mahâganapati, der Schöpfer, Erhalter und Zerstörer des gesamten Universums. Auf seinem linken Oberschenkel sitzt seine Gemahlin Siddhalakshmî, „Erfolgsglück". Umringt wird der Gott von seinem Gefolge: Da begegnen uns so bekannte Gestalten wie die Glücksgöttin Shrî mit ihrem Gemahl Vishnu, Pârvatî, die Bergtochter, mit ihrem Gatten Shiva, die Liebesgöttin mit ihrem Gemahl Kâmadeva, aber auch die Erdgöttin. Es folgen, konzentrisch, weitere Gottheiten, die ganz außen von den acht Muttergottheiten *(mâtrikâ)* und schließlich den Weltenhütern umschlossen sind.

Wie aber werden die Gottheiten in das Yantra gebannt? Der Tantriker erreicht dies vor allem mittels magischer Zaubersprüche, eben bestimmter Mantras. Der Haupt-Mantra, im Sanskrit „Wurzel-Mantra" *(mûlamantra)*, dessen magischer Wirkkraft sich nicht einmal der mächtige Mahâganapati entziehen kann, lautet mit seinen 28 Silben: *om shrîm hrîm glaum gam ganapataye varavarada sarvajanam me vasham ânaya svâhâ*. Die inneren Silben dieses Wurzelmantra lassen sich übersetzen mit: „An Ganapati: o bester der Wunschgewährer, bring alle Welt in meine Gewalt!“ Die wichtigste der unübersetzbaren äußeren Mantrasilben ist *gam*. Das ist nämlich die „Keimsilbe“ *(bîjamantra)* des Gottes Mahâganapati, die den Gott selbst symbolisch repräsentiert. Durch die Anwendung dieses Mantra kann man aber nicht nur den Gott mit seinem Gefolge bannen, auch weltliche Ziele lassen sich mit Hilfe des zugehörigen Rituals erreichen. Und es ist die Angst vor der praktischen Nutzanwendung dieser Ritualmagie, welche den Tantrismus im Laufe der Zeiten in den Geruch der schwarzen Magie gebracht hat. So führen die Kommentare zu diesem Ritualkompendium aus, daß man mit Hilfe dieses Wurzelmantras Könige, Königinnen und Frauen unterwerfen könne. Auch für die folgenden Zwecke lasse es sich wirksam einsetzen: Irreführung (oder: Verführung), Gewalt über Hexen, Macht über Aphrodisiaka, Säen von Zwietracht, Lähmung, Feindvernichtung – bis hin zum Mord.

Wenn die Gottheit für die Dauer des Rituals in das Yantra gebannt werden muß, so erhebt sich die Frage, wo sie sich während der übrigen Zeit aufhält. Der Anschauung des Tantrikers gemäß wohnt der Gott an keinem anderen Ort als im Herzen des Gläubigen selbst; von dort wird er gerufen, und dorthin kehrt er nach dem Ritual wieder zurück – wie eine Kerzenflamme, die von einer anderen entzündet wird; der Gott verläßt die Herzhöhle des Adepten also nicht während seiner Anwesenheit im Yantra, das auf ein kleines Podest von etwa 20 cm Durchmesser gezeichnet wird.

Die Herbeirufung der Gottheit wird unterstützt durch einen Akt imitativer Magie: Der Gläubige holt den Gott aus seinem Herzen, indem er heftig den Atem ausstößt in Richtung auf Blüten, die er in seiner Hand hält; dann setzt er den Gott auf das Yantra. Der Tantriker stellt sich dabei vor, daß sein eigener Lebensodem identisch ist mit der Gottheit. Dieser Ritualakt legt Glaubensvorstellungen der Âtman-Brahman-Mystik des Vedânta zugrunde, der zufolge die Individualseele identisch ist mit der Universalseele. Der Tantriker vollführt nun eine Reihe von magischen Gesten *(mudrâ)*, mit denen er die Gottheit zwingt, für die Dauer des Rituals im Yantra zu bleiben, sich nicht zu bewegen und den menschlichen Verehrer anzuschauen, wohingegen der Gott vor den Blicken anderer verborgen bleibt.

Der Gott erhält daraufhin Opfergaben in Form eines Gastrituals: Wasser, Blumen, Fleisch, Fisch und Körnerfrüchte, ein Linsengericht, aber auch Alkohol. Verehrt werden auch die Gurus, die ebenfalls in dem Yantra anwesend gedacht werden, ebenso die Gottheiten aus dem Gefolge des Mahâganapati, die ja ihren Platz in den Feldern des Yantra haben. Es folgt ein Bali-Opfer an die bösen Geister: Sie müssen beschwichtigt werden, damit sie das Opfer nicht stören. Dann wird das Mantra des Gottes in mehrfacher Wiederholung gemurmelt, gefolgt von einer Preishymne *(stotra)*.

Der Gott ist damit zufriedengestellt, deshalb dürfen sich nun andere Gläubige hinzugesellen, um die vom Gott übriggelassenen Reste zu genießen. Ungeachtet ihrer Kastenzugehörigkeit dürfen alle Initiierten Teilnehmer dieser Runde *(cakra)* werden.

Um das Ritual abzuschließen, muß die Gottheit wieder in das Herz des Tantrikers zurückversetzt werden. Er nimmt dazu eine der zuvor dem Gott dargebrachten Blüten aus dem Yantra, und indem er nun durch Riechen an der Blüte den eingangs zur Herbeirufung des Gottes vollführten Atemvorgang, das heftige Atemausstoßen, umkehrt, läßt er den Gott in seine Herzhöhle zurückkehren. Eine Speisung der Brahmanen, die an dem Ritual teilgenommen haben, sollte nach Abschluß der Zeremonie nicht fehlen.

Die Verehrung des Weiblichen – Shaktismus

Hedonismus: säkularistisch und religiös

Ganz genauso wie die schärfste Askese hat es in Indien, dem Land der großen Gegensätze, seit ältesten Zeiten auch Lehren gegeben, die in der Steigerung der Sinnenlust, im Ausleben der Genüsse, die Erfüllung suchten. Nur sind diese Ideologien aufgrund der ungünstigen Quellenlage für uns weitgehend verloren. Träger der indischen Kultur waren nämlich einerseits prüde Brahmanen, welche die hinduistische Tradition prägten und beherrschten, weshalb unser Hinduismusbild in vielerlei Hinsicht brahmanisch verzerrt ist. Kulturträger war aber auch der genußfeindliche Buddhismus. Die hedonistischen Lehren Altindiens sind uns daher fast ausschließlich aus den Polemiken ihrer Gegner, also aus der religiösen Literatur des Hinduismus und Buddhismus, bekannt. Und Hindus wie Buddhisten ließen an den genußfrohen Ketzerthesen natürlich kein gutes Haar.

Dabei sind wir imstande, im alten Indien zwei durchaus entgegengesetzte Kategorien der Genußfreude zu verzeichnen. Eine entschieden säkularistische, also innerweltliche, die ihren Standpunkt materialistisch begründete; und eine religiöse Richtung, die „Erlösung durch Genuß" suchte, im Sanskrit *bhuktimukti*. Die innerweltliche Kategorie gehört zu dem materialistischen System des Lokâyata, „was sich auf die Welt bezieht".[36] Die religiöse Sinnlichkeit hat ihren Ursprung in den Kulten der Großen Mutter, die, ebenso wie im Mittelmeerraum und im alten China, ja in fast allen frühen Kulturen, auch in Indien nachgewiesen wurden, und ist dort, in Indien, in den

Glaubensrichtungen des Shaktismus aufgegangen; sie wurde unter anderem in der Sekte der sogenannten „China-Lehre“ (Cînâcâra) überliefert.

Die Materialisten heißen im Sanskrit auch Nâstika, die „Leugner“. Schon in den ältesten Belegen leugnen sie nicht nur die Existenz der Götter, sondern auch der Seele. In diesen beiden Punkten berührten sie sich mit dem Buddhismus. Denn der Buddhismus lehrte zwar keinen Atheismus, sondern eher einen Antitheismus, indem er nämlich die Erlösungsrelevanz der Götter in Abrede stellte. Und in der Frage der Existenz einer Seele negierte zwar der Buddhismus das Selbst nicht rundweg, sondern bezog eine skeptische Position, indem er bezweifelte, daß eine Seele im Menschen nachgewiesen werden könne. Der entscheidende Unterschied zwischen dem idealistischen Buddhismus und den Materialisten bestand aber darin, daß die Buddhisten von einer Wiedergeburt des Individuums, abhängig von seinen guten und schlechten Taten, ausgingen.

Solch idealistischen Wiedergeburtsglauben konnten freilich die Materialisten nicht akzeptieren: *nâsti*, sagten sie, „non est“, „das gibt es nicht“. Vielmehr verhalte es sich so, daß beim Tode des Menschen sein Körper restlos in die vier Elemente Erde, Wasser, Feuer und Luft zerfällt und nichts von ihm übrigbleibt. Körper und Sinnesorgane bestünden nämlich, genau wie die Objekte, ausschließlich aus diesen vier Elementen. Das Bewußtsein verstanden die altindischen Materialisten als eine Funktion der Materie, es entstehe wie Rauschkraft aus der Hefe. Mit dem Zerfall der Elemente muß also auch das Bewußtsein restlos verschwinden. In diesem Punkt prallen die materialistische Auffassung der indischen Lokâyatas und der idealistische Standpunkt der Buddhisten unversöhnlich aufeinander. Da es aber nichts gibt, was im Jenseits weiterexistiert, so folgerten die Materialisten, kann es auch kein Jenseits geben. Und deshalb soll man sein Leben genießen, wie man nur kann: „Mach Schulden und trink Butterschmalz, leb genußvoll lebenslang!“ lautet ihr Wahlspruch.

Im Kult der Großen Mutter[37] dagegen wurzeln diejenigen hedonistischen Lehren, die eine religiöse „Erlösung durch Genuß“ *(bhuktimukti)* anstreben. Die Mutterkulte äußerten sich auch in orgiastischen Fruchtbarkeitsfesten, die durch den Genuß von Alkohol und rituelle Promiskuität bestimmt waren. Sinn und Zweck dieser Fruchtbarkeitsriten zu Ehren der Großen Mutter war die alljährliche Erneuerung des Lebens und der Natur. Alkoholgenuß und ritueller Beischlaf sind nun aber auch die beiden Hauptpunkte in den archaischen – d.h. noch nicht durch tantrische Sublimierung der hinduistischen Hochtradition angepaßten – Kulten des Shaktismus. Unter Shaktismus versteht man die hinduistischen Kulte, in deren Mittelpunkt die Verehrung einer Shakti, einer „Kraft“ steht, worunter eine weibliche Gottheit zu verstehen ist, welche die Potenz eines männlichen Gottes, zumeist Shiva, repräsentiert. In den shaktistischen Ritualen ist der Sinn des Alkoholrausches nun aber nicht mehr, wie in den Kulten der Großen Mutter, die alljahrliche magische Neustärkung der lebenspendenden Vegetation, vielmehr strebt der gläubige Shâkta, also der Verehrer einer Shakti, durch seine der hinduistischen Hochtraditon anstößigen und von daher peinlich geheimgehaltenen Rituale, nämlich eben durch die Vereinigung mit der lebenspendenden Göttin, die Überwindung der Leiden des Geburtenkreislaufs und letztlich die Unsterblichkeit an. Während des Rituals vollzieht der Shâkta die sexuelle Vereinigung mit einer Ritualpartnerin, welche die Göttin symbolisiert. Dieses Ritual – so die shaktistische Heilserwartung – soll dem Shâkta zu einem ewig genußvollen Leben im himmlischen Paradies der Göttin verhelfen. So heißt es im Mahâcînâcâratantra (III 35f.): „Er trinkt (Alkohol) und trinkt und trinkt wieder, fällt zu Boden, steht wieder auf und trinkt erneut – so wird er nicht wiedergeboren. Wenn er während des Rituals trinkt und eine junge Frau umarmt, vernichtet er auf der Stelle das Übel, das er in zehn Millionen Geburten erlangte.'"

Zur Vorgeschichte des Mutterkults

Statuen von Muttergöttinnen finden sich weltweit in den archäologischen Überresten steinzeitlicher Sammler- und Jägerkulturen. Sie belegen einen weitverbreiteten, in Indien bis heute erhaltenen Muttergöttinnen- und Fruchtbarkeitskult, der in engem Zusammenhang mit der gesellschaftlichen Organisation jener vorgeschichtlichen Kulturen steht. Auch in den über 4.000 Jahre alten Häusern von Mohenjo Daro, der Hauptstadt der Industalkultur, fanden die Ausgräber u.a. zahlreiche Tonfigürchen einer bestimmten Art: Darstellungen des weiblichen, oder besser des mütterlichen Körpers von einer allem Anschein nach gewollten Primitivität: In „frontaler Stellung, mit seitlich etwas abgespreizten oder herabhängenden Armen"[38] sind vor allem die weiblichen Körpermerkmale, Brüste und Becken, aber auch der Nabel, herausgearbeitet. Kennzeichnend sind die „aus dem Ton abgekniffene, herausspringende Nase, als Tonklümpchen aufgesetzte Augen, ein mitten durchgeschnittenes Tonscheibchen, das den Mund bildet"; außerdem ein „mächtiger, fächerartiger Kopfschmuck, Hals- und Brustketten und ein breiter, vorne mit Rundverschluß gefertigter Gürtel". Das Vorhandensein von Muttergöttin-Statuetten deutet auf Mutterkult schon im Frühstadium der indischen Geschichte.

Der indische Mutterkult ist keineswegs mit der Industalkultur zusammen untergegangen. Darstellungen von Muttergöttinnen sind auch aus jüngeren Epochen der indischen Kunstgeschichte bekannt: „Die weiblichen Figürchen aus gebranntem Ton der Maurya- und Shunga-

Zeit (also 320-72 v.Chr., K.M.) lassen sich bis in Einzelheiten der Tracht, etwa den breiten Hüftgürtel, den üppigen Hals- und Armschmuck und vor allem den schwerlastenden Kopfputz mit den Kleinplastiken der Harappazeit vergleichen ... Bis in die spätesten Epochen hinein neigen diese oft ganz einfachen Darstellungen der Muttergöttin zu einer Überbetonung der körperlichen Merkmale ganz im Sinne ihrer ältesten Vorfahren."

H. Mode weist darauf hin, wie auffällig die Typenkontinuität der indischen Plastik bei der Darstellung des weiblichen Körpers ist. In der vollentwickelten, klassischen indischen Kunst in den Jahrhunderten um die christliche Zeitenwende und auch noch viel später ist die Auffassung des weiblichen Körpers, etwa bei der Darstellung bestimmter Dämoninnen und Fruchtbarkeitsgenien (sog. Yakshi) von frappierender Ähnlichkeit mit den Tonfiguren der Frühzeit.

In den Darstellungen der Muttergottheit spiegelt die indische Kunst die frauenfreundliche Strömung der hinduistischen Religionsgeschichte, die bis in älteste Zeiten zurückreicht. Diese Grundströmung ist – wie wir bereits in der Einleitung sahen – älter als die erst später gegen Ende des zweiten Jahrtausends v.Chr. mit den Indogermanen nach Indien gelangende Religion des vedischen Brahmanismus und konnte, trotz heftigster Anstrengungen, von diesem bis heute nicht verdrängt werden. Dieses alte Substrat indischer Kultur ist charakterisiert durch besondere Anerkennung der Frau und Verehrung der durch die Frau repräsentierten Mütterlichkeit und Fruchtbarkeit. Der Hinduismus ist in seiner langen Geschichte wesentlich beeinflußt durch den Gegensatz zwischen dieser femininen, matristischen Grundströmung und der die Frau geringschätzenden, herrschaftlich patriarchalischen Indogermanen.

Der in Indien seit über 4.000 Jahren praktizierte Mutterkult hat sich entwickelt aus den Lebensbedingungen der steinzeitlichen Sammler- und Jägerkulturen. Den auf der Suche nach eßbaren Wildpflanzen und jagdbaren Wildtieren umherstreifenden menschlichen Sippen jener Frühzeit waren Viehhaltung und Ackerbau noch fremd. Sie kannten keine nennenswerte Vorratswirtschaft, keine Überproduktion von Nahrungsmitteln und folglich auch kein Eigentum an Grund und Boden, Ernteerträgen oder Vieh. Es fehlte also die ökonomische Basis für irgendwelche Abhängigkeitsverhältnisse zwischen den Geschlechtern.

Was den Nahrungserwerb angeht, so war das Sammeln von Wildpflanzen die Aufgabe der Frauen. Sie schafften damit die Ernährungsgrundlage, die zum Überleben notwendig war. Die Männer versuchten ihr Glück auf der Jagd und beim Fischfang; wegen der natürlichen körperlichen Überlegenheit des Tieres über den Menschen blieb jedoch der Erfolg oft aus. Die Sicherheit der Existenz wurde also letztlich von den Frauen gewährleistet.

Die Bevölkerung der steinzeitlichen Sammler- und Jägerkulturen war aufgeteilt in vereinzelte Sippen, die, um sich nicht gegenseitig die Nahrung wegzunehmen, in großer räumlicher Entfernung voneinander sammelten und jagden. Die Verwandtschaft dieser Sippen wurde durch Mutterfolge, „matrilinear“, d.h. über die Linie der Mutter, bestimmt. Die Rolle des Mannes bei der Erzeugung von Nachwuchs war anfangs wohl noch gar nicht bekannt. Und auch nachdem man über die biologischen Zusammenhänge der Zeugung Bescheid wußte, stand bei der für die damalige Zeit vorauszusetzenden Promiskuität zwar zweifelsfrei die Mutter, nicht aber unbedingt auch der Vater fest. Deshalb war eine andere Bestimmung der Verwandtschaft als über die Mutter auch gar nicht möglich.

Es war also die Frau, die das Leben hervorbrachte und damit den Fortbestand der Sippe sicherstellte. Die Frau als Gebärerin wurde mit dem Prinzip der Fruchtbarkeit überhaupt in Verbindung gebracht. Die stabilisierende

Rolle der Frau bei der Sicherung des Nahrungserwerbs, ihre Funktion als Hüterin und Erzieherin der Kinder, als Beschützerin der zur Jagd nicht fähigen Kranken und Schwachen, ihre für das Überleben der Sippe notwendige Fruchtbarkeit und ihre Rolle als Trägerin des Lebens: all dies führte zur Entstehung von Mutter- und Fruchtbarkeitskulten.

Göttinnen und Rituale des Shaktismus

Wenn die Ahnenreihe der Sippe über die mütterliche Linie zurückverfolgt wird, beginnend mit der noch lebenden Ahnfrau der eigenen Sippe und weiter über deren Mutter und Ahninnen, so liegt die Vorstellung einer mythischen Urahnin nahe, einer Urmutter, auf welche die Sippe ihren Ursprung zurückführt. Sie gilt als der Inbegriff des Lebens, der Fruchtbarkeit und des Schutzes. In der Urahnin, Urmutter oder Großen Mutter wird ein frühes Konzept der Gottheit erkennbar, das sich in Indien in den Großen Göttinnen wie Pârvatî, Kâlî, Durgâ oder Târâ vor allem im Shaktismus niedergeschlagen hat.

Auf der lokalen, volksreligiösen, „niederen" Ebene des Hinduismus, in den Dörfern des seit jeher und immer noch vorwiegend ländlichen Indien spielen die Dorfgöttinnen *(grâmadevatâ)* eine wichtige Rolle im täglichen Ritual. Der Anschluß der volksreligiösen Tradition an die Tradition der vedisch-brahmanischen Oberschicht kann noch heute dadurch geschehen, daß der älteren, ursprünglichen, weiblichen Gottheit ein männlicher Gott aus der brahmanischen Hochtradition, etwa Shiva, zugesellt wird. Die kleine Lokalgöttin soll so durch ihre Einbeziehung in den größeren Rahmen aufgewertet werden. Im äußersten Fall hat eine solche Aufwertung zur Folge, daß die Göttin nur noch als weiblicher Aspekt, als Shakti des Gottes erscheint, womit sich die ursprünglichen Verhältnisse in ihr

Gegenteil verkehrt haben: Der Gott hat die ältere Göttin überlagert, vereinnahmt.

Wir kommen nun zu den Ritualen des Shaktismus, die wir am Beispiel der sogenannten „China-Lehre" darstellen wollen. Kulturkontakte von Indien nach China waren häufig und hochwirksam. So hat vor allem der Buddhismus in vielfältiger Weise nach Ostasien ausgestrahlt, die chinesische Kultur über Jahrhunderte dominiert und auch späterhin nachhaltig beeinflußt. Umgekehrte Kontakte von China nach Indien jedoch sind merkwürdigerweise kaum nachweisbar. Allein schon deshalb ist ein shaktistischer Text mit dem Namen Mahâcînâcâra-Tantra[39] interessant, erhebt die in ihm enthaltene Lehre *(âcâra)* doch den Anspruch, aus China *(mahâcîna)* zu stammen.

Im Falle der China-Lehre hat ein Außenseiter-Kult, eben die China-Lehre, über einen bereits etablierten shaktistischen Kult, nämlich die sogenannte Kula-Lehre, Anschluß an eine etablierte Tradition des Hinduismus gesucht und gefunden. Daß dieser Anschluß überhaupt hergestellt werden konnte, war nur dadurch möglich, daß die neue China-Lehre gewisse Übereinstimmungen mit einer bereits bestehenden shaktistischen Lehre aufwies, nämlich eben mit der Kula-Lehre. Diese Übereinstimmungen finden sich in einer Reihe von fünf Elementen (sog. *pañca-tattva*), die für den shaktistischen Kult im allgemeinen konstitutiv sind. Es handelt sich dabei um die fünf Ma-kâra, das heißt um die fünf Elemente, die alle mit dem Buchstaben *ma* beginnen. Diese sind: Fleisch, *(mâmsa)*, Fisch *(matsya)*, Alkohol *(madya)*, Körnerfrüchte *(mudrâ)* und ritueller Beischlaf *(maithuna)*. Mit dem vierten Element, *mudrâ*, sind bisweilen auch die magisch-tantrischen Gesten gemeint, denn *mudrâ* kann im Sanskrit auch „Geste" bedeuten. Da nun der Genuß alkoholischer Getränke *(madya)* und ritueller Beischlaf *(maithuna)* die beiden Hauptpunkte in der China-Lehre ausmachen, konnte der Anschluß der China-Lehre, die ursprünglich im

Kult der Großen Mutter wurzelt, an den Shaktismus zwanglos hergestellt werden.

Im Mahâcînâcâra-Tantra legt Shiva seiner Gemahlin Pârvatî die China-Lehre dar. Der Inhalt dieser Geheimlehre ist folgender:

1) *Ablehnung der Kulte des orthodoxen Hinduismus.* Rezitationen, Götterverehrungen und Ahnenopfer sollen nicht tatsächlich durchgeführt werden; sie haben einen rein „geistigen" Wert, d.h. es reicht völlig, wenn man sie im Geiste ausführt. Das Bali-Opfer, eine Opfergabe für alle Kreaturen, wobei Reis- und Getreidekörner, Schmelzbutter und andere Gaben in die Luft geworden werden, dürfe, ja solle man bei Mitternacht und sogar an einem unreinen Ort darbringen. Insbesondere die komplizierten und komplexen Reinheitsvorschriften des orthodoxen Hinduismus werden verworfen. Die häufigen Waschungen zur rituellen Reinigung sind abzulehnen. Weder in Bezug auf die Kleidung, den Sitzplatz, das Haus, in dem man wohnt, und vor allem auch nicht beim Essen und bei körperlicher Berührung, in gar keiner Hinsicht sollen solche Reinheitsvorschriften befolgt werden. Diese Reinigungsriten regeln insbesondere den Verkehr und die Hierarchie der Kasten untereinander. Man kann aus der Ablehnung solcher Reinigungsriten folgern, daß die China-Lehre aus den unteren Schichten der Bevölkerung stammt.

2) Auf gar keinen Fall aber soll man Haß auf Frauen hegen. Im Gegenteil, man soll *der Frau gegenüber ganz besondere Verehrung* zeigen: „Auf keinen Fall soll man sie schlagen, tadeln, sich ihnen gegenüber hinterlistig betragen und tun, was ihnen unlieb ist, sonst hemmt man die übernatürliche Kraft. Frauen sind Götter, Frauen sind die Lebenskräfte, Frauen sind der einzige Schmuck des Mannes. Durch die Vereinigung mit Frauen, oder sogar durch die Vereinigung mit der eigenen Frau, kann immer alles erreicht werden. Die von ihrer Hand beschaffte Blüte, das von ihrer Hand beschaffte Wasser, den von

ihrer Hand beschafften Alkohol soll man den Gottheiten anbieten." (Mahâcînâcâra-Tantra 2,24-26).

3) Es folgen nun solche Vorschriften, wegen denen die Geheimlehre des Shaktismus angegriffen und, besonders von den orthodoxen Vishnuiten, verabscheut wird. Es handelt sich um *Vorschriften zur rituell-religiösen Promiskuität*. Dieser Teil des shaktistischen Rituals soll an einem sonst als unrein geltenden Ort durchgeführt werden, an einer Verbrennungsstätte, in einem verlassenen Gebäude oder an einem Kreuzweg. Der Sâdhaka, etwa „Praktizierender", soll dort mit gelösten Haaren und „luftbekleidet", also nackt, sich mit seiner Ritualpartnerin, die als „Ranke" oder „Liane" bezeichnet wird, „umwinden". Unter ständigem Rezitieren von magischen Formeln, von Mantras, soll er sie berühren und überall ansehen. Dabei soll er Betel kauen und auch andere Nahrungsmittel nach Belieben genießen, nicht ohne mit der Frau zu teilen. Auch soll er die Göttin mit wohlriechenden weißen und roten Blüten sowie mit Bilva-Früchten der bengalischen Quitte verehren. Durch dieses Ritual wird er etliche Millionen von Geschlechtersippen aus dem Kreislauf der Wiedergeburten retten, und seine Ahnen werden ihm Loblieder singen.

Als Ritualpartnerin sollen bevorzugt genommen werden: eine Schauspielerin, eine Frau aus der unreinen Sekte der Kâpâlika, eine Prostituierte, eine Frau aus der niedrigen Wäscherkaste, die Frau eines Barbiers, ein Shûdra-Mädchen, ein Kuhhirten-Mädchen, die Tochter eines Kranzwinders oder, immerhin, eine Brahmanin. Sie kann aber auch jeder beliebigen anderen Kaste entstammen. Auch hier zeigt sich, daß die Kastenschranken des orthodoxen Hinduismus im Shaktismus abgelehnt werden.

Diese Ritualpartnerin soll verständig sein, in den Mantras versiert und willig; schön, jugendwild, schamlos und lieblich lächelnd. „Man soll sie zu einer Luftbekleideten machen, sie mit Wohlgerüchen, Safran und Sandel einreiben und ihre Haare lösen. Darauf soll man im Yoni-Mandala der Reihe der Lehrer seine Reverenz erweisen, man soll den Körper der Frau verehren und soll dann in der Mitte des Mandala die Göttin Shivâ verehren ...“ – was als ein Euphemismus für den rituellen Geschlechtsakt zu verstehen ist.

Die Promiskuität darf nur im Ritual stattfinden. Auf keinen Fall darf der Anhänger der China-Lehre außerhalb der Zeit zur Verehrung die „luftbekleidete Shakti“, also seine Ritualpartnerin, ansehen. Gleiches gilt für den Genuß von Alkohol: Wer außerhalb des Rituals Alkohol trinkt, der wird von den Lebenskräften verlassen und wandert in eine Hölle.

Das China-Tantra betont, daß es also in der China-Lehre zwei Hauptpunkte gebe, nämlich Alkohol und Frauen, so daß sich die Frage erhebt, was oder wer von diesen beiden denn letztlich wichtiger sei. Die Antwort lautet, daß im Zweifelsfall der erste Rang den Frauen gebühre. „Weil nämlich im Körper der Frauen die Anwesenheit eines jeden Gottes festzustellen ist, deshalb heißt es, daß sie bei allen Verehrungen die Hauptstelle innehaben.“

Soweit die Essenz der China-Lehre. Das Mahâcînâcâra-Tantra enthält auch eine Darstellung der Kula-Lehre. Dabei läßt sich der Unterschied zwischen Kula- und China-Lehre dahingehend fassen, daß die China-Lehre ursprünglicher ist, direkter, archaischer. Die Kula-Lehre hingegen lehrt einen Shaktismus in sublimierter Form. Diese allmähliche Sublimierung ist auch ganz verständlich. Denn natürlich wurden und werden die Shaktisten wegen ihrer den orthodoxen Hindus anstößigen Rituale bekämpft. Die Folge davon war, daß der tatsächliche Genuß von Fleisch, Fisch und Alkohol und der tatsächlich vollzogene rituelle Beischlaf im Laufe der Zeit mehr und mehr vor allem durch symbolische Gesten *(mudrâ)* ersetzt wurden. Wir beobachten hier am Beispiel des Cînâcâra und seines Aufgehens im Kulâcâra, wie ein ursprünglich hedonistischer Kult religiös sublimiert wird und wie er dadurch Anschluß an die etablierte Tradition des Hinduismus gewinnt.

Shiva schließt seine Belehrung mit dem Hinweis darauf, daß die Erlösung gemäß dem shaktistischen China-Weg eine „Erlösung durch Genuß" bedeutet: „Hiermit ist dir, o Göttin, die China-Lehre, die recht schwer zu erlangen ist, erzählt worden. Durch dieses Verhalten soll wahrlich der Herr der Sâdhakas die Erlösung durch Genuß *(bhukti-mukti)* erlangen." (5,56)

Tempelkult und häuslicher Kult

Die alltägliche Götterbildverehrung, die Pûjâ, im Tempelkult und häuslichen Kult ist im Grunde nichts anderes als ein Gastritual. Religionsgeschichtlich ist dies als sinnentleerte Übernahme aus dem vedischen Opferkult zu erklären. Da bei der nomadischen Lebensweise der indoarischen Viehzüchter der vedische Opferplatz zu jedem Opfer in komplizierten Ritualen neu aufgebaut wurde, mußten die Götter als Gäste vom Opferpriester herbeigerufen werden. Die Himmlischen waren nur geistig anwesend; Götterbilder waren in diesem vedischen Opferkult noch unbekannt. Die frühesten erhaltenen bildlichen Götterdarstellungen des Hinduismus finden sich dann – wie wir gesehen haben – auf den Münzen des Agathokles aus dem zweiten Jahrhundert v.Chr. (um 170), Götterstatuen sind erst aus dem ersten Jahrhundert v.Chr. bekannt. In den letzten Jahrhunderten vor der Zeitenwende hatte sich der allmähliche Übergang vom mobilen Opferkult zum stationären Tempelkult mit der Verehrung von Götterbildern vollzogen. Bei der Huldigung vor einer Götterstatue oder einem einfachen Götterbildchen im Hinduismus finden also immer noch Gastriten Verwendung, obwohl der Gott ja nun seinen ständigen Aufenthalt im Tempel oder auf dem Hausaltar hat.

Wir wollen uns jetzt zunächst dem Ablauf des alltäglichen Kultes in einem der bedeutendsten Tempel des heutigen Hinduismus zuwenden, der Götterstatuenverehrung im Jagannâtha-Tempel zu Purî, Orissa, südlich von Calcutta im Osten Indiens[40]; anschließend dem Hauskult.

Gott Jagannâtha, wörtlich „Herr der Welt", der im Haupttempel von Purî verehrt wird, ist identisch mit

Krishna, dem „Liebhaber der Hirtinnen", der uns ja als eine der Hauptgestalten der Bhakti bekannt ist. Jagannâtha wird repräsentiert durch eine Holzfigur, die zusammen mit noch sechs anderen Statuen, den Verwandten, Frauen u.a., im Allerheiligsten des Tempels steht.

Fünfmal täglich zelebriert der Oberpriester die Verehrung, die Pûjâ, des Gottes Jagannâtha. Zwei Nebenpriester führen simultan die Verehrung der anderen Figuren durch. Gegen neun Uhr morgens treffen die drei Priester im Tempel ein. Sie haben zu diesem Zeitpunkt bereits langwierige Reinigungsriten und Heiligungszeremonien hinter sich, die sie zum Umgang mit der Gottheit befähigen. Auch die Statuen sind vorher schon gebadet worden, die Hilfspriester haben sie angekleidet, mit Sandelpaste gesalbt und mit Blumen geschmückt. Gott Jagannâtha hat der Öffentlichkeit sogar in der Frühe eine Audienz, die Gelegenheit zum „Anschauen" (*darshana*), gewährt.

Die Priester vollziehen die Pûjâ-Zeremonie im Sanktum, dessen Türen solange verschlossen werden. Niemand, auch kein anderer Priester, darf zuschauen. Die Statuen stehen auf einer Art Opferplatz mit Blick nach Osten; ebendort nehmen die verehrenden Priester Platz, nach Norden gewandt.

Bei der Verehrung spielen drei Elemente eine große Rolle: magische Opferformeln (*mantra*), symbolische Gesten (*mudrâ*) und „Einsetzungen" (*nyâsa*), womit das Auftragen magischer Silben und Zeichen auf den eigenen Körper wie auch auf die Statue gemeint ist. Der Verehrende schafft durch diese Markierungen in sich selbst und auf dem Götterbild ein Yantra, d.h. das mikrokosmische Abbild eines Tempels und hier konkret einen heiligen Raum, in den er die Gottheiten bannen kann. Derartige Rituale sind kennzeichnend für den Tantrismus, neben der Bhakti die wichtigste Kultform des heutigen Hinduismus, wie wir bereits gesehen haben.

Nun beginnt das eigentliche Gastritual. Vor Beginn der Zeremonie ist die Gottheit noch nicht in der Holzfigur anwesend. Sie muß erst vom Priester, der im Ritual als Gastgeber auftritt, in sie hineinversetzt werden. Das geschieht auf folgende Weise: Die Pûjâ beginnt mit Reinigungsriten. Der Sitzplatz des Priesters muß ebenso geheiligt werden wie sein Körper. Unter anderem gilt es, den Sündenzwerg, in dem sich die Sünden des Menschen personifizieren und der im linken unteren Teil des Bauches sitzt, zu vernichten. Mit dem Mantra des Windes, der Silbe *yam*, trocknet der Priester ihn aus, und mit dem Mantra des Feuers, *ram*, verbrennt er ihn; die Asche bläst er durch die Nasenlöcher aus sich heraus.

Nun löst der Priester zur weiteren Reinigung auf meditativem Wege seinen profanen Alltagskörper auf und ersetzt ihn durch einen rituell reinen geistlichen Körper, der fortan die Verehrung durchführt. Dieser Körper, der mit magischen Silben und Symbolen als Diagramm markiert wird, bildet den Raum, in den die Gottheit gebannt werden kann, das erwähnte Yantra. Ebenso wird die Holzfigur, in die der Gott letztlich einziehen soll, als Yantra gekennzeichnet.

Der Priester läßt meditativ das Bild der Gottheit in seinem Herzen entstehen. So hält der Gott Einzug in die Herzhöhle des Adoranten. Das Herz aber ist auch die Wohnstätte des Âtman, der Individualseele. Auf diese Weise wird Gott im Herzen des Meditierenden identisch mit dem Âtman, letztlich also mit dem Meditierenden selbst.

Vor der äußeren Pûjâ erfolgt nun eine innere, geistige Verehrung mit Hilfe von magischen Formeln und Gesten. Gott befindet sich dabei noch immer im Herzen des Priesters. Nach dieser Âtma-Pûjâ, in welcher der Priester seinem eigenen, mit der Gottheit vereinigten Selbst huldigt, läßt er den Gott aus seinem Herzen durch eine eingebildete Röhre im Rückgrat in seine Stirn wandern, welche der Sitz der Universalseele (*paramâtman*) ist. So kommt es zur mystischen Vereinigung von Gottheit, Individualseele und Universalseele.

Damit sind alle Vorbereitungen getroffen, um den Gott endlich in die Holzfigur zu versetzen. Der Priester nimmt eine Handvoll Blüten, streckt sie vor sich aus, läßt die Gottheit mit Hilfe des Atems durch sein rechtes Nasenloch auf die Blüten herabsteigen und legt die Blütenblätter vorsichtig auf den Kopf der Holzfigur. Durch die Fontanelle, die man sich als tausendspeichiges Rad vorstellt, senkt sich der Gott ins Herz der Statue, wo er nun als Gast auch die äußere Pûjâ entgegennehmen kann.

Die äußere Pûjâ, also die Huldigung, die an der Holzfigur vollzogen wird, besteht aus einem 16teiligen Gastritual. Gott ist der Gast, Gastgeber ist der Verehrer. 16 Gaben und Dienste werden dem hohen Gast zuteil, die sogenannten Upacâras: Man bietet ihm (1) einen Sitzplatz an, (2) heißt ihn willkommen, bietet ihm (3) Wasser zum Waschen der Füße und (4) des Gesichts, außerdem (5) Wasser zur Mundspülung. (6) Er bekommt eine Süßigkeit, bestehend aus Honig, Joghurt und Milch, weshalb er sich (7) erneut den Mund spülen muß. Dann wird er (8) gebadet, (9) angekleidet sowie mit der heiligen Schnur versehen, (10) geschmückt, (11) mit Sandelpaste gesalbt, (12) mit Blumen bekränzt und (13) beweihräuchert. (14) Der Verehrende zündet ein Licht an und (15) bringt das Gastmahl dar, das nicht von außerhalb in den Tempel hereingebracht werden darf, sondern in der Tempelküche zubereitet wird. Schließlich (16) erfreut er den Gast durch schmeichelnde Reden, mit denen er ihn gleichzeitig verabschiedet. Alle diese Riten werden durch zahlreiche Gebetsformeln und Gesten begleitet.

Nur in Form von Gesten und Mantras findet schließlich die Verehrung des Gottes als König statt. Jagannâtha ist nämlich nicht nur „Herr der Welt“, sondern auch (seit dem 13. Jahrhundert) politischer Herrscher über Orissa.

Man huldigt der göttlichen Majestät also mit ihren Königsinsignien, nämlich Sonnenschirm, Fliegenwedel aus Yakschweifhaaren, Fächer, Spiegel und Sandalen, außerdem mit Musik und Tanz. Der Gastgeber vergißt nicht, sich mit einem besonderen Mantra für alle Unzulänglichkeiten der Bewirtung zu entschuldigen.

Nach der Pûjâ verläßt der Gott die Statue wieder: Durch das rechte Nasenloch des Standbildes senkt er sich auf die Blüten, die der Priester darunter hält, von dort begibt er sich durch das linke Nasenloch des Meditierenden zurück in dessen Herz. Tatsächlich hatte Gott auch während der Huldigung das Herz des Beters nicht wirklich verlassen. Nur seine „Glut" hatte sich ausgebreitet, so wie man ein Licht am anderen entzündet. Mit Mantras, Preisgebeten und einer Schlußgeste findet die umfangreiche Pûjâ-Zeremonie ihr Ende.

Nach der Zeremonie bekränzt sich der Priester mit den Blüten, die der Gott getragen hat, und ißt von den Speiseresten des göttlichen Mahles. Die Türen des Allerheiligsten werden wieder geöffnet, und endlich können auch die im Tempel anwesenden Gläubigen von den Speiseresten essen. Diese Essensreste, die Prasâda, wörtlich „Gnade", genannt werden, haben eine außerordentlich wichtige Funktion inne. Durch sie überträgt sich die Heiligkeit des Gottes auf den Gläubigen.

Die Huldigung, welche die normalen Gläubigen im Tempel darbringen, besteht im Grunde aus dem gleichen Gastritual. Nur ist sie wesentlich vereinfacht und viel kürzer. Sie beschränkt sich auf die wichtigsten fünf (oder noch weniger) der 16 Upacâras, der Gastriten, nämlich auf die Darbringung von Parfüm, Blüten, Weihrauch, Licht und Essen. Die Mahlzeit muß der Pilger von der Tempelküche kaufen; dem assistierenden Priester hat er einen Opferlohn zu entrichten – genauso, wie es schon im vedischen Opferritual zwischen Opferherr und Opferpriester üblich war.

Soweit der Tempelkult in Purî. Was die alltägliche Pûjâ im häuslichen Kult angeht, so ist auch sie nichts anderes als das soeben beschriebene Gastritual. Auch bei der Verehrung einer häuslichen Götterstatue oder eines einfachen Devotionalienbildchens finden ganz ähnliche Gastriten Verwendung wie im Pilgerzentrum des Jagannâtha-Tempels: Man heißt den göttlichen Gast willkommen, indem man ihm einen Sitz anbietet und ihm Gelegenheit gibt, sich Füße, Hände und Gesicht zu waschen. Nach dem Bad und dem Ankleiden wird ihm die heilige Schnur umgelegt, und man bestreicht ihn mit Sandel und anderen Wohlgerüchen. Es folgt die Huldigung mit Blüten, Räucherwerk und dem Anbrennen von Öllampen. Nach dem Gastmahl erhält der Gott Betel zur Verdauung, auch vergißt man nicht, ihm ein Gastgeschenk zu überreichen. Den Abschluß bildet die sogenannte Pradakshinâ, d.h. man geht um die Gottheit herum, wobei man ihr voller Hochachtung die rechte Seite zukehrt.

Dies trifft vor allem auf die vishnuitische Pûjâ zu. Beobachten wir nun einen Shivaiten bei der Verehrung eines Linga,[41] also ursprünglich eines Phallussymbols, das im Shivaismus dann den Gott Shiva repräsentiert. Anfangs wurden natürlich gewachsene Objekte als Linga verehrt, auffällige Steine, Tropfsteine oder sogar ein Eis-Stalagmit, wie er sich alljährlich in einer Höhle im Himâlaya bildet und zum Kultobjekt der großen Amarnâth-Wallfahrt wird, eines religiösen Festes, das alljährlich Tausende von Pilgern anzieht.

Für den häuslichen Kult werden aber auch eigens derartige Shiva-Lingas etwa in Daumengröße aus Lehm geformt. Der Adorant sitzt während der Zeremonie auf einem rituell reinen Sitzplatz, und während er den Lehmklumpen ergreift, um das Linga zu formen, murmelt er den Mantra: *om harâya namah*, „om, Verbeugung vor Hara“ (Hara ist ein Beiname Shivas). Das fertige Linga wäscht er mit dem Mantra „om, Verbeugung vor dem

Großen Gott", und setzt es nach Norden gewandt auf ein gänzlich unversehrtes Blatt der bengalischen Quitte *(bilva)*. Er badet es mit dem Mantra: „Hier ist das Badewasser, om, Verbeugung vor Pashupati". Dann meditiert er über das Bild der Gottheit und unterstützt die Visualisation mit dem Mantra: „*om*, o (Gott) mit dem Dreizack in der Hand, nimm hier wohl deinen Aufenthalt!". Dem Shivalinga, d.h. dem Gott, der in dem Linga für die Dauer des Huldigungsrituals seinen Aufenthalt genommen hat, werden jetzt zehn Upacâra zuteil, d.h. Gastgeschenke, deren Darbringung sich teilweise wiederholt und daher über dreizehn Handlungen verteilt ist. Jede dieser Darbringungen wird von einem Mantra begleitet:

1) „Das ist das Fußwaschwasser – om, Verbeugung, Verehrung dem Shiva."

2) „Hier ist die Arghya-Opfergabe – om, Verbeugung, Verehrung dem Shiva." Die Arghya-Opfergabe besteht aus Wasser, das in ein Kupfergefäß gefüllt wird. In dieses Wasser legt man ein paar Halme Durvâ-Gras, einige Körner von nicht-enthülstem Reis, ein wenig weiße Sandel-Paste sowie rote Blüten.

3) „Hier ist das Wasser zum Mundspülen *(âcamanîya)* – om, Verbeugung, Verehrung dem Shiva."

4) „Hier sind die Bade-Utensilien *(snânîya)* – om, Verbeugung, Verehrung dem Shiva."

5) „Hier ist nochmals Wasser zum Mundspülen *(punarâcamanîya)* – om, Verbeugung, Verehrung dem Shiva."

6) „Das ist Parfüm *(gandha)* – om, Verbeugung, Verehrung dem Shiva."

7) „Das ist eine Blüte *(pushpa)* – om, Verbeugung, Verehrung dem Shiva."

8) „Das ist ein Quittenblatt *(bilvapatra)* – om, Verbeugung, Verehrung dem Shiva."

9) „Das ist Räucherwerk *(dhûpa)* – om, Verbeugung, Verehrung dem Shiva."

10) „Das ist ein Öllicht *(dîpa)* – om, Verbeugung, Verehrung dem Shiva."

11) „Das ist das Gastmahl *(naivedya)* – om, Verbeugung, Verehrung dem Shiva."

12) „Hier ist nochmals Wasser zum Mundspülen *(punarâcamanîya)* – om, Verbeugung, Verehrung dem Shiva."

13) „Das ist Betel *(tâmbûla)* – om, Verbeugung, Verehrung dem Shiva."

Anschließend verehrt der Gläubige die acht Formen Shivas, in denen er die acht Himmelsrichtungen regiert, und er erfreut den Gast durch schmeichelnde Lobreden, indem er ihn mit den folgenden Versen preist: „Verbeugung vor Dir, dem Dreiäugigen, Verbeugung vor Dir mit dem himmlischen Auge! / Verehrung ihm mit dem Dreizack in der Hand, und Verehrung ihm mit dem Donnerkeil! // Verbeugung vor Dir mit der Lanze in der Hand, Verehrung ihm, der Szepter, Schlinge und Schwert in Händen hält! / Verehrung dem Herrn der Dreiwelt, Verehrung dem Herrn der Wesen! // om, Verbeugung vor Shiva, dem Friedlichen, dem Grund der drei Ursachen (= dem Urgrund des Seins)! / Ich bringe mich selbst als Opfergabe dar. Du bist meine Existenz, o höchster Herr!"//

Nun beendet der Adorant die Shivalinga-Pûjâ, wozu er die Mantras *nam nam nam* murmelt. Am Ende des Gastrituals steht die Bitte um Entschuldigung für alle Unzulänglichkeiten der Zeremonie: „Ich kenne mich nicht aus bei der Einladung, ich kenne mich nicht aus bei der Verehrung, / ich kenne mich nicht aus bei der Verabschiedung – verzeih, o höchster Herr!" //

Nach der Pûjâ-Zeremonie muß das aus Lehm geformte Linga wieder vernichtet werden, indem man es ins Wasser wirft. Der Linga-Verehrer schützt so das Kultobjekt und auch sich selbst vor Mißbrauch und Verunreinigung.

Das Kastensystem

Wie wir einleitend sahen, läßt sich der Hinduismus verstehen als ein kollektiv-hierarchisches Sozialsystem mit überweltlichem Bezugspunkt. Konstitutives Merkmal des Hinduismus ist das Kastensystem[42] mit heute schätzungsweise über 3.000 verschiedenen Kasten. Ein Hindu ist deshalb Hindu, weil er in eine Kaste Südasiens hineingeboren worden ist.

Was aber ist eine Kaste? Um eine Kaste zu beschreiben, genügt es nicht, ihre Merkmale aufzuzählen. Isoliert, allein für sich, ist eine Kaste sinnlos. Sie braucht Bezugspunkte, andere Kasten, an denen sie sich messen kann. Eine Kaste bestimmt sich durch ihr Verhältnis zu anderen Kasten in einem *Kastensystem*. Das Kastensystem segmentiert die hinduistische Gesellschaft in Gruppen und Grüppchen, die einander über- und untergeordnet sind. In der kollektiven Hierarchie des Kastensystems wird der Status einer Kaste dadurch bestimmt, mit welchen anderen Kasten sie Beziehungen pflegt. Dabei versucht jede Kaste, ihren Status möglichst zu erhöhen. Kontakt mit niederen Kasten bewirkt Statusverlust, Kontakt mit höheren Kasten bewirkt Statusgewinn. Jede Kaste achtet auf den Abschluß nach unten und sucht den Anschluß nach oben. Das Kastensystem lebt dadurch, daß einzelne Personen oder auch ganze Kasten einerseits den Kastenabstieg zu vermeiden suchen und andererseits den Kastenaufstieg anstreben.

Es gibt drei Bereiche, an denen sich Kastenverhalten besonders augenfällig manifestiert; diese sind: *Essen, Heiraten und Beruf*. Weitverbreitet ist die Ansicht, Kasten wollten beim Essen, Heiraten und bei der Berufsausübung unter sich bleiben. Dies trifft jedoch nicht den Kern des

Kastenverhaltens. Tatsächlich zeigt sich, daß Niedrigkastige möglichst mit Höherkastigen zusammen essen, in eine höhere Kaste hinaufheiraten und mit Höherkastigen zusammen arbeiten wollen. Das Kastensystem ist also nicht statisch, sondern dynamisch.

Ein Grundrecht der indischen Verfassung (Teil III, Artikel 15, Absatz 2) besagt, daß niemand wegen der Zugehörigkeit zu einer Kaste benachteiligt werden darf. Damit ist das Kastensystem im Säkularstaat Indische Union *de iure* abgeschafft. Niemand wird jedoch leugnen, daß sich die Mehrzahl der Inder nach wie vor beim Essen, Heiraten und bei der Berufsausübung an genau festgelegte, traditionelle Kastenregeln hält.

Die Kaste verlangt vom Einzelnen, in der Gemeinschaft aufzugehen. Was einer tut, ist nicht seine Privatangelegenheit, sondern fällt auf alle zurück. Die Kaste fordert das von der Gemeinschaft genormte Wohlverhalten des Einzelnen. Der feste Platz des Einzelnen in der Gemeinschaft, die straffe gesellschaftliche Bindung an die Kaste bedeuten Schutz und Sicherheit für den Angepaßten, aber Zwang und Einschnürung für den Individualisten.

Das Kastensystem des Hinduismus entstand mit dem Ende der spätvedischen Zeit, als die alte Einteilung der vedischen Gesellschaft in vier Stände *(varna)*, in Krieger, Priester, Nährstand und Dienststand *(kshatriya*, *brâhmana*, *vaishya* und *shûdra)* der weitaus differenzierteren sozialen Wirklichkeit nicht mehr gerecht wurde. Diese Einteilung umfaßte ja nur die Oberschicht der indoarischen Einwanderer. Außerhalb dieser vedischen Gesellschaftsschicht stand die Urbevölkerung. Durch die Vermischung der indoarischen Oberschicht mit den autochthonen Völkern wurde die Gliederung der indischen Gesellschaft zunehmend differenzierter. Es bildeten sich kleine und kleinste Gesellschaftssegmente, die ganz unterschiedlichen und heterogenen sozialen Gruppen entstammten. Die Gesellschaft zersplitterte: Aus Ständen *(varna)*, exogamen Sippen *(gotra)*, Speisegemeinschaft pflegenden Großfamilien *(kula)*, gildenartigen Berufsgruppen *(shilpa)* und Stämmen der Urbevölkerung *(âdivâsî)* entstand ein System von mehr oder weniger fest gefügten Gemeinschaften, die man *jâti*, wörtlich „Geburt", „Art der Geburt", zu nennen begann. Als die Portugiesen nach Indien kamen und mit der gesellschaftlichen Einrichtung der *jâti* konfrontiert wurden, gebrauchten sie dafür das Wort *casta*, „Art", „Rasse", woraus sich das englische *caste* und schließlich auch das deutsche „Kaste" herleiten.

Aus der Zersplitterung der vedischen Gesellschaft und der Vermischung der indogermanischen Einwanderer mit der einheimischen Bevölkerung ging also nach und nach das Kastensystem des Hinduismus hervor. Diese Gesellschaftsumbildung sprengte den Rahmen des alten vedischen Ständesystems. Die Kategorien der vier Stände *(varna)*, nämlich Krieger, Priester, Nährstand und Hörige, versagten zusehends, wenn es galt, das sich auffächernde Spektrum der indischen Gesellschaft auch nur einigermaßen wirklichkeitsgetreu zu beschreiben.

Die Brahmanen, die Intellektuellenschicht der Bevölkerung, sahen dieser Neuordnung der altindischen Gesellschaft nicht tatenlos zu. Seit jeher hatten sie sich als Priesteradel gefühlt, den machthabenden *warlords* geistig und geistlich überlegen, und stets waren sie bemüht gewesen, an der weltlichen Macht des Kriegeradels teilzuhaben. Es gibt Beispiele dafür, daß die Brahmanen ihr Opferwissen als politische Waffe einsetzten, und zwar gezielt zur Schwächung des Kriegeradels, etwa wenn sie versuchten, die Vaishyas gegen die Kshatriyas auszuspielen durch die Drohung, mittels magischer Opfermanipulationen den Nährstand mächtiger werden zu lassen als den Kriegerstand.[43]

Die Antwort der Brahmanen auf die Entstehung des Kastensystems war eine Wiederbelebung der alten Einteilung der Gesellschaft in vier Stände, allerdings in abgewandelter Form. Der grundsätzliche Unterschied besteht darin, daß das alte vedische Ständesystem tatsächlich existiert hat, während das neue Vier-Stände-Modell lediglich eine von den Brahmanen erdachte Fiktion ist. Die brahmanische Ideologie von den vier „Ständen" (*varna*, wörtlich „Farbe", „Hautfarbe") ist eine idealtypische Schablone, die über die tatsächlich existierenden Gruppierungen der indischen Gesellschaft, die Kasten *(jâti)*, gelegt wurde und heute noch gelegt wird, und zwar zu dem Zweck, die höchste Stelle in der gesellschaftlichen Hierarchie nicht mehr, wie in der ursprünglichen Form des Ständesystems, den Kriegern, sondern nunmehr den Priestern, eben den Brahmanen, zuzuweisen und zu sichern.

Der klassische Beleg für diese brahmanische Fiktion ist das Purusha-Sûkta (Rig-Veda 10.90). Dieser Hymnus handelt von der Opferung eines kosmischen Urriesen, der Purusha genannt wird; die einschlägige Stelle lautet: „Als sie Purusha zerlegten, wieviel Teile haben sie gemacht? Was wurde sein Mund, was seine Arme, was seine Schenkel, was seine Füße genannt? Der Brahmane war sein Mund, die Arme wurden zum Krieger, seine Schenkel zum Vaishya, aus den Füßen entstand der Shûdra." Das Purusha-Sûkta erfüllt also in erster Linie den Zweck, in Form einer Aitiologie den ersten Platz der Brahmanen in der sozialen Hierarchie zu begründen. Die Krieger, so jedenfalls verkünden es hier die Brahmanen, kommen erst an zweiter Stelle. Brahmanen und Krieger zusammen sollen den Nährstand (Vaishya) und den Dienststand (Shûdra) beherrschen. Die Vaishyas – zu ihnen gehören die Ackerbauern, Viehzüchter und besseren Handwerker, später auch die Kaufleute – heben sich von den Shûdras insofern ab, als sie (wie auch Brahmanen und Kshatriyas) am Opfer teilhaben dürfen und beim Erreichen der Volljährigkeit zur Initiation mit der heiligen Schnur berechtigt sind. Brahmanen, Kshatriyas und Vaishyas, die drei oberen Stände also, gelten daher als „Zweimalgeborene" *(dvi-ja)*: Ihre erste Geburt ist die physische, „profane" (wobei die Zeugung als die eigentliche Geburt angesehen wurde); die zweite ist die „sakrale" Geburt während der Initiation bzw. Weihe *(dîkshâ)*. Zu den Shûdras gehören die unreinen Handwerker, z.B. Schlächter und Gerber, außerdem die Diener und Sklaven.

Das von den Brahmanen erdachte Gesellschaftsmodell unterscheidet sich von der tatsächlichen Ständeordnung der früheren vedischen Zeit vor allem in zwei Punkten. Den ersten Punkt haben wir kennengelernt: Es ist der Anspruch der Brahmanen auf ihre eigene Vorrangstellung. Der zweite wichtige Unterschied liegt darin, daß in der nunmehr entwickelten Stände-Ideologie die Urbevölkerung mit zu den Shûdras gezählt wird, während früher die Einheimischen außerhalb der arisch-vedischen Gesellschaft standen. Mit dieser Einbeziehung der Urbevölkerung wurde ganz offensichtlich den veränderten sozialen Gegebenheiten Rechnung getragen, beansprucht doch die brahmanische Fiktion von den vier Ständen, die gesamte Bevölkerung zu erfassen. Die Vermischung mit der Urbevölkerung war bereits soweit fortgeschritten, daß die arischen Einwanderer von Aussehen, Sprache, Religion und Gebräuchen her teilweise nicht mehr von der einheimischen Bevölkerung zu unterscheiden waren.

Das Vier-Stände-Modell der Brahmanen, wenn auch eine Fiktion, war dennoch von ungeheurem Einfluß auf die indische Kultur. Es hat eine realistische, das heißt historische Betrachtung des Kastensystems weithin verdrängen können. Selbst manche wissenschaftlichen Untersuchungen über das Kastensystem können sich nicht von der idealtypischen Schablone der vier Stände freimachen und halten brahmanisches Wunschdenken für Beschreibung sozialer Wirklichkeit. Das liegt nicht zuletzt an der Quellenlage. Die Quellentexte des Hinduismus sind fast ausschließlich von Brahmanen veraßt; diese brahmanischen Autoren wollten kein getreues Abbild der sozialen Zustände ihrer Zeit geben. Vielmehr ging es ihnen um die Anhebung ihres eigenen Status. Also beharrten sie unermüdlich auf ihrem Wunschbild der Gesellschaft gemäß der Methode der Politik, daß man Dinge, sie mögen so falsch sein wie sie wollen, indem man sie wieder und wieder behauptet, herbeireden kann. In welchem Umfang ihre Taktik Erfolg hatte, wird deutlich, wenn bis heute das Kastensystem, das es gibt, mit dem Vier-Stände-Modell, das es nicht gibt, verwechselt wird. Mit der erfolgreichen Propagierung ihres Vier-Stände-Modells wandelten sich die Brahmanen von intellektuellen Aufsteigern zu konservativen Hütern und Bewahrern einer religiös sanktionierten gesellschaftlichen Hierarchie. Und durch die Verknüpfung des Vier-Stände-Modells mit der Wiedergeburtslehre, dergestalt, daß man nur in einer Geburt als Brahmane von den anfangs- und endlosen Leiden des Wiedergeburtskreislaufs erlöst werden kann, schufen sich die Brahmanen obendrein eine religiöse Begründung ihres Superioritätsanspruchs. Soviel zum grundsätzlichen Unterschied zwischen Stand *(varna)* und Kaste *(jâti)*.

An drei Bereichen wird, wie eingangs erwähnt, Kastenverhalten besonders deutlich, nämlich beim Essen, beim Heiraten und bei der Berufsausübung. Betrachten wir zunächst die wichtigsten Essensregeln.

Wenn man als Angehöriger eines Kastensystems mit jemandem aus einer niedrigeren Kaste zusammen ißt, so bedeutet daß rituelle Verunreinigung und gleichzeitig soziale Degradierung. Dieser Statusverlust betrifft nicht nur den Einzelnen, sondern die gesamte Kaste. Mit Niedrigeren zusammen *darf* man nicht essen; mit Höherkastigen aber *kann* man es nicht, weil die sich nämlich ebenfalls nach unten abschließen. Deshalb ißt man immer nur mit Angehörigen der eigenen Kaste. Ein wichtiges Merkmal einer Kaste ist also die Tischgemeinschaft, die Kommensalität.

Essensverbote stehen in dem größeren Rahmen der Kontaktverbote. Im Extremfall kann schon Nähe verunreinigen, selbst der Blick oder Schatten eines Niedrigkastigen (pars pro toto!), besonders, wenn er während des Essens auf den Höheren fällt. Nähe, Blick und Schatten sind Vorstufen der Berührung. „Untouchable" (*Der Unberührbare*) ist der Titel eines berühmten Romans von Mulk Raj Anand. In einer Schlüsselszene dieses gesellschaftskritischen Romans geht die Hauptfigur, ein „unberührbarer" Latrinenreiniger, in Gedanken versunken und deshalb unachtsam durch die Straßen einer Stadt; plötzlich wird er angeschrien: „‚Schau, daß du an den Straßenrand kommst, du Ungeziefer niedriger Kaste!' hörte er plötzlich jemanden brüllen. ‚Warum rufst du nicht, du Schwein, und kündigst dein Herankommen an? Weißt du, daß du mich berührt und verunreinigt hast, du schielender Sohn eines krummbeinigen Skorpions! Jetzt muß ich ein Bad nehmen, um mich zu reinigen! Und dabei habe ich am Morgen ein neues Lendentuch und ein sauberes Hemd angezogen!'" (Zürich 1985, S. 56)[44]

Wasser darf man nur von Gleichkastigen oder Höherkastigen akzeptieren, weshalb auch an den Trinkwasserständen auf indischen Bahnhöfen das Wasser in der Regel von Brahmanen ausgeschenkt wird. Von Brahmanen nämlich können alle Kasten Trinkwasser annehmen. Ebenso können Brahmanen als Restaurantbetreiber mit dem weitesten Kundenkreis rechnen. Wegen des Trinkwassertabus kommt es immer wieder zu Konflikten zwischen hohen und niedrigen Kasten bei gemeinsamer Brunnenbenutzung. Oft müssen die Angehörigen der untersten Kasten, für die sich die Selbstbezeichnung „Dalit" immer mehr durchsetzt, außerhalb des Dorfes einen separaten Brunnen benutzen. Bei der tropischen Hitze Indiens und den häufigen Dürren bedeutet ein Brunnenverbot eine schwere Belastung, zumal die mühsame Wasserschlepperei im allgemeinen Aufgabe der Frauen ist.[45]

Essensregeln erstrecken sich nicht nur auf die Tischgemeinschaft, auch die Art der Nahrung ist von Bedeutung. „Man ist, was man ißt“; eine Kaste kann durch selbst auferlegte Speiseverbote ihren Status erhöhen. Die Nahrung ist von unterschiedlichem Reinheitsgrad. Ihre Reinheit bestimmt sich durch die Rohmaterialien, aber auch durch die Art der Zubereitung.

Was zunächst die Rohmaterialien betrifft, so kann man geradezu von einer Hierarchie der Nahrungsmittel sprechen, je nachdem, ob sie von hohen Kasten bevorzugt oder abgelehnt werden. In der Hierarchie der Nahrungsmittel ganz oben stehen Milch und Milchprodukte: Joghurt, Buttermilch und vor allem Ghî, das ist flüssiges, gereinigtes Butterschmalz; Butter wird erhitzt und von Schaum und Bodensatz gereinigt. Ghî wurde schon im vedischen Opfer verwendet. Gekochtes Essen unterscheidet man danach, ob es mit oder ohne Ghî zubereitet ist. Ghî an sich gilt als besonders rein, deswegen reinigt er die mit ihm zubereitete (pflanzliche) Nahrung. Was in Schmelzbutter gebacken ist, heißt Pakkâ, das sind Speisen wie Pûrî (frittierte aufgeblähte Brotfladen), Pakaurâ (frittierte Gemüsestücke) und in Ghî gebackene Süßigkeiten wie Laddû und Halvâ. Pakkâ darf auch von hohen Kasten außer Haus gegessen werden. Es ist die bevorzugte Nahrung auf Reisen und auf Festen, wo Angehörige verschiedener Kasten miteinander essen.

Mit besonderen Einschränkungen und Vorsichtsmaßnahmen verbunden ist der Genuß von normalem Alltagsessen, das nicht mit Schmelzbutter zubereitet, sondern mit Wasser gekocht ist. Es heißt Kaccâ (sprich: „kat-schaa“). Kaccâ besteht in der Regel aus Getreidemehl, gerösteten Brotfladen (Capâtî), gekochtem Reis und gekochten Hülsenfrüchten (Dâl). Kaccâ darf man nur zusammen mit der eigenen Familie oder mit Leuten aus der gleichen Kaste essen. Doch ziehen sich Kaccâ-Schranken manchmal sogar durch Familien. So kann es vorkommen, daß beispielsweise eine angeheiratete Tante sich zu gut ist, Kaccâ von der Frau ihres Neffen zu akzeptieren.

Der Genuß von Kaccâ ist für den orthodoxen Hindu eine umständliche Zeremonie, die durch obligatorische Reinigungsriten von der profanen Welt abgegrenzt wird. Vor dem Essen wird gebadet; dann betritt man, mit freiem Oberkörper, den rituell markierten Eßplatz (*caukâ*, „Viereck"), meist ein separater Teil in oder neben der Küche, der ebenfalls gereinigt sein muß, und zwar mit Kuhdung oder Milch. Während des Essens darf kein Angehöriger einer niedrigeren Kaste den Eßplatz betreten.

Nach der Milch und ihren Produkten kommt die pflanzliche Nahrung. Vegetarismus ist Statussymbol: Wenn eine Kaste in der sozialen Hierarchie aufsteigen will, sollte sie ihren Mitglieder den Verzehr von Fleisch und Fisch verbieten. Indien ist ein vorwiegend vegetarisches Land. Vishuiten sind strengere Vegetarier als Shivaiten, die mitunter Hammel und Ziege essen. Auch bei den Pflanzen gibt es noch Abstufungen. So lehnen manche Vishuiten Knoblauch, Zwiebeln oder bestimmte Gewürze ab. Tulsî dagegen, das ist Basilikum, gilt als eine besonders reine Pflanze. Fleisch ist in Indien die Nahrung der niedrigen Kasten und der außerhalb des hinduistischen Kastensystems stehenden Christen und Muslime.

Was die Drogen angeht, so verhält es sich mit Cannabis und Alkohol gerade umgekehrt wie in Europa: Hanf ist gesellschaftlich akzeptiert und wird sogar von Vishuiten genossen, besonders gern als ein Trank mit Milch und Gewürzen (Bhânga). Alkohol dagegen ist verpönt, der Inbegriff von Laster und Verbrechen.

Das Bild des Hinduismus nach außen wird besonders bestimmt durch die Heiratssitten. Neben der Tischgemeinschaft und dem gemeinsamen Beruf gilt die Endogamie als wichtigstes Merkmal einer Kaste. Endogamie bedeutet, daß man nur innerhalb der Kaste heiraten darf. Aber ebenso wie die Tischgemeinschaft und die Berufsbindung ist auch die Endogamie kein fundamentales, unumstößliches Prinzip, sondern eher ein Zwang. Sie ergibt sich nämlich aus demselben Bestreben, keinesfalls mit einer niedrigeren Schicht der Gesellschaft in Berührung zu kommen, sondern, über eine Heirat, möglichst den Anschluß an eine höhere Kaste zu gewinnen und damit den gesellschaftlichen Aufstieg zu schaffen. Eine Kaste ist nämlich nur dann endogam, wenn sie keine Möglichkeit hat, in eine höhere Kaste einzuheiraten. Tatsächlich sind die meisten Kasten und erst recht Unterkasten hypergam, daß heißt, daß die Frauen, wenn irgend möglich, „hinaufheiraten" sollten, während es den Männern erlaubt ist, eine Frau von etwas niedrigerem sozialen Rang ohne Prestigeverlust für die ganze Kaste zu ehelichen. Endogamie ist nur Notlösung, angestrebt ist Hypergamie.

Der Grund für höherkastige Eltern, ihren Sohn mit einer niedrigkastigeren Braut zu verheiraten, liegt nicht zuletzt darin, daß die Brauteltern in der Regel einen ansehnlichen Geldbetrag an die Eltern des Bräutigams zahlen müssen. Sie kaufen sich damit in die höhere Kaste ein. Doch es geht auch ohne Geld, wenn nämlich der Bräutigam so unattraktiv ist, daß sich keine Braut von gleichem Rang für ihn finden läßt. Der Hindi-Literat Premcand schildert in seinem Roman *Nirmalâ*, wie ein hübsches, junges Mädchen, dessen Familie plötzlich verarmt und keine Mitgift mehr zahlen kann, an einen alten, häßlichen Witwer mit drei Kindern verheiratet wird und an dieser Notehe scheitert.[46]

Der Hang zur Hypergamie hat eine ganze Reihe von gesellschaftlichen Mißständen zur Folge. Über die immense Mitgift hinaus sind die Brauteltern verpflichtet, ein möglichst aufwendiges Hochzeitsfest zu bezahlen. Je größer die Pracht und die Zahl der Gäste, desto höher auch das Prestige. Wegen solcher Heiraten verschulden sich viele Familien bis in mehrere Generationen hinein. Manche hochkastigen Familien machen ein Geschäft daraus, ihre Söhne mehrfach zu verheiraten, selbst auf die Gefahr hin, daß sie deshalb von ihren Kastenbrüdern nur noch wie Leute aus der angeheirateten, niedrigeren Kaste, also praktisch wie Ausgestoßene, behandelt werden. Manchmal ist eben die Geldgier größer als die Angst vor sozialer Ächtung. In indischen Zeitungen liest man immer wieder von Mitgiftmorden: Familien heimsen eine hohe Mitgift ein und entledigen sich dann der jungvermählten Schwiegertochter, damit der Sohn frei wird für eine neue Heirat und Mitgift. In den Tageszeitungen erscheint dann eine lapidare Meldung wie etwa die folgende, unter der Überschrift „Housewife burnt“:

> Begusarai. Sangeeta Kumari, wife of one Anil Kumar Chaudhury, of village Parmanandpur, under Cheria Bariarpur police station, was burnt to death at 3 a.m. on Wednesday. A case has been registered in this connection with the local police, and her husband and father-in-law have been named as the main accused. No arrests have been made so far. (Times of India, 31.8.95, S.1)

Hypergamie führt zwangsläufig zu einem Mangel an Bräutigamen in den höheren Kasten beziehungsweise zu einem Überschuß an heiratsfähigen Mädchen, für die ja die Möglichkeiten, in der sozialen Pyramide „hinaufzuheiraten“, seltener werden. Eine Tochter nicht zu verheiraten, ist nicht nur ein sozialer Makel, sondern auch eine Sünde, ein Verstoß gegen die religiöse Pflicht, den Dharma. Die Geburt eines Mädchens bedeutet deshalb automatisch eine schwere finanzielle Belastung. Die makabre Folge im technologischen Zeitalter ist, daß skrupellose Geschäftemacher Busse mit medizinischen Geräten zur Ultraschall-Geschlechtsbestimmung von Embryos durch die rückständigen Gegenden Nordindiens schicken, und da die auf solche Weise erkannten weiblichen Foeten in großer Zahl abgetrieben werden, kommen inzwischen dort in der Jahrgangsgruppe bis zu sechs Jahren auf 1.000 Jungen nur noch 800 Mädchen. Abtreibung ist in Indien bis zur 20. Schwangerschaftswoche legal, und etwa in der 16. Woche läßt sich das Geschlecht des Ungeborenen bestimmen. Indienweit nimmt man jährlich insgesamt sechs bis acht Millionen Abtreibungen an.

Bereits im Jahre 1929 wurde mit der „Child Marriage Restraint Act“ die Kinderheirat verboten, eine Sitte, die ebenfalls mit dem Mangel an Bräutigamen in Zusammenhang steht. Trotzdem kommen solche Kinderheiraten noch heute vor, ganz abgesehen davon, daß in den meisten nordindischen Bundesstaaten 70% der Mädchen vor ihrem 17. Geburtstag nicht nur verheiratet, sondern sogar schon schwanger sind. Wenn es schwierig ist, einen Bräutigam zu finden, die Eltern aber religiös verpflichtet sind, ihre Tochter zu verheiraten, dann versuchen sie, die Hochzeit so früh wie möglich abzuschließen, und sei es schon im Kindesalter. Die Kinderheirat hatte sich aber auch verselbständigt. Weil sie besonders unter hohen Kasten üblich war, wurde sie zum Statussymbol, das auch niedrigere Kasten ohne Not nachahmten.

Ein anderes Statussymbol ist das Verbot der Wiederverheiratung von Witwen. In einem solchen Verbot drückt sich die patriarchalische Auffassung aus, daß Frauen Eigentum des Mannes sind. Der Mann möchte sogar nach seinem Tode sein Eigentum nicht an einen anderen abtreten. Der extremste Ausdruck dieses patriarchalischen Besitzanspruchs war die Witwenverbrennung (Satî). Die Witwe wurde zusammen mit der Leiche ihres Mannes lebendig verbrannt, damit der Gatte sein Eigentum mit ins Jenseits nehmen konnte.

Da die höheren Kasten traditionell eher zu der indogermanischen Oberschicht gehören und die indogermanischen Einwanderer, wie wir sahen, streng patriarchalische Heiratssitten pflegten, entstammt auch das Verbot einer erneuten Heirat von Witwen den höheren Kasten. Die niedrigen Kasten hingegen, in denen das frauenfreundliche Substrat der indischen Kultur viel stärker erhalten geblieben ist, praktizieren fast durchweg die Ehescheidung; auch erlauben sie der Frau nach der Scheidung oder nach dem Tod des Ehemannes eine erneute Heirat.

Wir hatten gesehen, daß die Frauen einer Kaste gehalten sind, möglichst in eine höhere Kaste einzuheiraten (Hypergamie) und nur, wenn das nicht möglich ist, innerhalb der eigenen Kaste heiraten müssen (Endogamie). Jede Kaste ist zusätzlich noch unterteilt in Gruppen von Leuten, die sich über die Linie des Vaters auf einen gemeinsamen Stammvater zurückführen, sie bilden also Sippen oder Clans. Das Sanskritwort ist *gotra*, wörtlich „Kuhstall". Angehörige einer Sippe dürfen untereinander nicht heiraten, die Sippen sind exogam, das heißt, nur „Heiraten außerhalb" der Sippe sind gestattet.

Diese patrilinearen Sippen sind nach dem Vorbild der älteren matrilinearen Verwandtschaftsstruktur gebildet. Für patrilineare Sippen läßt sich das Exogamiegebot nicht begründen. In den alten matrilinearen Großfamilien jedoch, in denen ein Kind nur seine Mutter, nicht aber seinen Vater kannte, wird der Sinn des Exogamiegebots deutlich: Es war ursprünglich ein Inzestverbot, daß den Verkehr in der eigenen Großfamilie verhinderte und die Männer zwang, um Frauen aus benachbarten Clans zu werben. So erklärt sich die Existenz von exogamen Sippen *(gotra)* innerhalb der hypergamen Kasten *(jâti)* in der heutigen hinduistischen Gesellschaft als eine sinnentleerte, schematische Übertragung alter matristischer Heiratsregeln auf patriarchalische Verhältnisse.

Neben der Tischgemeinschaft und der Endogamie gilt die Berufsbindung als drittes Merkmal einer Kaste. Aber auch das ist nur teilweise richtig. Zwar spielt der Beruf bei der Benennung von Kasten eine große Rolle – Dhobî zum Beispiel ist die Wäscherkaste, Nâî heißen die Barbiere –, doch dürfte es schwerfallen, Kasten zu finden, deren Angehörige alle demselben Beruf nachgehen. Ein großer Teil der weit über Indien verbreiteten, mitgliederstarken Kaste der Camâr beispielsweise – dem Namen nach Lederarbeiter, also Schuster – verdient sein Geld durch Tagelöhnerei als Land- und Erntearbeiter. Kasten sind also keine Gilden, Handwerksvereinigungen oder Berufsverbände.

Wichtiger als der Beruf einer einzelnen Kaste sind die gegenseitigen beruflichen Leistungen der Kasten untereinander. Der Rang einer Kaste in der gesellschaftlichen Hierarchie ist nämlich nicht nur von ihren Essens- und Speisevorschriften abhängig, sondern auch davon, mit welcher anderen Kaste sie beruflich zu tun hat, für welche höhere oder niedrigere Kaste sie Dienste oder Leistungen erbringt. Eine Wasserträgerkaste kann ihr Prestige erhöhen, wenn es ihr gelingt, in Zukunft eine angesehenere Priesterkaste als bisher zu beliefern. Umgekehrt verliert eine Brahmanenkaste an Status, wenn sie aus wirtschaftlicher Not gezwungen ist, ihre geistlichen Dienste zukünftig einer zwar mitgliederstarken, aber als unrein geltenden Kaste wie etwa den erwähnten Camâr anzubieten.

Das System gegenseitiger beruflicher Leistungen wird mit einem Wort (*jajmânî*) benannt, das sich von der Bezeichnung für den Opferherrn (*yajamâna*) beim alten vedischen Opfer herleitet. Wer etwas von den Göttern wünschte, mußte als Opferherr einen oder mehrere opferkundige brahmanische Priester mit der Durchführung seines Opfers beauftragen. Die magische Kraft des Opfers zwang die Götter, den Wunsch des Opferherrn zu erfüllen. Der Opferherr schuldete dafür dem Brahmanen, der ihm mit seinem geheimen Ritualwissen gedient hatte, Opferlohn (*dakshinâ*).

Die Arbeitsteilung zwischen den Kasten in den indischen Dörfern geschieht auf die gleiche Weise. Der Priester bietet dem Bauern seine religiösen Dienste an: Er stellt ihm Horoskope, vollzieht Geburts-, Hochzeits- und Totenriten, führt Rezitationen heiliger Texte durch; das religiöse Verdienst kommt dabei dem Auftraggeber zugute. Der Priester wird dafür vom Bauern mit Naturalabgaben versorgt, mit Getreide, Früchten, Gemüse oder Milch, seinem „Opferlohn“. Dieses religiöse Schema wird auch auf scheinbar ganz profane berufliche Leistungen und Gegenleistungen angewandt. Der Barbier rasiert den Korbflechter und bezieht dafür von ihm bei Bedarf seine Korbwaren. Der Landarbeiter schuldet dem Landbesitzer Abgaben; der wiederum muß bei einem Todesfall in der Familie des Landarbeiters die Kosten für anständige Leichenfeierlichkeiten tragen und ihn in Notlagen anderweitig unterstützen.

Natürlich ist auch dieses kollektive Wirtschaftssystem gegenseitiger Naturalleistungen nicht gegen Mißbrauch gefeit. Die intellektuellen und geistlichen Druckmittel liegen in den Handen der Brahmanen. Die wirtschaftliche und weltliche Macht haben die reichen Landbesitzer inne. Dem Egoismus und der Hagbier der Mächtigen können die wirtschaftlich abhängigen Kasten außer moralischen Vorhaltungen nichts entgegensetzen. Die Ausbreitung des Geldes in den indischen Dörfern verleitet so manchen Brahmanen dazu, sich als Geldverleiher zu betätigen und durch Zinswucher höhere Naturalleistungen von den Bauern zu erpressen. Der skrupellose Schuldeneintreiber und der habgierige Hauspriester sind typische Figuren in den gesellschaftkritischen Erzählungen und Romanen der modernen Hindiliteratitur. Gesellschaftskritik ist in Indien immer auch Religionskritik, ein Zeichen dafür, daß im Kastensystem des Hinduismus religiöse, gesellschaftliche und wirtschaftliche Faktoren aufs engste miteinander verflochten sind und sich gegenseitig bedingen.

Kollektive Zwänge provozieren individuelles Erlösungsstreben. Individualistische Heilslehren, die mit dem Auszug aus der bürgerlichen Gesellschaft beginnen, um Erlösung von allen weltlichen Banden zu erreichen, wie etwa der Buddhismus entstehen in Indien etwa zur gleichen Zeit wie das Kastensystem. Manche dieser „Ketzerreligionen“ wurden in den Hinduismus integriert, wie etwa der Yoga. Die Anhänger des Jinismus bilden heute in der hinduistischen Gesellschaft praktisch eine Kaste, genauso wie etwa auch die Sikhs. Andere kastenfeindliche Bewegungen aus den unteren Schichten der sozialen Pyramide gingen im Shaktismus auf: „Und nie sollen die Gedanken des Verehrers auf Kastenbindung gerichtet sein, durch Kastenbindung erlangt man die Hölle.“ (Mahâcînâcâra-Tantra 6.18) Aber auch im orthodoxen Hinduismus gibt es Strömungen, die der Kastenhierarchie zuwiderlaufen. Sie haben sogar in die Bhagavadgîtâ Eingang gefunden: „Für die wahren Gelehrten stehen ein mit Wissen und Bescheidenheit versehener Brahmane, eine Kuh, ein Elefant, ein Hund und sogar ein Hundebrater auf einer Stufe.“ (5,18) Egalitäre Tendenzen finden sich, wie wir sehen werden, im Neohinduismus, bei Mahatma Gandhi, und auch – unerwarteterweise – im heutigen Hindu-Fundamentalismus.

Trotz alledem muß man zweifeln, ob diese kastenfeindlichen Trends und Tendenzen die integrative Kraft des Kastensystems aufwiegen. Das Kastensystem schwindet nicht, – es lebt und wächst durch Zellteilung. Die Kastenhierarchie reagiert auf neue Elemente nicht mit Ausschluß, sondern mit Integration. Das Neue wird eingeschätzt, bekommt seinen Rang zugewiesen und wird integraler Bestandteil des Systems. Bei aller Starrheit und Strenge der traditionellen Regeln war das Kastensystem doch immer flexibel genug, um neue Gruppen in sich aufzunehmen, sich anzupassen und dadurch umzuformen. Die Fähigkeit zur Integration, zur „Einbeziehung“ (inclusion, wie Hutton, S. 121, sagt), macht das Kastensystem zum Stabilisator der indischen Gesellschaft. Die Kontinuität der indischen Kultur ist der integrativen Kraft des Kastensystems zuzuschreiben.

Neohinduismus und religiöser Kommerz

Neohinduismus: von der Volksreligion zur Universalreligion

Der Neohinduismus[47] entstand im Laufe des 19. Jahrhunderts als Folge der Auseinandersetzung indischer Intellektueller mit religiösen und ideologischen Einflüssen aus dem Westen. Den zahlreichen neohinduistischen Bewegungen und Gruppierungen gemeinsam ist das Bestreben, die Volksreligion Hinduismus zur Universalreligion umzuinterpretieren. Damit muß auch die Definition des Hinduismus als Volksreligion geändert werden. Der Neohinduismus unterscheidet sich also vom orthodoxen Hinduismus dadurch, daß nicht mehr die Geburt und damit die Zugehörigkeit zu einer Kaste darüber entscheidet, ob jemand Hindu ist oder nicht, sondern daß nun der Hinduismus mehr und mehr als Universalreligion aufgefaßt wird, zu der prinzipiell jeder übertreten kann.

Die erste neohinduistische Vereinigung war der *Brâhma Samâj*, der im Jahre 1828 von dem Bengalen Ram Mohan Roy gegründet wurde. Einerseits stark von westlichen Ideen, insbesondere auch von sozialreformerischen Gedanken, beeinflußt, machte er andererseits die Philosophie des Vedânta zu seiner religiösen Grundlage. Mit bildfreiem Monotheismus verbanden sich die Wertschätzung der Upanishaden und Bhakti-Frömmigkeit. Der Brâhma Samâj blieb jedoch auf einen kleinen Kreis westlichen Einflüssen aufgeschlossener Gebildeter beschränkt.

Weitere Verbreitung erlangte der 1875 von Dayânand Sarasvatî gegründete *Ârya Samâj*, der bald über eine Million Anhänger gewinnen konnte. Sarasvatîs wichtigste

Forderung, die er in seinem Hauptwerk, dem *Satyârtha Prakâsh*, dem „Licht der Wahrheit“, erhob, lautete: „Zurück zu den Veden.“ Im Veda sah er die reine Uroffenbarung, die durch die Auswüchse des späteren purânischen Zeitalters verdeckt und überwuchert worden sei. Mit dem Rückgriff auf die vedische Tradition verband sich sein Streben nach gesellschaftlicher Reform, insbesondere der Abschaffung der Kastenschranken, der Kinderheirat und des Verbots der Wiederverheiratung von Witwen, aber auch der Idolatrie und des Polytheismus. Im Veda glaubte Sarasvatî nicht nur Monotheismus, sondern auch bereits etliche Erkenntnisse moderner westlicher Naturwissenschaft belegen zu können.

Die *Ramakrishna-Mission* wurde 1897 von Vivekânanda (1863-1902) gegründet, dem Lieblingsschüler des Gottesmystikers und shaktistischen Tempeldieners Râmakrishna (1836-1886). Obwohl sie allen Weltreligionen gleichermaßen aufgeschlossen gegenübersteht, legt diese vor allem durch Vivekânandas Auftritt im Jahre 1893 vor dem „Weltparlament“ der Religionen in Chicago auch im Westen bekannt gewordene neohinduistische Bewegung einen modern interpretierten Vedânta zugrunde. Die Toleranz gegenüber fremden Weltanschauungen kommt in dem Satz zum Ausdruck, „daß alle Religionen und Philosophien im Grunde auf dieselbe Wahrheit zielen, die freilich im Vedânta ihren vollkommensten Ausdruck gefunden habe“.[48] Indien und der Hinduismus seien aber nur eine Art Durchgangsstation in der religiösen Entwicklung der Menschheit; letztlich strebte Vivekânanda eine universale Bruderschaft aller Menschen an. Ein wichtiger Vertreter der Ramakrishna-Mission wurde auch der Philosoph und Politiker S. Radhakrishnan (1888-1975).

Aurobindo Ghose (1872-1950), der Sohn eines bengalischen, verwestlichen Arztes und einer fromm-hinduistischen Mutter, hat weltweit eine zahlreiche Anhängerschaft um sich scharen können. Bis auf den heutigen Tag wird sein „integraler Yoga" *(pûrnayoga)* in den Aurobindo-Âshramas geübt. Aurobindo sah das Land Indien als göttliche Mutter an; mit der Kraft, der *shakti*, des Volkes, d.h. mit den 300 Millionen individuell-pesonifizierter Shaktis, als die sich ihm die indische Bevölkerung darstellte, wollte er die Unabhängigkeit Indiens von der britischen Kolonialherrschaft durchsetzen. Aurobindo wurzelt damit im Shaktismus, der Strömung des Hinduismus, die im Heimatland Aurobindos, in Bengalen, ihren Schwerpunkt hat. Und der Kult der Großen Göttin gibt seiner Lehre auch das charakteristische Aussehen. Doch hat Aurobindo in seine religiösen Vorstellungen auch krishnaitische, shivaitische und tantrische Elemente eingeschmolzen. Diese hinduistischen Wurzeln reicherte Aurobindo an mit Motiven westlicher Kultur, mit denen er zunächst auf einer englischen Privatschule in Darjeeling, dann durch einen 14jährigen (1873-1891) Englandaufenthalt während der prägenden Jahre seiner Jugend (bis zu seinem 21sten Lebensjahr) vertraut wird. Aurobindo schrieb seine Werke auch vorwiegend in englischer Sprache.

Nach der Jugend und dem Studium in England sowie einer Phase politischer Aktivität unmittelbar nach seiner Rückkehr nach Indien verbrachte Aurobindo die letzten 41 Jahre seines Lebens als Guru im französisch verwalteten südindischen Pondicherry, wohin er sich vor den Engländern geflüchtet hatte, um einer Verhaftung wegen seiner Umtriebe für die Unabhängigkeit Indiens zu entgehen. Die Leitung seines Âshramas teilte er sich mit einer Französin armenischer Abstammung, Mira Richard, die er die „Mutter" nannte und in der er die Verkörperung der Shakti, der göttlichen Mutter im Sinne des Shaktismus sah: „Es gibt eine göttliche Kraft, die im Universum wie auch im Individuum wirkt und die zugleich jenseits des Individuums und des Universums ist. Die Mutter repräsentiert alles das, aber sie wirkt hier im Körper, um etwas herabzubringen, was in dieser materiellen Welt noch nicht ausgedrückt ist, um das Leben hier zu transformieren. Ihr sollt sie als die göttliche Shakti ansehen, die hier zu diesem Zwecke wirkt."[49]

Religiöser Kommerz: das Geschäft mit hinduistischer Spiritualität

Asketenscharlatanerie ist so alt wie das Asketentum. Bereits die ältesten buddhistischen Schriften (z.B. das Shrâmanyaphalasûtra, Dîghanikâya I, S. 64-69) berichten von falschen Heiligen, die ihre Askese um eines mühelosen Broterwerbs willen und wegen des damit verbundenen hohen Sozialprestiges betreiben. Im mittelindischen Bundesstaat Mahârâshtra bietet ein „Kommittee zur Entwurzelung des Aberglaubens" *(andhashraddhâ nirmûlan samiti)* 500.000 Rupien jedem, der ein Wunder beweisen kann; bisher hat sich freilich noch kein wundertätiger Bâbâ der Herausforderung gestellt. Der Klassiker der modernen Hindi-Literatur Premcand, der in seinen Werken Sozialkritik mit Religionskritik verbindet, hat in der Figur des Moterâm Shâstrî einen solchen falschen Heiligen geschildert, der seinen geistlichen Beruf zur Befriedigung seiner Geldgier und Genußsucht benutzt. Um das Phänomen der sich auf hinduistische Tradition berufenden Kommerz-Organisationen zu verstehen, können wir einleitend eine dieser hinduismuskritischen Satiren Premcands zitieren.[50] Der Hauspriester Moterâm ist seines Lehrerberufs überdrüssig geworden. Eines Tages eröffnet er seiner Gattin, er habe beschlossen, Arzt zu werden:

Als Moterâms Glück noch immer nicht aus süßem Schlummer erwachen wollte und er seine lästigen Lehrverpflichtungen partout nicht los wurde, da dachte er sich schließlich etwas Neues aus. Er ging ins Haus und sprach zu seiner Gattin: „Wenn ich meinen Schülern, diesen alten

Papageien, auf ewig das Nachplappern beibringen muß, dann werde ich noch bekloppt. Was habe ich denn davon gehabt, daß ich schon so lange Unterricht gebe? Soll ich immer nur darauf hoffen, daß es sich später einmal auszahlt? ... Mein ganzes Leben lang habe ich immer nur geschuftet. Ich will doch auch einmal ein paar weltliche Freuden genießen. Ich habe beschlossen, Arzt zu werden."

Verwundert sagte die Frau: „Wie kannst du Arzt werden, das muß man schließlich auch gelernt haben?"

Moterâm: „Ein Medizinstudium nützt einem gar nichts. Im täglichen Leben kommt es nicht so sehr auf Schulbildung an, wie auf Intelligenz. Vielleicht drei oder vier von den Ärzten hier sind ehrlich und anständig, aber mehr auch nicht. Ab heute setze ich den Titel ‚Medizinaldirektor' vor meinen Namen. Meinst du, da kommt einer und fragt, ob ich wirklich Medizinaldirektor bin? Es hat doch überhaupt niemand die Absicht, mich zu kontrollieren. Ich werde mir ein schönes dickes Schild anfertigen lassen. Darauf stehen die Worte geschrieben:

HIER WERDEN DIE VERSTECKTEN LEIDEN
VON MÄNNERN UND FRAUEN
MIT EINER SPEZIALTHERAPIE BEHANDELT

Dann stelle ich mir für ein paar Pfennige zerstoßenen und durchsiebten Myrobalan hin. Das ist auch schon die ganze Ausrüstung für diese Arbeit. Doch ja, in den Zeitungen gebe ich Anzeigen auf, und ich lasse Reklamezettel verteilen. Dann sollst du mal sehen, wie die Heilkunst läuft! ... Ich habe mir das ganz genau überlegt, es gibt gar keine bessere Arbeit. Artikel schreiben kann ich ja auch, und ein paar Verse schmieden. Ich verfasse dann einige Zeitschriftenaufsätze über die Bedeutung des Âyurveda, flechte hier und da auch ein paar Verse ein, überhaupt werde ich es in einem flotten Stil halten. Dann sollst du mal sehen, wieviele Eulen mir ins Netz gehen ...

Ich habe mir die Tricks der erfolgreichen Ärzte in der Stadt genau angesehen, und mittlerweile bin ich hinter ihr Erfolgsgeheimnis gekommen. Wenn Gott so will, dann wirst du eines Tages von Kopf bis Fuß mit Gold beladen sein.“

Als Beispiele für Kommerz-Organisationen im Westen, die sich auf hinduistische Tradition berufen und an hinduistische Vorbilder anlehnen, sollen im folgenden drei solcher Unternehmen dargestellt werden, nämlich 1) die Transzendentale Meditation des Maharishi Mahesh Yogî, 2) der sich selbst Bhagavân („Gott") nennende Rajneesh und 3) die Hare-Krishna-Bewegung. Diesen drei Organisationen ist gemeinsam, daß ihre Gründer sich als Guru, d.h. als Respektsperson und religiösen Lehrer, verehren lassen bzw. ließen, obwohl sie die Grundregel des indischen Asketentums verletzen, nämlich das Gebot der Besitzlosigkeit, die Asketentugend des *aparigraha*, des „Nicht-Raffens“, die bereits in den Yogasûtras (2,30) im zweiten Jahrhundert v.Chr. als Grundvoraussetzung des asketischen Wandels bezeichnet wird. Alle drei Firmengründer, Maharishi, Rajneesh und Prabhupâda, jedoch sind mit ihrem Kult-, Askese- und Meditationsgeschäft schwerreich geworden; sie verzichten nicht, sondern schwimmen im Geld. Man sollte ihr Geschäft deshalb auch nicht als „Guruismus“ bezeichnen, wie es bisweilen geschieht – sie sind keine Gurus, keine weisen Seher und großen Rishis, sondern clevere Geschäftsleute.

Es muß jedoch andererseits betont werden, daß damit den allermeisten Anhängern dieser Organisationen keinesfalls ihre ehrliche religiöse Stimmung und Spiritualität abgesprochen werden soll, im Gegenteil, ihre Inbrunst ist durchaus ernstzunehmen. Freilich gehen solche „Eulen“, wie Premcands Quacksalber Moterâm sie nannte, gerade wegen ihrer kritiklosen Schwärmerei für den Meister um so leichter den Askese- und Meditationsgewinnlern ins Netz.

Transzendentale Meditation. Der Gründer Maharishi Mahesh Yogî, mit bürgerlichem Namen Mahesh Prasâd Varmâ, wurde 1918 als Sohn eines nordindischen Steuerinspektors geboren. Vorübergehend studierte er Physik in Allâhâbâd. Er stellt sich selbst in die Tradition des orthodoxen Guru Svâmî Brahmânanda Sarasvatî, des Shankarâcârya (einer der höchsten vedântischen Geistlichen) des Wallfahrtsorts Jyotirmath. Als der Guru 1953 starb, scheiterte Varmâs Bewerbung um die Nachfolge des einkommensstarken, mit Eigentum an wertvollem Grundbesitz und Tempeln verbundenen Postens als Shankarâcârya an des Schülers nicht-brahmanischer Herkunft: Die Varmâs sind Vaishyas. 1959 reiste der zukünftige Maharishi dann in die USA. In Los Angeles lehrte er erstmals die „Transzendentale Meditation". Der Durchbruch zum Erfolg gelang ihm, als ihn 1967 die Beatles entdeckten und Werbung für seine Organisation machten; John Lennon textete: „Jaya Guru Deva, om", „Heil dem Lehrer, dem Gott, om!"

Die in Einführungskursen für anfangs 400 DM angebotene Methode der „Transzendentalen Meditation" („TM") ist eine rudimentäre Form der tantrischen Mantra-Meditation. Durch Konzentration auf einen Mantra soll der Meditierende das diskursive Denken verdrängen und dadurch Tiefenentspannung erlangen. Angeblich erhält jeder Adept seinen eigenen, individuellen Mantra, der ihm unter großer Geheimnistuerei und ausdrücklicher Verpflichtung zur Geheimhaltung vom Ausbilder ins Ohr geflüstert wird. Tatsächlich aber werden diese Mantras, bedeutungslose Silben, nach Altersgruppen verteilt: 20- bis 22jährige erhalten die Silbe „aim", 24- bis 30jährige „shrîm" usf.

Für eine Kursgebühr zwischen 4.000 und 7.000 DM soll der Fortgeschrittene die im dritten Kapitel der Yogasûtras erwähnten Zauberkunststücke erlernen können, die sog. Siddhis („Perfektion"), vor allen Dingen die

Levitation (*âkâshagamana*, „das Gehen im Luftraum"). Tatsächlich lernt er in diesem Aufbaukurs eine gymnastische Übung, nämlich wie er aus dem Schneidersitz auf einer Turnmatte etwa 30 cm in die Höhe hüpfen kann. Wem das noch nicht genug ist, kann für je 40.000 DM einen Lehrer- oder Gouverneurskurs belegen, um die „höchste Bewußtseinsstufe" zu erreichen.

Mit den in Deutschland von etwa 50.000, weltweit von an die zwei Millionen Heilsuchenden verdienten Kursgebühren konnte die Organisation ein weltweit agierendes Wirtschaftsimperium aufziehen. Die Weltzentrale liegt heute bei New Delhi, die Europazentrale in Vlodrop in den Niederlanden. Von Residenzen wie dem „Goldenen Saal" des Schloßhotels Sonnenberg am Vierwaldstätter See managt die Führung Tochterunternehmen wie etwa die „Bausparkasse der Erleuchtung", das „Versandhaus des Zeitalters der Erleuchtung", eine Laden- und Restaurantkette, oder eine „Maharishi European Research University". In den letzten Jahren versucht die Organisation unter Berufung auf den Âyurveda, die traditionelle indische Homöopathie, durch den „Weltplan für vollkommene Gesundheit" (1986) im Heilpraktikergeschäft Fuß zu fassen. Die verdienten Millionen werden vor allen in Grundstücken und Immobilien angelegt.

Die wirtschaftliche Potenz möchte das Unternehmen auch in politische Macht ummünzen. Ein „Weltplan" der „Weltregierung des Zeitalters der Erleuchtung", die 1976 ausgerufen wurde, sieht die Errichtung einer idealen Gesellschaft vor, die dadurch erreicht werden soll, daß ein Prozent der Weltbevölkerung TM praktizieren: der sog. „Maharishi-Effekt". Um den „Weltplan" zu verwirklichen, wurde auch eine politische Partei gegründet, die „Naturgesetz-Partei".

Bhagwan Rajneesh. Der „Bhagwan" Shree Rajneesh, bürgerlicher Name Rajneesh Candra Mohan (1931-1990), stammte aus Madhya Pradesh. Zunächst war er als Lehrer *(âcârya)* tätig, bevor er 1974 von westlichen Adepten in Poona entdeckt wurde. Von seinen Anhängern ließ er sich erst Bhagavân nennen, was eigentlich eine Bezeichnung für den Buddha war, „der Erhabene“, und im Hindi soviel wie „Gott“ bedeutet; ab 1989 wollte er Oshô 和尚 heißen, d.i. das japanische Wort für einen buddhistischen Priester. Als Steuerflüchtling versuchte Rajneesh sich 1981-85 in Oregon, USA, in der von ihm neugegründeten Siedlung Rajneeshpuram niederzulassen; wegen Konflikten mit den Behörden mußte die Siedlung jedoch wieder aufgelöst werden. Seit 1986 hielt er sich wieder in Poona auf. Der Âshrama in Poona wird seit dem Tod des Gründers von einem „inneren Zirkel“ geführt.

Die Rajneesh-Organisation ist religionstypologisch als Orden zu klassifizieren. Die Mitglieder nennen sich Sannyâsî, „Entsager“, „Asket“, und trugen anfangs rötliche Kleidung, inspiriert durch die buddhistische rötlich-gelbe Robe. Angeboten wird ein vielfältiges Meditations- und Therapieprogramm, das im Tantrismus wurzelt und mit Elementen westlicher Psychotherapie angereichert ist. Synkretistische Anleihen wurden gemacht beim Shaktismus, bei der „Erlosung durch Genuß“ *(bhuktimukti)*, auch beim Mahâyâna- und Vajrayâna-Buddhismus, ebenso beim Zen-Buddhismus und Taoismus, einbezogen wurden Esoterik und Magie. Die Schriften und Reden des Rajneesh sind geprägt durch ein rhetorisches Kokettieren mit Widersprüchlichkeit und Paradox, Redefiguren, die sich ja beispielsweise auch im Zen-Buddhismus großer Beliebtheit erfreuen.

Das wirtschaftliche Engagement des Ordens äußert sich u.a. in der Gründung von Diskotheken und Restaurants. Der millionenschweren Trägerorganisation Rajneesh Foundation International, Inc., unterstehen zahlreiche Firmen und sog. Neo-Sannyas-Kommunen.

Hare-Krishna-Bewegung. Gegründet wurde die Hare-Krishna-Bewegung im Jahre 1966 in New York von dem

Bengalen A.C. Bhaktivedânta Svâmî Prabhupâda (1896-1977). Um seine Person rankt sich der Mythos vom Self-Made-Man im Land der unbegrenzten Möglichkeiten: Der Meister landete 1965, im Alter von 70 Jahren, mit nichts als sieben Dollar in der Tasche in New York. Bei seinem Tode 12 Jahre später hinterließ er ein weltweit verzweigtes Wirtschaftsimperium. Der Name der Organisation ist auch „International Society for Krishna-Consciousness" (ISKCON). Sie breitete sich in den USA und Europa aus. Das Weltzentrum befindet sich jetzt in Mâyâpur, Indien. Die 11 Nachfolge-Gurus verstrickten sich nach dem Tode Prabhupâdas in Skandale, einer von ihnen wurde zu 30 Jahren Gefängnis verurteilt. In Europa hat der Orden nach Eigenangaben 750.000 Sympathisanten, in Deutschland 5.000 Sympathisanten und 300 Ordinierte.

Der Hare-Krishna-Orden hat seine Wurzeln in der bengalischen Bhakti. Prabhupâda sah sich selbst in der Nachfolge des bengalischen Krishnaiten Caitanya (um 1500) und des Gaudîya-Vaishnava-Kult. Heilsweg des Kali-Yuga ist das Sankîrtana, das „gemeinsame Rühmen" (über das Englische dann „chanten") des Namens Gottes durch ständige Wiederholung seines Mahâmantra. Jeder Hare-Krishna-Mönch muß täglich 1728mal aufsagen: *hare krishna, hare krishna, krishna krishna, hare hare, hare râma, hare râma, râma râma, hare hare*. Die drei Wörter, die hier wiederholt werden, sind Sanskrit-Vokative, wobei Hari ein Beiname Vishnus ist: *hare*, „o Vishnu!" Caitanya lehrte einen personifizierten Monotheismus, Krishna galt ihm als der höchste Gott, der durch die Kultform der Bhakti zu verehren ist. Die überwiegend männlichen Mitglieder des Ordens, die Hare-Krishna-Mönche also, müssen vier Verbote beachten: tierische Nahrung, Drogen, Glücksspiel und außereheliche Sexualität sind ihnen untersagt. Doch es können auch Ehepaare dem Orden beitreten. Ihnen ist dann einmal im Monat der sexuelle Verkehr erlaubt. Ansonsten soll alles Gefühl für die Bhakti, die Hingabe im Krishna-Kult, aufbewahrt werden.

Im Kult spielt die Bilderverehrung von Krishna-Statuen und anderen Göttergestalten des vishnuitischen Pantheons eine zentrale Rolle, insbesondere auch von Vishnus Avatâra als Mannlöwe Nrisinha. Aus dem Straßenbild Frankfurts oder Londons sind Gruppen von Hare-Krishna-Mönchen bekannt, deren Pûjâ sich in Singen, Tanzen, Trommeln und ekstatischen Verehrungsformen äußert. Die Bücherverehrung des Ordens richtet sich insbesondere auf die Bhagavadgîtâ, die in zahllosen Exemplaren vervielfältigt wird.

Aufgabe der „Devotees", der Gläubigen, das heißt der Ordensmitglieder, ist das Geldsammeln. Prabhupâda hat das alte Sânkhya-Gleichnis vom Lahmen – die Seele – und vom Blinden – die Materie – abgewandelt: Der Westen ist blind, denn ihm fehlt die Erleuchtung des Krishna-Bewußtseins. Indien ist lahm, weil ohne den westlichen Geschäftsgeist. Also muß der Blinde den Lahmen tragen und der Lahme den Blinden führen – und das ist die Rolle Prabhupâdas. Die Hare-Krishna-Bewegung betreibt daher die Firma „Spiritual Sky", Amerikas größte Fabrik für Räucherwerk, Parfüm und Pûjâ-Zubehör, den Bhaktivedânta Book Trust (ein Bücher- und Schallplattenkonzern), das Bhaktivedânta Institute für „vedische Wissenschaft", außerdem Diätkost-Farmen in Westvirginia. Der Orden besitzt großes Immobilienvermögen und ist ebenfalls ins Reformhaus-Geschäft eingestiegen.

Politischer Hinduismus

Mahatma Gandhi und die Gewaltlosigkeit

Zur Biographie Gandhis

Mohandâs Karamchand Gândhî[51], genannt der Mahâtmâ, ein religiöser Ehrentitel, mit dem bereits in den Sanskrit-Epen die Rishis, die weisen Seher und Asketen, ausgezeichnet wurden, wurde am 2. Oktober 1869 geboren. Seine religiösen Lehren gehören mit ihrem religiösen Universalismus als wesentlicher Bestandteil zum Neohinduismus. Aber Gandhi war es auch, der ethische Vorstellungen des Hinduismus ganz gezielt und bewußt politisierte. Deshalb soll sein Leben und Wirken repräsentativ für den gewaltfreien politischen Hinduismus stehen, im Gegensatz zu dem gewalttätigen, militant-chauvinistischen Fundamentalismus, der leider zunehmend das Bild des politischen Hinduismus der Gegenwart in der Öffentlichkeit bestimmt.

Gandhi verstand seine „Experimente mit der Wahrheit" – so der Untertitel seiner Autobiographie – als spirituelle Suche nach „Erlösung" *(moksha)*. Auch Gandhis politisches Wirken ist im Rahmen seines fromm-hinduistischen Lebenshintergrunds zu sehen, der in seiner Lehre eine Synthese mit christlichem Gedankengut eingeht.

Gandhi stammt aus der Hafenstadt Porbandar im indischen Bundesstaat Gujarât aus der Kaufmannskaste der Baniyâ (skt. *vanija*). Er hatte eine fromme, streng vishnuitische Mutter, die besonders auch in ihrem Vegetarismus und ihrer regelmäßigen Fasten-Praxis durch das jinistische Umfeld beeinflußt war. Der Jinismus ist in der gleichen Gegend, nämlich in Nordindien, aber ein paar Jahrzehnte eher als der Buddhismus entstanden. Während der Urbuddhismus auf seinem Mittleren Weg, in der Mitte zwischen den Extremen von Leid und Lust, die Erlösung von der ständigen Wiedergeburt anstrebte, entstammt der Jinismus aus der altindischen Asketenbewegung im strengen Sinne. Extreme Selbstquälerei bis hin zum Sterbefasten sind für diese strikt das Asketenideal der Gewaltlosigkeit *(ahinsâ)* beachtende Kaufmannsreligion charakteristisch. Im Unterschied zum Buddhismus ist der Jinismus aber nie über die Grenzen Indiens hinausgelangt, und während der Buddhismus etwa eineinhalb Jahrtausende nach seiner Entstehung in Indien wieder verschwand, indem er vom Hinduismus amalgamiert wurde, konnte der Jinismus seine Eigenständigkeit innerhalb der hinduistischen Gesellschaft bewahren.

Gandhi absolvierte ein dreijähriges Jurastudium in England. Dort lernt er durch Edwin Arnolds englische Übersetzung *The Song Celestial* die Bhagavadgîtâ kennen. Insbesondere im zweiten Kapitel sieht Gandhi alle Weisheit des Hinduismus zusammengefaßt. Auch liest er die Bibel; während ihn das Alte Testament abstößt, sieht er Gemeinsamkeiten der Bergpredigt mit der Gîtâ. Tiefen und nachhaltigen Eindruck macht ihm Matthäus 5.39ff.: „Widersteht dem Bösen nicht, sondern wer dich auf die rechte Wange schlägt, dem halte auch die andere hin, und dem, der dich vor Gericht bringen und deinen Rock nehmen will, dem laß auch den Mantel … Liebet eure Feinde und betet für die, die euch verfolgen." Die später von Gandhi entwickelte Methode des gewaltfreien politischen Kampfes ist gleichermaßen durch die hinduistische Tradition wie von diesen Sätzen beeinflußt. Auch festigt sich in Gandhi während seines Englandaufenthaltes die tiefe theistische Bhakti-Frömmigkeit. Der Monotheismus nimmt für ihn realere Gestalt an als das alltägliche Leben, dem er sich oft hilflos ausgeliefert fühlt. „Bitte, Verehrung, Gebet … sind alleine wirklich, alles andere ist unwirklich." Später lernt Gandhi westliche Gesellschaftslehren kennen, wie etwa Tolstois *The Kingdom of God is Within You*; durch Tolstoi läßt Gandhi sich zum „passiven Widerstand" inspirieren. Beinflußt wird Gandhi ferner durch die Aufsatzsammlungen *Unto This Last* und *The Crown of Wild Olive* des Engländers John Ruskin, sowie durch den Amerikaner Henry David Thoreau, in dessen Schriften er den „Civil Disobediance" kennenlernt.

1919 verlängerte die Rowlatt-Bill in Indien die Notstandsgesetze des I. Weltkriegs. Dagegen formierte sich eine Massenbewegung, an deren Spitze sich Gandhi setzte, um Gewaltausbrüche zu verhindern. Am 16.4.1919 beginnt die Kampagne des Civil Disobedience mit einem Tag des Streiks (Hindi *hartâl*). Die nach dem Massaker durch General Dyer in Amritsar mit 380 Toten und über 1.000 Verletzten einsetzende Massenempörung lenkt Gandhi in gewaltlose Bahnen durch die von ihm entwickelten Methoden des gewaltlosen Widerstands: des Civil Disobedience und der Non-Cooperation. Non-Cooperation beinhaltet den Verzicht auf Ehrentitel und Ämter, den Boykott britischer Waren und die Propagierung indischer Textilien. Civil Disobedience bedeutet bewußte Verstöße gegen ungerechte Kolonialgesetze und dadurch herbeigeführte Massenverhaftungen.

Ziel des gewaltlosen Widerstands war der Svarâj, die „Selbst-Regierung", und damit die Unabhängigkeit von der britischen Krone. Die Non-Cooperation-Bewegung begann 1920 und dauerte zwei Jahre lang. Während dieser Zeit schwingt Gandhi sich zum charismatischen Führer der Unabhängigkeitsbewegung auf, ohne jedoch selbst ein politisches Amt zu bekleiden. Von 1922-24 wird Gandhi wegen seiner politischen Aktivitäten von der britischen Kolonialverwaltung inhaftiert.

1929, während der Weltwirtschaftskrise, führen soziale Spannungen zu einer neuen Widerstandskampagne, insbesondere mit dem Mittel der Steuerverweigerung. 1931 unternahm Gandhi seinen „Salzmarsch“, auf dem er das Salzmonopol der britischen Kolonialherrschaft durch symbolische Herstellung von Salz brach; außerdem rief er zum Boykott von ausländischen Lebensmitteln und Textilien auf. Stattdessen propagierte er eine Kleidung aus mit dem eigenen Spinnrad gesponnenen und handgewebten Textilien *(khâdî, khaddar)*.

Gandhi suchte die Aussöhnung und Zusammenarbeit von Hindus und Muslims. Das rief den Widerstand militanter Hindu-Parteien wie der Hindû-Mahâsabhâ auf den Plan, welche die indischen Muslims und Christen zum Hindutum *(hindutva)* zurückbekehren wollten.

Der 15. August 1947 sah die Unabhängigkeit Indiens mit der Gründung der beiden Staaten Indische Union (Bhârat) und Pâkistân. Die Indische Union konstituierte sich als ein säkularer Staat, Pakistan dagegen wurde islamisch. Die radikalen Hindus machten Gandhi für die Teilung Indiens verantwortlich: Am 30. Januar 1948 wurde Gandhi von dem radikalen Hindu-Fundamentalisten Nathuram Godse erschossen.

Die altindischen Asketenideale und ihre Politisierung durch Mahatma Gandhi

Gandhis politische Originalität und Kreativität bestanden zu einem wesentlichen Teil darin, daß er es verstand, die individuell-ethischen Ideale der altindischen Asketen in Methoden der politischen Auseinandersetzung umzuformen. Seine Ideale der Gewaltlosigkeit *(ahinsâ)*, Wahrhaftigkeit *(satya)*, Besitzlosigkeit *(aparigraha)*, Keuschheit *(brahmacârya)* und verschiedene Praktiken des zielgerichteten Fastens (Sühnefasten, Hungerstreik) haben ihren Ursprung in Buddhismus, Jinismus und Yoga. Sie sollen im folgenden in der Neuinterpretation und politischen Nutzbarmachung durch Gandhi dargestellt werden. Hierbei geht es vor allem um Gandhis Interpretation der hinduistisch-buddhistisch-jinistischen Tradition.

M.K. Gandhi vereinigt die Tugenden der altindischen Asketenethik *(ahinsâ, brahmacarya, aparigraha)* mit westlichen Gesellschaftslehren. Er gibt der individualistischen Asketenethik eine soziale Dimension, um sie politisch wirksam werden zu lassen. Sein Grundgedanke dabei lautet: Wenn ich selbst Gewaltlosigkeit übe, überträgt sich diese Haltung auf andere. Satyâgraha, „das Festhalten an der Wahrheit", wirkt fort bis auf aktuelle politische Auseinandersetzungen im Westen, wenn dieses „Festhalten an der Wahrheit" als passiver oder gewaltfreier Widerstand z.B. in der Friedensbewegung angewandt wird.

Gandhis Friedensbegriff

Die Essenz der Bhagavadgîtâ ist für Gandhi in den letzten 19 Versen des zweiten Kapitels enthalten, die von den Tugenden eines Menschen handeln, „dessen Einsicht fest gegründet ist" *(sthitaprajña)*. Sie enthalten nach Gandhis Meinung „alles Wissen" und „ewige Wahrheiten". Inhalt dieser Verse ist Askese, Zurückziehen der Sinne von den Objekten (wie eine Schildkröte ihre Glieder), Fasten, Selbstbeherrschung und Anschauung Gottes, all dies mit dem Ziel, inneren Frieden *(shânti)* zu erlangen.

In Übereinstimmung mit der Asketenethik beginnt auch Gandhis Friede mit einem entsagungsvollen Lebenswandel, mit Sittlichkeit *(yama)* und Selbstzucht *(niyama)*, den ersten beiden Stufen des achtgliedrigen Yoga. Seine Tugenden sind, sogar in der Terminologie übereinstimmend, genau diejenigen, die uns bei der Besprechung der einschlägigen Stellen der Yogasûtras begegnet sind, nämlich Gewaltlosigkeit *(ahinsâ)*, die durch Nicht-Stehlen,

Keuschheit und Besitzlosigkeit erreicht wird. Gandhi folgt darin getreu dem Kommentar zu Yogasûtra 2,30, der Wahrhaftigkeit, Nicht-Stehlen, Keuschheit usw. als Wurzeln der Gewaltlosigkeit bezeichnet. Wahrheit und Gewaltlosigkeit stehen für Gandhi in einer innigen Wechselbeziehung: „Wahrheit *(sat)* ist positiv, Nicht-Schädigen (non-violence = *ahinsâ*) ist negativ ... und doch ist Nicht-Schädigen die höchste Religion. Wahrheit erweist sich von selbst, Nicht-Schädigen ist ihre reifste Frucht ... Schädigen ist unwirklich, Nicht-Schädigen ist wirklich. Verwirklichung von Wahrheit ist unmöglich ohne Nicht-Schädigen. Keuschheit, Nicht-Stehlen und Besitzlosigkeit sind Mittel, Nicht-Schädigen zu erreichen. Nicht-Schädigen ist die Seele der Wahrheit. Der Mensch ist ein bloßes Tier ohne sie." (*Hindu Dharma*, S. 153)

Wenn Gandhi von Gewaltlosigkeit als „höchster Religion" spricht, nimmt er auch damit Bezug auf die Asketentradition, die schon im Mahâbhârata die Gewaltlosigkeit als sittliche Norm zum höchsten Prinzip erklärte, etwa in dem Vers: „Gewaltlosigkeit ist das höchste religiöse Prinzip, und Gewaltlosigkeit ist die höchste Askese. Gewaltlosigkeit ist die höchste Wahrheit. Aus ihr entspringt das religiöse Gesetz." (Mahâbhârata 13.116.25, vgl. auch 13.117.37f.)

Gandhi geht aber über die Tradition hinaus, indem er den inneren Frieden über die Gewaltlosigkeit zu einem sozialen Frieden ausweiten möchte. Westliche Gesellschaftslehren haben bei dieser Betonung des sozialen Aspekts auf Gandhi nach eigenem Bekunden auch ihren Einfluß ausgeübt. Politische Macht als Gewalt (violence) in „konzentrierter und organisierter Form" ist für Gandhi nur ein recht zweifelhaftes Mittel, die Lebensumstände des Volkes zu bessern. Auf lange Sicht schwebt ihm als Gesellschaftsform folgerichtig ein Zustand „erleuchteter Anarchie" (enlightened anarchy, *Sarvodaya*, S. 70) vor, eine herrschaftslose Gesellschaft, bestehend aus kleinen, autarken ländlichen Gemeinwesen, in denen jeder sein eigener Herr ist und seinen Nachbarn, indem er ihn nicht behindert, in Frieden läßt. Aber das Ideal werde im Leben nie voll verwirklicht, weshalb auch die Gewaltlosigkeit nie ganz umfassend realisiert werden könne, vielmehr ständige Aufgabe bleibe.

Gandhi und die Industrialisierung

Der Hinduismus kennt weniger eine *Auseinandersetzung* des Menschen mit der Schöpfung, eher ist er geprägt von dem Gefühl der *Verbundenheit* von Mensch und Umwelt. Es liegt daher die Frage nahe, ob sich diese Verbundenheit denn auch auf die Umwelt ausgewirkt habe. Hat der Hinduismus es fertiggebracht, die Umwelt gesund zu erhalten? Hat das Gebot der Gewaltlosigkeit die indische Natur vor Vergewaltigung bewahren können? Wie steht es mit der Umweltzerstörung in Indien?

Nun, wer einmal in Indien gewesen ist, weiß, daß die Umweltzerstörung dort vielerorts bereits ein bedrückenderes Ausmaß angenommen hat als in den Industrienationen des Westens. Auch Indien hat sich aus wirtschaftlichem Utilitarismus und Gewinnstreben weitgehend dem Kapitalismus und der Industrialisierung verschrieben, während Gandhi doch, wie wir sahen, als gesellschaftlichen Idealzustand eine „erleuchtete Anarchie“ mit kleinen, autarken, dörflichen Gemeinwesen befürwortete. Industrialisierung, Landflucht und Verstädterung, Überbevölkerung und Slumbildung führen zu ungelösten, wachsenden Problemen. Vor allem die Megametropolen Delhi, Bombay, Calcutta und Madras mit zum Teil bereits weit über 10 Millionen Einwohnern ersticken unter Smog, Abgasen, Verkehrslärm, Müll und Abfallbergen. In dem im Vergleich zu anderen nordindischen Städten wie Allahabad oder Benares noch einigermaßen sauberen Delhi bleiben monatlich 15.000 Kubiktonnen stinkenden Mülls in der tropischen Hitze an den Straßenrändern liegen, weil sie von der Müllabfuhr nicht bewältigt werden. Die meisten Flüsse hat der Mensch in Kloaken verwandelt. Die in Calcutta erscheinende Wochenzeitschrift *Sunday* (9.-15.2.1986, S. 45) beklagt, daß der Gangâ-Nebenfluß Hooghly, der mitten durch Calcutta fließt, „praktisch zu einem kotigen Abwasserkanal geworden ist, hauptsächlich wegen der Industrieanlagen an seinen Ufern, die jeden Tag 379.000 kg unbehandelte organische Abfälle ins Wasser leiten. Zu dieser Verschmutzung kommen täglich 90.000 Tonnen in Abgasen, die von den gigantischen Fabrikschornsteinen um und in Calcutta in die Luft abgegeben werden." Die Slums von Calcutta sind weltweit geradzu sprichwörtlich für Dreck und Elend. In Delhi leben zweieinhalb Millionen Arme in 1.100 „jhuggî clusters", d.h. wildgewachsenen, illegalen Ansammlungen von Elendshütten, unter unmenschlichen Bedingungen ohne sanitäre Anlagen oder hygienische Trinkwasserversorgung. Die Folge sind u.a. 1.099 Fälle von Cholera und 30.937 Fälle von Gastroenteritis in den ersten sieben Monaten des Jahres 1994 allein in Delhi, und dies sind nur die in Krankenhäusern registrierten Fälle. Die tatsächliche Erkrankungszahl wird zehnfach höher eingeschätzt. Und ist nicht das bisher schwerste Chemie-Unglück aller Zeiten ausgerechnet in Indien passiert: die Giftgas-Katastrophe von Bhopal mit Tausenden von Toten und Hunderttausenden von Verletzten, um deren Entschädigung sich die nordamerikanische Firma Union Carbide sich immer noch drückt, durchaus auch mit Hilfe der indischen Zentralregierung, die um die Einnahmen als Wirtschaftsstandort für die internationalen Großkonzerne fürchtet?

Hier ist eben zu bedenken, daß Industrialisierung und Verstädterung, überhaupt die anthropogenen Katastrophen in Indien erst durch den Kontakt mit den Europäern entstanden sind. Die indische Industrie ist kein Produkt der einheimischen Technik und Naturwissenschaft, sie ist vom Westen eingeschleppt. Indien war ursprünglich ein reines Agrarland. Die gewaltsame Umstellung auf die Bedürfnisse der britischen Kolonialherren führte zur Zerstörung der natürlich gewachsenen ländlichen Wirtschafts- und Infrastruktur. Landflucht und Verstädterung waren die Folge. Vor der Kolonialzeit gab es in Indien keine Großstädte; Menschenzusammenballungen, Hunger, Schmutz und Elend in den indischen Slums sind aber Probleme, welche direkt auf Industrialisierung und Verstädterung zurückzuführen sind. Die Pestepidemie von 1994 brach in den Müllbergen der Wanderarbeiter von Sûrat aus, einem der größten indischen Industriestandorte.

Die indische Umweltzerstörung ist also ein Problem, das durch Kulturkontakt entstanden ist. Industrialisierung und Verstädterung haben das dörflich strukturierte Indien unvorbereitet und deshalb um so härter getroffen und um so schlimmere Folgen gezeitigt. Das Industriezeitalter hat die indische Kultur überwuchert und teilweise verdrängt. Dies wäre freilich auch nicht ohne eine weitgehend kritiklose Orientierung am westlichen Wirtschaftswunderideal von indischer Seite möglich gewesen.

Einer, der diese Probleme gesehen hat, war Mahatma Gandhi. Er schrieb im Jahre 1931: „Die Industrialisierung, fürchte ich, wird ein Fluch für die Menschheit sein.“ (*Sarvodaya*, S. 39) Gandhis jahrzehntelanges Bemühen galt der indischen Unabhängigkeit. Es ging ihm aber um mehr als um eine rein politische Emanzipation. Er wollte Indien auch unabhängig machen von den schädlichen Einflüssen der westlichen Zivilisation, wollte eine Rückbesinnung auf die eigene Tradition. Gandhi sah in der althergebrachten dörflich autarken Lebensweise nicht nur die Kraft Indiens, sondern auch die einzige Überlebensmöglichkeit. „Die Wiederbelebung des Dorfes ist nur möglich, wenn es nicht weiter ausgebeutet wird.

Industrialisierung in großem Maßstab wird notwendigerweise zu passiver oder aktiver Ausbeutung der Dörfler führen, weil dann die Probleme des Wettbewerbs und der Marktwirtschaft mit hereinspielen. Deshalb müssen wir uns darauf konzentrieren, daß das Dorf sich selbst versorgt, vorrangig auf Gebrauchserzeugnisse angelegt. Unter der Voraussetzung, daß dieser Charakter der Dorfindustrie aufrechterhalten bleibt, wäre nichts dagegen einzuwenden, daß die Dörfler sogar die modernen Maschinen und Werkzeuge benutzen, die sie anfertigen können und von denen sie es sich leisten können, sie anzufertigen. Sie sollten nur nicht als Mittel zur Ausbeutung von anderen gebraucht werden." (*Sarvodaya*, S. 43)

Gandhi lebte dieses einfache, naturverbundene Leben in kleinen dörflichen Gemeinschaften selbst vor. Die äußerst schlichte, beinahe asketische Lebensführung gab diesen Dorfgemeinschaften einen fast klösterlichen Charakter. Sie wurden in der Tat Âshrama, „Einsiedelei", genannt. Zu Gandhis ethischen Idealen, deren Wurzeln in der altindischen Asketenbewegung zu sehen sind, gehörte in erster Linie Gewaltlosigkeit, die sich bei ihm auch in strengem Vegetarismus äußerte.

Gandhi war von der Einheit der Schöpfung überzeugt, wobei er Elemente des traditionellen Hinduismus mit westlichen egalitären Ideologien bei einer universalistischen Zielsetzung miteinander verband: „In der reinsten Form des Hinduismus sind ein Brahmane, eine Ameise, ein Elefant und ein Hundeesser von gleichem Status", schrieb Gandhi in Anlehnung an die Bhagavadgîtâ (5,18). „Der Hinduismus besteht auf der Brüderlichkeit nicht nur der gesamten Menschheit, sondern von allem, was lebt. Das ist eine Vorstellung, die einen schwindelig macht, aber wir müssen darauf hinarbeiten. In dem Moment, in dem wir eine wirklich vorhandene Gleichheit zwischen Mensch und Mensch wiederhergestellt haben, werden wir auch Gleichheit zwischen dem Menschen und der gesamten Schöpfung errichten können. Wenn dieser Tag kommt, werden wir Friede auf Erden und guten Willen unter den Menschen haben." (*Sarvodaya*, S. 65)

Gandhis Name und sein persönliches Andenken werden auch heute noch von den meisten Indern in Ehren gehalten. Vielen Anhängern und Bewunderern gilt er als der „Bâpû", der „Vati". Seine Ideale sind freilich in der Politik korrumpiert worden. Wohl nicht zuletzt auch durch die Beeinflussung durch Christentum und westliche egalitäre Gesellschaftslehren ist Gandhis Beliebtheit bei vielen außerindischen Intellektuellen, etwa auch in der Friedensbewegung, zu erklären. Doch haben Vertreter des linken politischen Spektrums, in Indien weit mehr noch als im Westen, Schwierigkeiten, Gandhis ebenso schlichte wie bedingungslose Frömmigkeit, eben seine Bhakti, zu akzeptieren, die ihnen oft die Grenze zur Frömmelei zu überschreiten scheint. Im Zweifel pflegte Gandhi nach eigenem Bekunden stets auf seine „innere Stimme" zu hören, getreu seiner Devise: „Man muß Gott mehr gehorchen als den Menschen", ein Satz, der für ihn auch auf dem Gebiet von Jura und Politik verbindlich war.

Wir sehen, wie sich im Leben und in den Lehren des Mahatma Gandhi heterogene Einflüsse zu einer neuartigen, ungeheuer wirksamen Konzeption verbanden. Bhakti und Asketenethik aus dem Hinduismus, daneben christliche Lehren, vor allem aus der Bergpredigt, und ebenso auch westliche Gesellschaftslehren mit ihren egalitären, universalistischen und der natürlichen Lebensweise verpflichteten Gedanken: all dies nahm Gandhi auf und entwickelte seine Version des *gewaltfreien* politischen Hinduismus. Gandhi wurde selbst ein Opfer des *gewalttätigen* politischen Hinduismus, des Hindu-Fundamentalismus, dem wir uns nun zum Abschluß zuwenden müssen.

Ich gebrauche den Begriff Fundamentalismus *im weiteren Sinne*[52] für religiös-politische Bewegungen, die weltliches Recht und politische Gesetzgebung gemäß den Bestimmungen ihrer jeweiligen religiösen Tradition regeln wollen, mit anderen Worten: die die Gültigkeit einer bestimmten Religion und ihrer Glaubenssätze auch im säkularen Bereich fordern.[53] Man vgl. dazu beispielsweise Klimkeits Äußerung über die Programme des „radikalen politischen Hinduismus", dabei

> „... geht es grundsätzlich um die Durchsetzung einer hinduistischen Ordnung im öffentlichen Leben. Dabei will diese Ordnung sich keineswegs nur im Rahmen der vorgegebenen säkularen Verfassung verwirklichen, sondern will sie z.T. geradezu ersetzen." (H.-J. Klimkeit: *Der politische Hinduismus*, 1981, S. 303.)

Der Fundamentalismus bezieht also die extreme Gegenposition zum Säkularismus[54], der die Trennung von Religion und Staat fordert in seinem „Bestreben, die Welt und das menschliche Leben ohne religiöse Bindungen zu gestalten" (Bertholet, a.a.O., S. 511).

Diese Janusköpfigkeit des Fundamentalismus, die zwei Gesichter, das religiöse und das weltliche –, sie führen die Religionswissenschaft zwangsläufig in ihre Grenzbereiche. *Religion* ist das Streben nach *außerweltlichem* Heil; so lautete unsere Definition, die insbesondere auch im nicht-theistischen Bereich, also etwa bei der Auseinandersetzung mit dem Buddhismus, greift. Der *Fundamentalismus* jedoch ist neben der religiösen Komponente wesentlich durch seinen Gültigkeitsanspruch in der *weltlichen* Sphäre bestimmt.

Hindufundamentalistische Organisationen

Der gewaltbereite, rechtsradikale Hindu-Fundamentalismus, der als Emblem die Lotosblüte und als Uniform die safrangelbe Robe trägt, zerfällt in zahlreiche Organisationen. Als treibendes Zentrum fungiert die 1964 gegründete, mehrfach verbotene geheimbundähnliche Vereinigung *Vishva Hindû Parishad* (VHP), die „Welt-Hindu-Versammlung“[55], mit ihrem Generalsekretär Ashok Singhal. Die Jugendorganisation der VHP ist der rund 40.000 Mitglieder umfassende *Bajranga Dal* (BD), die „Truppe des Hanumân“ (Vorsitzender Jaybhân Sinha Pavaiyâ). Bajranga (Hindi für skt. *vajrânga*) ist ein Beiname des populären, kraftstrotzenden Affenkönigs Hanumân, des Helfers und treuen Gefährten Râmas im Râmâyana. Auch die *Dharma Sansad* (DS), das „Dharma-Parlament“, wurde von der VHP ins Leben gerufen, und zwar auf der Gründungssitzung am 7./8. April 1984 in New Delhi. Sie besteht der Theorie nach aus 1008 Sâdhus, Geistlichen aus allen Provinzen und allen Religionsgemeinschaften Indiens; tatsächlich zählt die Seherversammlung etwa 500 Mitglieder. Die Dharma Sansad bestimmt, was Dharma ist und was deshalb – gemäß dem Wesen fundamentalistischer Religionsauffassung – auch politisches Gesetz werden soll. Ein einschlägiges Verfahren zur Bildung von Kommissionen, die festlegen, was als Dharma zu gelten hat, wird bereits im Gesetzbuch des Manu (12, 110-112) beschrieben.

Von der VHP und ihren Satellitenorganisationen bestehen enge personelle Beziehungen zu dem besser bekannten *Râshtrîya Svayamsevak Sangha* (RSS), der „Nationalen Freiwilligen-Organisation“. Hierbei handelt es sich um eine ältere, bereits 1925 gegründete, radikal-fundamentalistische Hindu-Vereinigung, „eine der militantesten Hindu-Organisationen“ (H.-J. Klimkeit: *Der politische Hinduismus*, 1981, S. 257). Streng hierarchisch organisiert, bestand der Verband Ende 1992 aus 35.000 Ortsgruppen mit etwa 2,5 Millionen aktiven Mitgliedern. 84 andere Gruppen und Tarnorganisationen sind dem RSS, der sein Hauptquartier in Nâgpur hat, zugeordnet. Als Generalsekretär fungiert seit 1994 ein gewisser Râjendra Sinha.

Als politischer Arm dieser weithin im Untergrund tätigen Vereinigungen agiert die *Bhâratîya Janatâ Party* (BJP), die „Indische Volkspartei", die eng mit der VHP und dem RSS verflochten ist. Präsident der BJP ist seit 1990 der mehrmals wegen extremistischer Umtriebe inhaftierte Lâl Krishna Âdvânî. Das Headquarter der rührigen Rechtspartei liegt auf der Ashok Road in New Delhi. Die BJP hatte im Juni 1993 9,5 Millionen Mitglieder und kann sich einer starken Unterstützung auch der weiblichen Wählerschaft erfreuen. Im Mai-Juni 1991 stellte die BJP 119 Abgeordnete und wurde damit zur größten Oppositions-Partei Indiens mit ca. 20% der Sitze in der Lok Sabhā. Eine Regierungsmehrheit in den Landes-Parlamenten hat die BJP derzeit im Stadtstaat Delhi. Möglicherweise realistisches Wahlziel der BJP für 1996 ist es, die Kongress-Partei unter Premierminister Narasinha Râo abzulösen und die Macht in der Zentralregierung zu übernehmen.

Die hindufundamentalistischen Parteien und Organisationen treten mit dem Anspruch auf, einen indischen Nationalismus im Sinne der Einheit der indischen Nation zu vertreten. De facto aber tun sie genau das Gegenteil, indem sie die Interessen eines Teils der indischen Nation, nämlich der Hindus, gegenüber den Ansprüchen der muslimischen Minderheit mit Gewalt und unter provokativer Mißachtung islamischer Gesetze durchzusetzen bestrebt sind. Es handelt sich also nicht um nationalistische Organisationen, sondern, wie man in Indien sagt, um „kommunalistische", welche ausschließlich den Vorteil nur einer „community", d.h. eines Gesellschaftssegments, nämlich der traditionellen Hindus, durchsetzen wollen. Freilich sollen die religiösen Gesetze des orthodoxen Hinduismus, wie sie vor allem in den Dharmashâstras, den Hindu-Rechtsbüchern, festgelegt sind, für die Gesamtnation, also auch für die Angehörigen anderer Religionen, verbindlich werden, jedenfalls nach dem Willen der Hindu-Fundamentalisten. Sie untergraben damit eines der Fundamente der Indischen Union „Bhârat", die sich in der Präambel ihrer Verfassung ausdrücklich als *säkular*, also religiös neutral, bezeichnet:

> We, the people of India, having solemnly resolved to constitute India into a sovereign socialist *secular* democratic republic ... *The Constitution of India. Incorporating up to The Constitution (Fifty-fifth Amendment) Act, 1986.* Madras 1988.

Dieser säkulare Staat, der keine Religionsgemeinschaft bevorzugen darf, soll nach dem Willen der Hindufundamentalisten abgelöst werden durch einen einseitig die Hindus durch Gesetze favorisierenden hinduistischen Staat. So werden weltlich-politische Ziele religiös motiviert und sanktioniert.

Aktuelle Kampagnen

Die Schleifung der Bâbrî-Moschee in der nordindischen Stadt Ayodhyâ[56] am Nachmittag des 6. Dezember 1992 und die damit verbundenen blutigen Unruhen zwischen Hindus und Muslims, die Hunderten von Menschen das Leben kosteten, waren bislang der traurige Höhepunkt der „Bewegung zur Befreiung des Geburtsortes des (Gottes) Râma" *(Râma-janma-bhûmi-mukti Ândolan)*, einer Kampagne der Vishva Hindû Parishad. Ziel der hindufaschistischen Bewegung war und ist es, in der nordindischen Stadt Ayodhyâ die Bâbrî-Moschee abzureißen und an ihrer statt einen Hindu-Tempel zu errichten. Die Organisatoren dieser Kampagne behaupten, daß es sich bei der Stelle, auf der die Moschee stand und die seitdem von der Polizei abgeriegelt ist, um den Geburtsort des volkstümlichen Kriegsheroen und Hindu-Gottes Râma handele und daß dort früher, vor der Errichtung der Moschee während der Regierungszeit des ersten Moghul-Herrschers Bâbar (auch Bâbur, Regierungszeit 1526-30, Moghul-Dynastie 1526-1857), bereits ein Râmatempel gestanden habe – ein Glaube, für den sich im übrigen der archäologische Beweis nicht führen läßt.[57] Nach der Schleifung der Moschee wurde das Gelände durch die Polizei abgeriegelt, um weiteren Ausschreitungen vorzubeugen.

Der Konflikt um Ayodhyâ ist von nicht zu unterschätzender Tragweite. Bereits im Oktober 1990 hatten die Unruhen um die Bâbrî-Moschee den Rücktritt der indischen Zentralregierung und Neuwahlen zur Folge gehabt. In einer Rede sah der damalige Premierminister V.P. Singh die Gefahr, daß der säkulare Staat von einem „theokratischen" Staat abgelöst werden könne. Wenn auch seit den Parlamentswahlen im Jahre 1991 die säkularistisch orientierte Kongresspartei Congress(I) unter Führung von Prime Minister P.V. Narasinha Rao wieder – als Minderheitsregierung – die Macht hält, so sind die Ziele und Aktivitäten der hindufundamentalistischen Organisationen damit keinesfalls erledigt. „We will be definitely in a position to build the temple at Ayodhyâ next year", hofft der Generalsekretär der VHP, Ashok Singhal. (Times of India, Lucknow ed., 5.9.1995, S. 7) Im Gegenteil, die Hindu-Fundamentalisten drohen auch mit dem Abriss der Jñânavâpî-Moschee in der Nähe des Kâshî-Vishvanâtha-Tempels im Zentrum der Tempelstadt Benares sowie der Idgah-Moschee in unmittelbarer Nachbarschaft des legendären Geburtsortes des Gottes Krishna in Mathurâ, dem Mittelpunkt des Krishna-Kults.

Erschien bereits Ayodhyâ als Symbol des Hindu-Fundamentalismus, mehr noch: als ein Paradigma für den

Widerstreit zwischen Säkularismus und religiösem Fundamentalismus, so eskalierten im Sommer 1995 die Auseinandersetzungen erneut, als die VHP ihre Kampagnen zur Niederreißung der Moscheen in Benares und Mathurâ verstärkte.

An den Montagen des Hindu-Mondmonats Shrâvana, der im Jahre 2042 der indischen Vikrama-Ära[58] (1995 n. Chr.) in die Zeit vom 13. Juli bis zum 10. August fiel, wird an den Heiligtümern des Gottes Shiva eine mit einer Prozession *(parikramâ)* verbundene besondere Art der Pûjâ, der rituellen Verehrung, zelebriert, welche Jalâbhisheka heißt, „Wasserweihe“: In geweihten Gefäßen schöpfen die Shivabhaktas, die Anhänger des Gottes Shiva, Wasser aus der Gangâ und benetzen damit die Lingas in den shivaitischen Tempeln und Verehrungsstätten. In Anlehnung an dieses traditionelle Ritual inszenierte die VHP auch am Kâshî-Vishvanâtha-Tempel im Zentrum von Benares eine Jalâbhisheka-Kampagne, die allerdings letztlich auf die Zerstörung der angrenzenden Jñânavâpî-Moschee abzielte. Direkt an der Mauer der Moschee liegt ein Shringâra Gaurî genanntes Shiva-Heiligtum, an dem bereits an den ersten beiden Montagen des Monats Shrâvana etwa 300 Aktivisten der VHP und des BD bei der Durchführung der Jalâbhisheka-Pûjâ mit Polizeikräften, die zum Schutz der Moschee eingesetzt waren, zusammenstießen. Am 31. Juli, dem dritten Montag, als Ashok Singhal, der Generalsekretär der VHP, die hindufundamentalistischen Unruhestifter bei der Wasser-Zeremonie anführte, reagierte dann die Polizei mit einem Schlagstockeinsatz, der an die 60 Verletzte forderte.

Ausschlaggebend dafür, daß es nicht zu noch größeren Konflikten kam, waren die Geschäftsinteressen der einheimischen Kaufleute, vor allem der Händler der bereits in vorchristlicher Zeit berühmten Benares-Seide. Kommunalistische Unruhen bedeuten für sie existenzbedrohende Umsatzeinbußen, und deshalb erwirkten sie von der

Stadt- und Landesregierung einen effektiven Einsatz massiver Sicherheitskräfte. So bedauerte ein hochrangiger Wortführer der VHP: „We can't do anything without the consent of common Varanasi people. Had we achieved their support, the temple could have been liberated in a single move." (Newslead, Allahabad, 29.7.95, S. 1)

Wegen der fehlenden lokalen und alsbald auch öffentlich-politischen Unterstützung durch die BJP, die durch weiteres Schüren der kommunalistischen Ausschreitungen Stimmenverluste befürchtete, mußte die „Safran-Brigade" dann die für den 7. August geplanten Aktionen absagen, sehr zur Enttäuschung der zum Teil von weither angereisten Aktivisten, die noch Tage später in ihren gelben Roben in kleinen Gruppen durch Benares zogen, argwöhnisch beobachtet von den Bewohnern des der Moschee benachbarten muslimischen Bazars, aber auch von den Hindus der Pilgerstadt.

Während die Unruhen in Benares vor einem shivaitischen Hintergrund stattfanden, so kulminierten zwei Wochen später die Ereignisse in Mathurâ am traditionellen Datum von Krishnas Geburtstag (Krishna-Janmâshtamî), der auf den achten Tag der ersten, „hellen" Hälfte, das heißt der Zeit des zunehmenden Mondes, des folgenden Hindu-Monats Bhâdrapada fällt, und das war im Jahre 1995 n.Chr. der 18. August. Ayodhyâ gilt als Geburtsort des Gottes Râma; in Mathurâ dagegen steht, jedenfalls nach Ansicht der orthodox-gläubigen Krishnaiten, das „Haus des Neugeborenen" *(garbha-griha)* Krishna. Der angrenzende Krishna-janmasthâna-Tempel, der „Tempel am Geburtsort Krishnas", existiert allerdings noch nicht länger als 38 Jahre, obschon die Tempeldiener behaupten, ihr Heiligtum sei so alt wie die Krishna-Ära, die mit dem Tode des Gottes Krishna am 13. Februar 3102 v.Chr. beginnt und den Anfang unseres gegenwärtigen Zeitalters, des degenerierten Kaliyuga, markiert. Den nachweisbar ältesten Hindu-Tempel auf dem Gelände, der im 15. Jahrhundert von dem König Vîrasinhadeva erbaut wurde, hatte der Moghul-Herrscher Aurangzeb niederreißen lassen. Um das Jahr 1670 war auf dem Gelände dann eine Moschee erbaut worden. Im Jahre 1957 erwarb der Großindustrielle Birlâ, der landesweit eine Reihe pompöser Hindu-Tempel hat errichten lassen, das der Moschee benachbarte Gelände, schenkte es einer Treuhandgesellschaft, dem Krishnajanmasthâna Sevâ Sangha Trust, und finanzierte den Bau des heutigen Tempels. Die nachfolgenden Gerichtsstreitigkeiten um das Gelände zwischen Hindus und Muslimen wurden im Jahre 1968 durch einen Vergleich beigelegt.

Diesen alten Zwist wollte nun die VHP wiederaufflammen lassen, indem sie für Krishnas Geburtstag ein „Großopfer" *(mahâyajña)* auf dem Tempelgelände direkt neben der Mauer der Idgah-Moschee ankündigte. Da Krishnajanmâshtamî eines der bedeutendsten Hindu-Feste ist, zu dem Pilger nicht nur aus ganz Indien, sondern aus aller Welt zu Zehntausenden anreisen, und da außerdem der Krishna-Feiertag in diesem Jahr auf einen Freitag fiel, an dem sich 8.000 Muslime zum Freitagsgebet in der Idgah-Moschee versammeln, schienen Massenunruhen vorprogrammiert. Eine ganze Armee von Sicherheitskräften wurde zusammengezogen, und um ein Haar wäre im Vorfeld der Auseinandersetzungen die zerbrechliche Regierungsallianz der rechten BJP mit der linksgerichteten BSP, die auch die Ministerpräsidentin Mâyâvatî im bevölkerungsreichsten Bundesstaat Uttar Pradesh stellte, zerborsten (kurz darauf wurde Mâyâvatî tatsächlich gestürzt). Aber das Trachten der BJP nach Machterhalt und Wählerstimmen gab schließlich den Ausschlag: Ähnlich wie kurz zuvor in Benares mußten auch hier die militanten Aktivisten den Großangriff abblasen, weil die politischen Strategen ihnen im letzten Moment die Unterstützung entzogen.

Genau wie in Benares gab auch in Mathurâ das Verhalten der einheimischen Bevölkerung den Ausschlag für das einstweilige Scheitern der angereisten Fundamentalisten. Fast ein Viertel der Bewohner von Mathurâ sind Muslime, und die Eintracht zwischen Hindus und Muslims geht soweit, daß die hinduistische Kaste der Yâdavas, die sich auf den Stammvater Krishna zurückführt, ihre Milch von muslimischen Milchhändlern bezieht, – angesichts der im hinduistischen Kastensystem so restriktiven Essensregeln der beste Beweis für kommunale Harmonie. Beide Bevölkerungsgruppen, die „communities" sowohl der hinduistischen Yâdavas als auch der muslimischen Milchhändler, feiern sogar gemeinsame Feste, an Krishnas Geburtstag bringen die Muslime von Mathurâ Süßigkeiten dar. Und auch die Devotionalienhändler auf dem Tempelgelände sahen das Treiben der Radikalen mit Mißbilligung. Schließlich machen sie an Krishnas Geburtstag 95 Prozent ihres Jahresumsatzes, und nach der Ankündigung von Krawallen blieb der größte Teil der Hindu-Pilger aus. Anders als in Ayodhyâ konnten also die Militanten im Sommer 1995 weder in Benares noch in Mathurâ die Unterstützung der Einheimischen gewinnen.

Unverdrossen hat jedoch die VHP für den Oktober 1995 eine Wahlkampf-Großveranstaltung in Hinsicht auf die Wahlen zum indischen Parlament im Frühjahr 1996 angekündigt. Landesweit soll am 3. Oktober 1995 eine „Eintrachtswallfahrt" *(ekâtmatâ yâtrâ)* stattfinden, für die sich die Veranstalter an die 900.000 Teilnehmer erhoffen. Zehn „Hauptyâtrâs", auf denen auf jeweils vier Tempelwagen die Idole der Göttinnen Bhârata Mâtâ, Gangâ Mâtâ und Go Mâtâ mitgeführt werden, sollen am 19. Oktober in Nâgpur zusammentreffen. In derselben Zeit werden 3.000 „mini yâtrâs" zur Stärkung der Hindu-Identität durch 350.000 Dörfer ziehen.

Im Interesse des kommunalen Friedens kann man nur hoffen, daß die hinduchauvinistische BJP bei den Parlamentswahlen 1996 nicht die Regierungsmehrheit erringt. Dann nämlich würde der derzeit gültige „Places of Worship Act“, ein säkularistisches Gesetz, demzufolge bei allen religiösen Heiligtümern Indiens der status quo zu wahren ist, durch hindufundamentalistische Gesetzesregelungen ersetzt. So fordert der „Joint General Secretary“ der VHP, Girirâj Kishore: „Elect a Hindutva government in 1996. Kashi and Mathura will then be reclaimed not by spades and shovels but a stroke of the pen. This government will repeal the black Places of Worship Act and bring a new law to take over mosques.“ (Telegraph, Calcutta, 20.8.1995)

Die Legitimierung durch die Tradition

Welches ist nun der religionshistorische Hintergrund der Hindu-Fundamentalisten? Zugrunde liegen die Mythologie und die Kriegerethik der Sanskrit-Epen Mahâbhârata und Râmâyana. Die Grundstruktur des Glaubens der Hindu-Fundamentalisten ist die Einteilung der Welt in Dharma und Adharma, in Gut und Böse, wobei der Dharma mit Hindu und Adharma mit Muslim gleichgesetzt wird. So erscheint das von der VHP ständig beschworene „Hindutum“ *(hindutva)* als das Gute schlechthin, die Muslime dagegen als die Vertreter des Bösen. Wir erkennen darin den traditionellen Widerstreit, wie er vor allem im Mahâbhârata gestaltet ist, nämlich im Kampf der beiden verfeindeten Sippen: die Pândavas als die siegreichen Kräfte des Dharma, die Kauravas hingegen als die schließlich unterliegenden Mächte des Adharma. In der Deutung der Bhagavadgîtâ ist Krishna – ebenso wie Râma im Râmâyana – ein Avatâra, eine „Herabkunft“, des Hochgottes Vishnu, der beim Erstarken des Adharma immer von neuem auftritt, um dem Dharma wieder zum Sieg zu verhelfen. Die Aktivisten der VHP fühlen sich daher als Gefolgsleute der göttlichen Heroen Râma und Krishna, die auf seiten des Dharma, des Guten, gegen das Böse, den Adharma, nämlich die Muslime, kämpfen. Gott Râmas treuer Helfer und Gefährte ist der Affenminister Hanumân, nach dem sich die Jugendorganisation Bajranga Dal der VHP benannt hat. Hanumân gilt als Verkörperung von Heldentum, Männlichkeit und treuer Ergebenheit, Hanumân-Verehrung soll zu Muskelkraft und Potenz verhelfen.

Hinzu kommen Motive aus dem Muttergottheitenkult des Shaktismus. So propagiert die VHP den Glauben an den Staat, personifiziert in Gestalt der sowohl schützenden, als auch schrecklichen Muttergöttin *Bhâratamâtâ*, „Mutter Indien". Ja die Hindu-Nation *(Hindu-râshtra)* mit der „Gesellschaft der Hindus" *(Hindu-samâja)* als idealer Gesellschaft wird als göttlicher, verehrungswürdiger Organismus verstanden.

Was die religionshistorische Erklärung für die Gewaltbereitschaft der Hindu-Fundamentalisten betrifft, so sehen wir uns auf die altindische Kriegerethik verwiesen. Führende Repräsentanten des Hindu-Fundamentalismus gebrauchen für ihre Moscheen-Abriss-Kampagnen den Begriff „Gerechter Krieg", *dharmayuddha*. Zur Erklärung läßt sich als locus classicus wiederum die Bhagavadgîtâ heranziehen, wo es heißt: „Denn etwas Besseres als einen gerechten Krieg gibt es für einen Krieger nicht." (2,31) Tod im Kampf führt nämlich direkt in den Himmel (2,32), jedenfalls gemäß dem Wunschdenken der Kriegerethik, die im monotheistischen Kern der Gîtâ dem Gott Krishna in den Mund gelegt wird. Getötete Aktivisten werden demgemäß von der VHP als „Märtyrer" bezeichnet.

Nun vertritt allerdings die Gîtâ an anderer Stelle ebenso auch die Forderung der Gewaltlosigkeit *(ahinsâ)*. Diese Forderung wird jedoch von der VHP zugunsten der Kriegerethik ignoriert und als irrelevant verworfen. Während die Gewaltbereitschaft der Kriegerethik entstammt, gehört die Ahinsâ in den Bereich der Asketenethik. Ein differenziertes Traditionsverständnis ist dem Fundamentalismus jedoch wesensfremd. Er teilt die Welt ein in Dharma und Adharma; was Dharma ist, bestimmt die Dharma-Sansad, und deren Bestimmungen heben etwaige abweichende Aussagen der eigenen hinduistischen Tradition auf.

Der Universalismus

Die Hindu-Fundamentalisten beanspruchen also Unfehlbarkeit. Und aus ihrem Anspruch auf Unfehlbarkeit in Religion und Politik ergibt sich der Anspruch auf die Allgemeingültigkeit des universalen Dharma, des Weltgesetzes. Durchaus konsequent ist die daraus abgeleitete sozialpolitische Forderung nach der Aufhebung der Kastenschranken, insbesondere der Unberührbarkeit *(asprishyatâ)*. In diesem Punkt deckt sich die Forderung des Fundamentalismus in bemerkenswerter Weise mit den Auffassungen der Universalreligionen wie Islam und Christentum, ferner des Neohinduismus, aber auch der säkularen indischen Parteien. Schließlich ist das Kastensystem bereits in der indischen Verfassung verboten. So ist denn auch der historische und realpolitische Bezug des Hindu fundamentalistischen Kasten-Egalitarismus in der Reaktion auf Konvertierungsbewegungen von Hindus zum Christentum und Islam zu suchen.

Über die Abschaffung des Kastensystems hinaus strebt die VHP die Vereinheitlichung aller Hindu-Glaubensrichtungen *(vishva-hindû)* an. Aber dieses Streben geht noch weiter; es erstreckt sich sogar auf die Einbeziehung der Nicht-Hindus, die in Indien leben, der Sikhs, Buddhisten, Jinisten, selbst der Christen und Muslime. Das „Hindutum" *(hindutva)* soll letztlich verbindlich sein für die ganze Welt, eben wegen der universalen Gültigkeit des Dharma. Auch die Angehörigen nicht-indischer Religionen sollen am Hindutum teilhaben, sofern sie hinduistisches Kultur- und Glaubensgut respektieren.

Damit wird der Hinduismus von einem Konglomerat von Volksreligionen zur Universalreligion – eine einschneidende und entscheidende Neuerung des modernen Hindu-Fundamentalismus gegenüber orthodox-traditionellen Standpunkten, eine Innovation, die uns ja bereits im Neohinduismus begegnet war und die von den Hindu-Fundamentalisten von neohinduistischen Denkern übernommen wurde. Und hier stoßen wir bei unserer Auseinandersetzung mit dem Hindu-Fundamentalismus sowohl an die Grenzen der Religionswissenschaft im politisch-weltlichen Bereich, als auch an das Ende der Hinduismuskunde im herkömmlichen Sinne, weil nämlich der Hinduismus – nach dieser weitgespannten fundamentalistischen Definition – nicht nur den Buddhismus, sondern auch Judentum, Christentum und Islam einschließen würde.

Anmerkungen

[1] Literatur zur Industalkultur: Heinz Mode: *Das Frühe Indien*. Stuttgart 1959. Stuart Piggott: *Prehistoric India. To 1000 B.C.* Middlesex, repr. 1952 ([1]1950). Sir Mortimer Wheeler: *The Indus Civilisation*. Cambridge 1968[3]. Sir John Marshall: *Mohenjo-daro and the Indus-Civilisation*. London 1931, repr. 1973. *Vergessene Städte am Indus. Frühe Kulturen in Pakistan vom 8. bis 2. Jahrtausend*. Ausstellungskatalog, Redaktion „Forschungsprojekt Mohenjo Daro", Alexandra Ardeleanu-Jansen. Zabern: Mainz 1987.

[2] Siehe dazu ausführlich unten das Kapitel *Die Verehrung des Weiblichen – Shaktismus*, Unterkapitel: *Zur Vorgeschichte des Mutterkults*.

[3] Zur gesellschaftlichen Organisation der vedischen Bevölkerung vor allem Wilhelm Rau: *Staat und Gesellschaft im Alten Indien*. Wiesbaden 1957.

[4] Vgl. Peter Gerlitz: *Religion und Matriarchat*. Wiesbaden 1984, hier S. 19-91.

[5] Shatapathabrâhmana 1.3.2.15, zitiert nach W. Rau: *Staat und Gesellschaft im Alten Indien*, 1957, S. 59.

[6] Vollständige Übersetzung von Karl Friedrich Geldner: *Der Rig-Veda*. 4 Bde., Harvard University Press: Cambridge, Massachusetts 1951-1957. Auswahlübersetzung von Paul Thieme: *Gedichte aus dem Rig-Veda*. Philipp Reclam Jun.: Stuttgart 1964.

[7] Siehe dazu Herbert Härtel: *Zur Typologie einer Kaschmir-Skulptur*, in: *Einblicke – Einsichten – Aussichten. Aus der Arbeit der Staatlichen Museen Preußischer Kulturbesitz in Berlin*. Jahrbuch Preußischer Kulturbesitz, Sonderband 1. Gebrüder Mann Verlag, o.O., o.J., S. 101f., mit Abb. 38/39.

[8] Harry Falk: *Soma I and II*, in: *Bulletin of the School of Oriental and African Studies*, 52 (1), 1989, S. 77-90.

[9] Siehe dazu Ulrich Schneider: *Vishnus Aufstieg*. Aus dem Nachlaß hg. v. K. Meisig. Wiesbaden 1994.

[10] Übersetzung nach U. Schneider: *Vishnus Aufstieg*, 1994, S. 5f.

[11] Zitiert nach J. Gonda, *Die Religionen Indiens*, I, ^{2}1978, S. 85.

[12] U. Schneider: *Vishnus Aufstieg*, 1994, S. 42.

[13] Über dieses populäre Zwillingspaar handelt die Monographie von Gabriele Zeller: *Die vedischen Zwillingsgötter. Untersuchungen zur Genese ihres Kultes* (Freiburger Beiträge zur Indologie, Bd. 24). Wiesbaden 1990.

[14] Siehe dazu Ulrich Schneider: *Yama und Yami (RV X 10)*. In: *Indo-Iranian Journal*, Bd. 10, 1967/68, S. 1-32.

[15] Auswahlübersetzungen: *Upanischaden. Ausgewählte Stücke*. Aus dem Sanskrit übertragen und erläutert von Paul Thieme (Reclam Universalbibliothek Nr. 8723). Stuttgart 1966. *Upanishaden. Die Geheimlehre der Inder*. Übertragen und eingeleitet von Alfred Hillebrandt (Diederichs Gelbe Reihe, Bd. 15). Köln 1984. *Sechzig Upanishad's des Veda*. Aus dem Sanskrit übersetzt und mit Einleitungen und Anmerkungen versehen von Paul Deussen. Leipzig ^{3}1921 (^{1}1897).

[16] Vgl. E. Frauwallner: *Geschichte der indischen Philosophie*, Bd. I, 1953, S. 49ff. U. Schneider: *Upanishad-Philosophie und früher Buddhismus*. In: Saeculum 18, 1967, S. 245-263. M. Boland /U. Wessel: *Indische Spiritualität und griechischer Logos – ein Gegensatz? Griechische und indische Naturphilosophie im Vergleich*. In: *Jahrbuch für Religionswissenschaft und Theologie der Religionen*, Herder, Bd. 1, 1993, S. 90-117.

[17] Als (allerdings noch nicht vollständige) Übersetzung des Mahâbhârata sei empfohlen: J.A.B. van Buitenen: *The Mahâbhârata*. Translated and Edited. Chicago, London 1973ff. (Vol. I ff.). Grundlegende Literatur: Hermann Jacobi: *Mahâbhârata. Inhaltsangabe, Index und Concordanz der Calcuttaer und Bombayer Ausgaben*. Bonn 1903. Adolf Holtzmann: *Das Mahâbhârata und seine Theile*. 4 Bde. Kiel 1892, 1893, 1894, 1895. J.W. de Jong: *The Study of the Mahâbhârata. A Brief Survey*. Part I, in: Hokke Bunka Kenkyû [„Cultural Studies of the Saddharmapundarîkasûtra"], Journal of Institute of the Comprehensive Study of Lotus Sutra], Nr. 10, Shôwa 59 [=1985], S. 1-19. Part II, in: Hokke Bunka Kenkyû, Nr. 11, Shôwa 60 [=1986], S. 1-21.

[18] Albrecht *Wezler*: *Nala und Damayanti. Eine Episode aus dem Mahâbhârata*. Aus dem Sanskrit übertragen und erläutert (Reclam Universal-Bibliothek Nr. 8938). Stuttgart 1965.

[19] Siehe zum Folgenden ausführlicher K. Meisig: *Sâvitrî or: Why Man is Superior to the Gods. On the Interpretation of a Legend from the Mahâbhârata*. In: Mitteilungen für Anthropologie und Religionsgeschichte (Ugarit-Verlag, Münster), Bd. 8, 1994, S. 65-81. Eine entwicklungsgeschichtlich als noch älter einzustufende Parallele aus dem Mahâbhârata behandelt Marion Meisig: *König Shibi und die Taube. Wandlung und Wanderung eines Erzählstoffes von Indien nach China* (Studies in Oriental Religions, Bd. 35). Wiesbaden 1995, S. 7f.

[20] Diese Auffassung vom Dharma als dem Brauch der Guten wird von dem häufig zitierten Aufsatz von P. Hacker für den „Dharma im Hinduismus" (in: Zeitschrift für Missionswissenschaft und Religionswissenschaft, Bd. 49, Münster 1965, S. 93-106) überhaupt zugrunde gelegt.

[21] Vgl. Lambert Schmithausen: *Mensch, Tier und Pflanze und der Tod in den älteren Upanishaden*. In: G. Oberhammer (Hg.): *Im Tod gewinnt der Mensch sein Selbst. Das Phänomen des Todes in asiatischer und abendländischer Religionstradition*. (= Österr. Akad. d. Wiss., Philosophisch-historische Kl., Sitzungsberichte, 624. Band). Wien 1995, S. 43-76, mit reichen Literaturangaben zur Genese des Wiedergeburtsglaubens in der älteren Zeit.

[22] Grundtext mit Konkordanz: K. Meisig: *Yogasûtra-Konkordanz* (Freiburger Beiträge zur Indologie, Bd. 22). Wiesbaden 1988. Den Grundtext mit Kommentar des Vyâsa und englische Übersetzung von beiden gibt Bangali Baba: *Yogasûtra of Patañjali*. Delhi 1976. Bibliographie zum Yoga: P. Schreiner: *Yoga. Grundlagen, Methoden, Ziele. Ein bibliographischer Überblick*. Köln 1979.

[23] Das Folgende nach Marion Meisig: *König Shibi und die Taube*, 1995, S. 7f.

[24] Vgl. H.v. Glasenapp: *Die Philosophie der Inder*, ^{3}1974, S. 185ff.

[25] Ein Textbeispiel in K. Meisig: *Klang der Stille. Der Buddhismus* (Kleine Bibliothek der Religionen, Bd. 1). Herder: Freiburg, Basel, Wien, 1995, S. 48f.

[26] Siehe das Textbeispiel in *Indische Märchen*. Gesammelt und ins Deutsche übertragen von Johannes Hertel. Fischer Taschenbuch: Frankfurt a Main ^{13}1982 (^{1}1953), S. 11ff.

[27] Teilübersetzung: *Die Erzählung vom großen Affen Hanumat. Râmâyana, Buch V*. Deutsche Übertragung von Richard Simon, hg.

v. Rüdiger Schmitt. Saarbrücken 1977. Dieses fünfte Buch des Râmâyana gilt als das dichterisch glanzvollste und heißt deshalb auch *Sundara-kânda*, „der schöne Abschnitt". Literatur über das Râmâyana: J.L. Brockington: *Righteous Râma. The Evolution of an Epic*. Oxford University Press: Delhi 1984. W. Halbfass: Artikel *Râmâyana* in *Kindlers Literatur Lexikon*. Hermann Jacobi: *Das Râmâyana. Geschichte und Inhalt nebst Concordanz der gedruckten Recensionen*. Mit einem Vorwort zum Neudruck von E. Frauwallner. Darmstadt 1970; nennt S. V-VIII die wichtigste Literatur bis 1969.

[28] Teilübersetzung: *Râmacaritmânas. Der heilige See der Taten Râmas*. Ausgewählt, aus dem Avadhî übertragen, mit einer Einleitung und Erklärungen hg. v. Peter Gaeffke (Reclam Universal-Bibliothek, Nr. 9757/57a). Stuttgart 1975.

[29] Die für wissenschaftliche Zwecke noch immer brauchbarste Übersetzung ist die von Richard Garbe: *Die Bhagadvadgîtâ*. Mit einer Einleitung über ihre ursprüngliche Gestalt, ihre Lehren und ihr Alter. Haessel: Leipzig, ²1921 (verb.).

[30] U. Schneider: *Einführung in den Hinduismus*, 1989, S. 145.

[31] J. Gonda, *Die Religionen Indiens*, I, ²1978, S. 255.

[32] Renate Syed: *Kâlidâsas Kumârasambhava*. Aus dem Sanskrit übertragen und unter Berücksichtigung des Kommentars von Mallinâtha mit erläuternden Anmerkungen versehen. Reinbek 1993.

[33] Etwa im Rietberg Museum Zürich, siehe H. Härtel /J. Auboyer: *Propyläen Kunstgeschichte*, Bd. 16, *Indien und Südostasien*, 1971, Abb. 81, S. 175.

[34] Grundlegendes über den Tantrismus bei U. Schneider: *Einführung in den Hinduismus*, 1989, S. 182-216; J. Gonda, *Die Religionen Indiens*, II, 1963, S. 26-52; T. Goudriaan, /S. Gupta, /D.J. Hoens: *Hindu Tantrism*, Leiden 1979, dazu die ausführliche Besprechung von H. Brunner in Indo-Iranian Journal, Bd. 23, 1981, S. 139-159. Vgl. auch U. Schneider: *Tantra – Endpunkt eines strukturierten Ablaufs?* In: Saeculum, Bd. 39, Heft 1, 1988, S. 96-104. Reichhaltiges Anschauungsmaterial zum Tantrismus bietet der Ausstellungskatalog *Tantra*. Organisiert vom Institut für Auslandsbeziehungen Stuttgart, o.O., o.J., mit ausführlicher Einleitung von Philip S. Rawson, S. 7-98, und reicher Bibliographie S. 117-119. Aufbau und Anwendung von Mandalas beschreibt G. Tucci: *The Theory and Practice of the Mandala*. London 1969.

[35] Das Folgende nach der Teilausgabe mit Übersetzung und Kommentar des Nityotsava von Gudrun Bühnemann: *The Worship of Mahâganapati according to the Nityotsava*, Wichtrach 1988. Das Ritualhandbuch wurde im Jahre 1745 verfaßt von Jagannâtha, einem Brahmanen aus Mahârâshtra, der am Königshof von Tanjore lebte.

[36] Vgl. E. Frauwallner: *Geschichte der indischen Philosophie*, Bd. II, Salzburg 1956, S. 302ff.

[37] Das Folgende nach Marion Meisig: *Der Kult der Großen Mutter in Indien?* In: *Jahrbuch für Religionswissenschaft und Theologie der Religionen*, Herder, Bd. 2, 1994, S. 103ff.

[38] Dieses und die folgenden Zitate aus H. Mode: *Das frühe Indien*, 1959, S. 133, 250, 132f., mit Bildtafeln 83-91.

[39] Das Folgende nach Marion Meisig: *Die „China-Lehre" des Shaktismus. Mahâcînâcâra-Tantra kritisch ediert nebst Übersetzung und Glossar*. Wiesbaden 1988.

[40] Die Darstellung dieses Rituals hält sich an G.C. Tripathi: *The Daily Pûjâ Ceremony of the Jagannâtha Temple and its Special Features*, in: *The Cult of Jagannath and the Regional Tradition of Orissa*, ed. by A. Eschmann, H. Kulke, G.C. Tripathi, New Delhi 1978, S. 285-307.

[41] Vgl. dazu S.C. Vasu: *The Daily Practice of the Hindus* (=Sacred Books of the Hindus, Bd. 20), Reprint New Delhi 1991, S. 151-154, oder auch (Swami) Vedananda: *Aum Hindutvam. Daily Religious Rites of the Hindus*. Delhi 1993 (rev., enl.), S. 49-52.

[42] Immer noch die beste Einführung in die Grundlagen des indischen Kastensystem bietet J.H. Hutton: *Caste in India. Its Nature, Function, and Origins*. Oxford University Press: London, Bombay ³1961. Zwei andere Standardwerke, in denen sich auch weiterführende Literaturhinweise finden, sind L.M. Dumont: *Gesellschaft in Indien. Die Soziologie des Kastenwesens*. Wien 1976 (Titel der französischen Originalausgabe von 1966: *Homo hierarchicus*); und L.S.S. O'Malley: *Indien Caste Customs*. London repr. 1974 (¹1932 Cambridge University Press).

[43] Vgl. W. Rau: *Staat und Gesellschaft im Alten Indien*. Wiesbaden 1957, S. 60f.

[44] Eindringlich und engagiert geschildert ist das Leben der „Unberührbaren" auch in einem neueren Hindi-Roman von Jagdîsh

Candra: *Unberührbar*. Aus dem Hindi übersetzt und mit einem Nachwort hg. v. Margot Gatzlaff. Kiepenheuer: Leipzig und Weimar [1]1991.

45 Man vgl. dazu die Kurzgeschichte von Premcand: *Thâkurs Brunnen*. In: Premcand: *Die Schachspieler*. Erzählungen. Aus dem Hindi übersetzt von K. Meisig in Zusammenarbeit mit Petra Christophersen (Sammlung Harrassowitz). Wiesbaden 1989, S. 22-26.

46 Premcand: *Nirmalâ oder Die Geschichte eines bitteren Lebens*. Übersetzung von Margot Gatzlaff. Philipp Reclam jun., Leipzig 1976.

47 Das Standardwerk ist Hans-Joachim Klimkeit: *Der politische Hinduismus. Indische Denker zwischen religiöser Reform und politischem Erwachen*. Wiesbaden 1981. Siehe auch die einschlägigen Artikel in H. Gasper /J. Müller /F. Valentin (Hg.): *Lexikon der Sekten, Sondergruppen und Weltanschauungen. Fakten, Hintergründe, Klärungen* (Herder-Spektrum, Bd. 4271). Herder: Freiburg, Basel, Wien [4]1994 (verb.; [1]1990).

48 G.v. Simson: Kapitel *Hinduismus: Moderne Reformbewegungen*, in: H. Bechert /G.v. Simson: *Einführung in die Indologie*. Darmstadt 1979, S. 113-115, hier 114.

49 Zitiert nach H.-J. Klimkeit: *Der politische Hinduismus*, 1981, S. 130f.

50 Premcand: *Die Schachspieler*, Wiesbaden 1989, S. 109-111.

51 Literatur: M.K. Gandhi: *An Autobiography or The Story of my Experiments with Truth*. Ahmedabad [1]1927. Deutsch: *Mein Leben*. Hg. v. C.F. Andrews, 1930. M.K. Gandhi: *Hindu Dharma*. Ahmedabad [1]1950. M.K. Gandhi: *Sarvodaya. The Welfare of All*. Ed. Bharatan Kumarappan. Ahmedabad [1]1954. Deutsch: *Sarvodaya. Wohlfahrt für alle*. Gladenbach [2]1975. *The Penguin Gandhi Reader*. Ed. Rudrangshu Mukherjee. Penguin India: New Delhi [1]1993. Weitere Literaturhinweise bei H.-J. Klimkeit: *Der politische Hinduismus*, 1981, S. 280-301. Zwei Gandhi-Biographien seien empfohlen: W.E. Mühlmann: *Mahatma Gandhi. Der Mann, sein Werk und seine Wirkung*. Tübingen 1950. Heimo Rau: *Mahatma Gandhi in Selbstzeugnissen und Bilddokumenten* (Rowohlts Monographien). Reinbek bei Hamburg 1976 ([1]1970).

52 Unter Fundamentalismus *im engeren Sinne* versteht man die „1919 in Amerika geschlossene Vereinigung, die die massivsten

Forderungen der Laienorthodoxie (Verbalinspiration, Jungfraugeburt, Ablehnung der modernen Entwicklungslehre und Naturwissenschaft) mit staatlicher Hilfe wieder zum verpflichtenden Gesetz in den Kirchen erheben möchte und sich gegen den doktrinären Liberalismus wendet" (A. Bertholet: *Wörterbuch der Religionen*, [3]1976, S. 189).

[53] Einige Abschnitte dieses Kapitels sind übernommen aus K. Meisig: *Ayodhyâ. Probleme der religionswissenschaftlichen Auseinandersetzung mit dem Hindu-Fundamentalismus*. In: Jahrbuch für Religionswissenschaft und Theologie der Religionen, Bd. 3, Oros Verlag: Altenberge 1995, S. 126-141. An Literatur zum Hindu-Fundamentalismus sei genannt: H.-J. Klimkeit: *Der politische Hinduismus*, 1981. V.D. Chopra (Hg.): *Religious Fundamentalism in Asia*. Gyan Pub. House, 1994. Weiteres in Nicole Brechmann: *Ethnische und religiöse Konflikte in Südasien. Literatur seit 1990. Eine Auswahlbibliographie* (Dokumentationsdienst Asien und Südpazifik, Reihe A.25, Spezialbibliographie). Hamburg 1995. Die in Indien erscheinenden politischen Wochen- bzw. Halbmonatszeitschriften *Frontline*, *Mainstream* und *India Today* (IT) informieren über aktuelle Entwicklungen. Die Monatszeitschrift *Südasien* des Südasienbüro in Essen gibt einen einschlägigen Nachrichtenüberblick. Ausgewertet wurden auch indische englisch- und hindisprachige Tageszeitungen.

[54] Literatur zu „Ansätzen für eine Phänomenologie der Säkularisierung" bei H.-J. Klimkeit: *Anti-religiöse Bewegungen im modernen Südindien. Eine religionssoziologische Untersuchung zur Säkularisierungsfrage*, Bonn 1971, S. 34, Anm. 30-36; speziell zum Säkularismus in Indien ebd., S. 32, Anm. 15.

[55] Religionssoziologische Pionierarbeit zur VHP leistete die Dissertation von Eva Hellman: *Political Hinduism. The Challenge of the Vishva Hindû Parishad*, Uppsala 1993.

[56] Literatur über die Geschichte des Pilgerorts Ayodhyâ sowie den aktuellen Konflikt: Hans Bakker: *Ayodhyâ*, 3 Bde, Groningen 1984. Ders.: *The Rise of Ayodhyâ as a Place of Pilgrimage*. In: *Indo-Iranian Journal* 24, 1982, S. 103-126. André Bareau: *Ayodhyâ et Mithilâ dans les textes canoniques du Bouddhisme ancien*. In: *Indologica Taurinensia* 7, 1979, S. 75-82, Torino 1980. Sarvepalli Gopal (Hg.): *Anatomy of a Confrontation. The Babri Masjid-Ramjanmubhumi Issue*. Penguin India: New Delhi 1993 ([1]1991). Ni-

lanjan Mukhopadhyay: *The Demolition. India at the Crossroads*. Harper Collins, 1994. Special issue *Nation's shame* der *India Today* vom 31.12.92.

[57] Trotz gegenteiliger Behauptungen hinduchauvinistischer Historiker, vgl. zu der Kontroverse zuletzt *Südasien*, 15. Jahrg., Nr. 1-2/95, S. 28.

[58] Die verbreitetste traditionelle Zeitrechnung Indiens ist die Vikrama-Ära *(vikramîya samvat*, abgekürzt *vi.sa.)*, sie begann im Jahre 57 v.Chr. Wenn man eine Jahresangabe der Vikrama-Ära, wie sie sich häufig noch in indischen Büchern findet, in das entsprechende Jahr des christlichen Kalenders umrechnen will, muß man also von der Vikrama-Jahreszahl 57 subtrahieren. So war der 18. März 1984 beispielsweise der erste Tag des Jahres Vikrama 2041 (der Tag nach Vollmond, der erste Tag der dunklen Hälfte des ersten Hindu-Monats Caitra). Eine andere traditionell-indische Ära ist die Shaka-Ära; sie begann 78 n.Chr. Die Krishna-Ära wiederum schreibt im Jahre 1994 n.Chr. bereits das Jahr 5221. Konkordanztabellen zur Zeitrechnung geben J.F. Fleets in der *Encyclopaedia Britannica*, [11]1910, Bd. 13, S. 495, und P. Gahlot: *Ready Reckoner für Indian Eras*, Rajasthan Sahitya Mandir: Jodhpur o.J. Für praktische Zwecke bequem zu handhaben ist die alljährlich erscheinende *Gîtâdainandinî* des Verlages „Gita Press" in Gorakhpur, ein Kalender, der, neben einem Bhagavadgîtâ-Zitat, für jeden Tag des Jahres in synoptischer Übersicht die Tage der Hindu-Monate, der christlichen Zeitrechnung sowie der wichtigsten hinduistischen Feste angibt.

Literaturhinweise

Hier ist nur die allgemeine Literatur angeführt. Spezialliteratur zu den einzelnen Sachgebieten ist in den Anmerkungen verzeichnet.

Einführungen und Gesamtdarstellungen

Schneider, Ulrich: *Einführung in den Hinduismus*. Wissenschaftliche Buchgesellschaft: Darmstadt 1989.

Gonda, Jan: *Die Religionen Indiens*. 2 Bde. I: *Veda und älterer Hinduismus*. II: *Der jüngere Hinduismus* (*Die Religionen der Menschheit*, Hg. Christel Matthias Schröder, Bde. 11, 12. Kohlhammer: Stuttgart, Bd. I: [2]1978 (überarb., erg.; [1]1960); Bd. II: 1963.

Brockington, J.L.: *The Sacred Thread. Hinduism in its Continuity and Diversity*. Edinburgh University Press: Edinburgh, repr. 1985 ([1]1981).

Stietencron, Heinrich von: *Hinduistische Perspektiven*. In: Küng, Hans /Ess, Josef van /Stietencron, Heinrich von /Bechert, Heinz: *Christentum und Weltreligionen. Hinführung zum Dialog mit Islam, Hinduismus und Buddhismus*. Piper: München, Zürich 1984, S. 211-240, 271-291, 311-327, 350-372, 409f.

Frauwallner, Erich: *Geschichte der indischen Philosophie*. 2 Bde. Otto Müller: Salzburg 1953, 1956.

Glasenapp, Helmuth von: *Der Hinduismus. Religion und Gesellschaft im heutigen Indien*. Kurt Wolff: München 1922.

Glasenapp, Helmuth von: *Die Philosophie der Inder. Eine Einführung in ihre Geschichte und ihre Lehren* (Kröners Taschenausgabe, 195). Alfred Kröner: Stuttgart [3]1974.

Enzyklopädien und Nachschlagewerke

Moeller, Volker: *Die Mythologie der vedischen Religion und des Hinduismus*. In: *Wörterbuch der Mythologie*, Hg. H.W. Haussig. Klett: Stuttgart.

Walker, Benjamin: *Hindu World. An Encyclopaedic Survey of Hinduism*. 2 Bde., London 1968.

Dowson, John: *A Classical Dictionary of Hindu Mythology and Religion, Geography, History and Litature*. [4]1903, Indian repr. 1973.

Hopkins, E. Washburn: *Epic Mythology* (Grundriss der Indo-Arischen Philologie und Altertumskunde III, 1B). Motilal Banarsidass: Delhi, repr. 1974 (Strassburg [1]1915).

Wilkins, W.J.: *Hindu Mythology – Vedic and Purânic*. repr. New Delhi 1972.

Mani, Vettam: *Purânic Encyclopaedia*. Delhi 1975.

Renou, Louis/ Filliozat, Jean: *L'Inde classique. Manuel des études Indiennes*. Bd. 1, Paris 1947, S. 270-667.

Einzelne Aspekte

Kirfel, Willibald: *Die Kosmographie der Inder. Nach Quellen dargestellt*. Wissenschaftliche Buchgesellschaft: Darmstadt 1967 (reprograph. Nachdruck der Ausgabe Bonn und Leipzig 1920).

Schleberger, Eckard: *Die indische Götterwelt. Gestalt, Ausdruck und Sinnbild. Ein Handbuch der hinduistischen Ikonographie*. Eugen Diederichs: Köln 1986.

Im vorliegenden Band wurde gelegentlich mit Überarbeitungen aus einer Serie von Artikeln des Verfassers zitiert, die in der von Adel Theodor Khoury und Peter Hünermann herausgegebenen Reihe des Herder-Verlages *Die Antwort der Weltreligionen* erschienen sind. Es handelt sich um die folgenden Beiträge: *Gebete und Meditationen der Hindus*, in: *Wozu und wie beten?* (Herder Taschenbuch, Bd. 1644), Freiburg, Basel, Wien 1989, S. 9-35. *Das Kastensystem des Hinduismus*, in: *Wer ist mein Nächster?* (Bd. 1512), 1988, S. 11-58. *Leiden im Hinduismus*, in: *Warum Leiden?* (Bd. 1383), 1987, S. 9-43. *Die Einheit der Schöpfung: Mensch und Umwelt im Hinduismus*, in: *Wie sollen wir mit der Schöpfung umgehen?* (Bd. 1338), 1987, S. 28-59. *Hinduistische Vorstellungen vom Leben nach dem Tode*, in: *Weiterleben – nach dem Tode?* (Bd. 1202), 1985, S. 10-60. *Hinduismus: Krieg und Frieden*, in: *Friede – was ist das?* (Bd. 1144), 1984, S. 11-25.

Hinduistische Grundtexte in Übersetzungen

Gedichte aus dem Rig-Veda. Aus dem Sanskrit übertragen und erläutert von Paul Thieme (UNESCO-Sammlung repräsentativer Werke, Asiatische Reihe). Philipp Reclam Jun.: Stuttgart 1964.

Hundert Lieder des Atharva-Veda. Übersetzt ... von Julius Grill. Nachdruck Niederwalluf 1971.

Upanischaden. Ausgewählte Stücke. Aus dem Sanskrit übertragen und erläutert von Paul Thieme. Reclam Universalbibliothek Nr. 8723. Stuttgart 1966.

Buitenen, Johannes Adrianus Bernardus van: *The Mahâbhârata*. Translated and Edited. The University of Chicago Press: Chicago and London 1973ff. (Vol. I ff.).

Garbe, Richard: *Die Bhagadvadgîtâ*. Aus dem Sanskrit übersetzt. Mit einer Einleitung über ihre ursprüngliche Gestalt, ihre Lehren und ihr Alter. Haessel: Leipzig, ^{2}1921 (verb.).

Bühnemann, G.: *Stotramâlâ – „An die Götter". Eine Auswahl von Sanskrit-Hymnen in deutscher Übersetzung*. Wichtrach 1986.

Love Song of the Dark Lord: Jayadeva's Gîtagovinda. Edited and translated by Barbara Stoler Miller. New York 1977.

Meisig, Marion: *Lebensweisheiten des Hinduismus*, erläutert und ausgewählt (Weisheit der Religionen, hg. v. Adel Theodor Khoury; Gütersloher Taschenbücher, 713). Gütersloher Verlagshaus: Gütersloh 1995.

Zeittafel

2150-1750	Industalkultur. Vorläufer des Hinduismus: Mutterkult, Baumkult, Schrift
1500-750	Indogermanen in Nordindien. Veda, Indraismus, Brahmanismus. Rigveda, Atharvaveda
1000-600	spätvedische Zeit, Opferritualismus
800-600	ältere Upanishaden
ab 600	älterer Hinduismus, Sanskritepen
500-300	Urbuddhismus
2. Jh. v.Chr.	Bhagavadgîtâ, Monotheismus
320-500 n.Chr.	Gupta-Zeit, kulturelle Hochblüte
ab 500	jüngerer Hinduismus, Tantrismus
712	Araber im Sindh
ab 8.Jh.	islamische Eroberungszüge
1221	Tschinghis Khân am Indus, Mongolensturm
17.5.1498	Vasco da Gama an der Malabarküste. Europäischer Kolonialismus: Portugiesen, Holländer, Engländer.
1526-1857	Moghul-Dynastie
19. Jahrh.	Neohinduismus
1858-1947	englische Kolonialherrschaft
15.8.1947	Unabhängigkeit der Indischen Union und Pakistans
30.1.1948	Ermordung Mahatma Gandhis
6.12.1992	Schleifung der Bâbrî-Moschee in Ayodhyâ durch Hindu-Fundamentalisten

Register